公教育計画研究 9

特集：進む教育の国家統制

公教育計画学会・編

2018

刊行にあたって

　いったんは政権の隠蔽工作が成功したかにみえた森友学園、加計学園の問題、さらには防衛省のイラク派遣日報問題が再浮上し、安倍政権の正体がいっそう明らかになってきている。

　だが、この4月から新学年が始まった小学校では「特別の教科　道徳」が教えられ、文部科学省では教職課程再課程認定に関連して「コアカリキュラム」なるものの導入に伴うシラバスチェックが始まっている。「不道徳」で、不毛な政権運営が進むなか、同政権が進めてきた「戦後レジームからの脱却」をめざす「教育再生」政策なるものが着々と実行に移されてきている。

　公教育計画研究第9号は、この教育再生政策の一側面である教育の国家統制強化を特集テーマとした。しかし、このテーマにかかわる論稿は当初4本を予定していたが、教育課程政策にかかわる新学習指導要領関係の論稿と、「外国語（英語科）」と「教職に関する科目」へのコアカリキュラムの導入と、それに基づく対応表とシラバスのチェックという新たな段階に入った教員養成政策を扱う論稿を掲載することができなくなったことを、お詫びしなければならない。

　今回のコアカリキュラムの導入は新学習指導要領の徹底という側面があり、学習指導要領が「大綱的基準」の域を脱してきたことを意味するという教育内容・課程行政の転機でもある。これを対象化する論稿ができなかったことにつき、著者自身が執筆予定者であったことを踏まえ自己批判しなければならない。重ねて深くお詫びしたい。

　その代替として、本学会が2018年3月4日に東京学芸大学で開催した「新学習指導要領を考える―その問題点と課題」を掲載することができたのが、せめてものお詫びの印である。

　第9回大会の公開シンポジウムは、実は年報第8号の特集の延長線上に位置づく内容になっている。第8号年報の特集テーマ論文とあわせ読んでいただきたい。投稿論文の4本掲載は、本年報刊行では初めてのことである。いずれも審査委員の厳しい修正要求を踏まえた修正原稿である。次号以降も多くの投稿があることを期待したい。「公教育計画研究ノート」の染谷幹夫会員と「統計資料と解題」の武波謙三会員の論稿は連載となっている。本学会ならでは特徴となっていることをここで指摘しておきたい。

2018年4月15日　編集委員長　嶺井　正也

公教育計画研究 9 ［公教育計画学会年報第 9 号］
特集テーマ：進む教育の国家統制

刊行にあたって　　　　　　　　　　　　　　　　　　嶺井　正也　003

特集　進む教育の国家統制

教科書検定の違憲性に関する再検討
　　──主権者教育権の視点から　　　　　　　　　　石川多加子　008

公教育批判の動きを再包摂するための「惨事便乗型教育改革」
　　──「いじめ防止対策推進法」制定とその後の経過を例として
　　　　　　　　　　　　　　　　　　　　　　　　　住友　剛　035

公教育計画学会2017年度研究集会：新学習指導要領を考える
　　──その問題点と課題　　　　　　　　　　　　　　　　　051

公教育計画学会　第 9 回大会公開シンポジウム

現代の貧困と公教育の無償化を考える
　　──2017年 6 月18日　於：専修大学神田校舎　　　　　　068

投稿論文

障害のある子どもの保護者の学校における付き添いの実態
　　──兵庫県における調査を通して
　　　　　　　　　栗田　季佳・一木　玲子・堀　智晴・堀　正嗣　096

大阪労働学校における教育目的の変遷　　　　　　　　奥村　旅人　112

コミュニティ・スクール指定解除校の動向と
　　指定解除要因に関する一考察　　　　　　　　　　大橋　保明　128

ロースクールにおける法曹倫理教育の現状と課題
　　──イギリスでの取り組みを踏まえて
　　　　　　　　　　　　　　　　　　　　　　　　　種村　文孝　145

公教育計画研究レポート

戦後初期教職員組合運動の実相
　——日教組結成前史Ⅲ　　　　　　　　　　　　　　　染谷　幹夫　164

統計資料と解題

非正規教職員の実態とその考察（4）
　——2017年度文部科学省教職員実数調から実態を考察する
　　　　　　　　　　　　　　　　　　　　　　　　　武波　謙三　184

書評

中村　文夫著『子どもの貧困と教育の無償化』
　　　　　　　　　　　　　　　　　　　　　　　　　福山　文子　206

住友　剛著『新しい学校事故・事件学』
　　　　　　　　　　　　　　　　　　　　　　　　　中村　文夫　209

英文摘要　　　　　　　　　　　　　　　　　　Robin E.Sowden　214

学会動向・学会関係記事

　学会動向・事務組織・年報編集規定等　　　　　　　　　　　　222

　編集後記　　　　　　　　　　　　　　　　　　　　森田　司郎　229

特集：進む教育の国家統制

特集：進む教育の国家統制

教科書検定の違憲性に関する再検討
―― 主権者教育権の視点から

石川　多加子

教科書検定の違憲性に関する再検討　概要

　かつて、家永教科書裁判において教科書検定制度の違憲性が主張された。主な争点は、検定と検閲、検定と教育の自由及び教育を受ける権利、検定と適正手続との関係である。本稿では、学説と判例の考察を通し、検定は憲法21条2項が禁止する検閲に該当し同条1項が保障する表現の自由を侵害すること、検定は教育の自由及び学問の自由を侵すものであることを論証する。

はじめに　道徳の教科書検定と表現活動、教育の危機的状況

　2018年4月より、「特別の教科　道徳」が小学校においてとうとう開始された。前年3月には教科書検定の結果が公表され、申請のあった8社の24点が全て合格となった[1]。とは言っても、教科書検定審議会が通知した検定意見は計244件に上り、「学習指導要領に示す内容に照らして、扱いが不適切である」・「学習指導要領の内容に示す項目との関係が明示されていない」等として学習指導要領が示す「自由と責任」・「礼儀」・「勤労、公共の精神」といった内容の22項目の完全な反映を微に入り細に入り求めたものであった。

　中でも、東京書籍「あたらしい　どうとく1」（1年生用）掲載の「にちようびのさんぽみち」と、同社の「新しい　どうとく4」（4年生用）にある「しょうぼうだんのおじいさん」は、新聞等で大きく採り上げられた。前者は、祖父と散歩する少年がいつもと違う道を歩いたところ地元の良さに気づくという主旨であるが、当初2人がパン屋の前を通ったという記述だったのに対し、学習指導要領に示す「我が国や郷土の文化と生活に親しみ、愛着を持つこと」[2]に照らして不充分との意見が付されたため、同社は和菓子屋へ変更した。学研教育みらいの「みんなのどうとく　1ねん」所収の「大すき、わたしたちの町」

において掲載していたアスレチック遊具のある公園で遊ぶ子どもたちの写真を、琴・三弦店に差し替えた例も同様に、愛国心・郷土愛の観点が不足しているとの指摘に基づく。主人公の少年が登下校中に何時も見掛けるパン屋のおじさんが或る時消防団員として訓練する姿に遭遇した後者の挿話に対しては、学習指導要領が「家族など生活を支えてくれている人々や現在の生活を築いてくれた高齢者に、尊敬と感謝の気持ちをもって接すること」(3)とあるのに高齢者が登場しないとの意見が通知され、同社はおじさんをおじいさんに変更して検定に合格したのである(4)。

他方、高校用教科書も2017年の検定に付されており、申請のあった213点全てが合格している。その内地理歴史科及び公民科教科書は7社から31冊が発行されるが、領土や集団的自衛権等を巡り検定意見が通知されている。以下に、主なものを挙げてみる。

- 「現在の竹島にあたる島について、日本政府は1877年、日本とは関係ない島であると判断した」(実教出版の日本史B)
  ↑「生徒が誤解するおそれのある表現である。(日本が国際法上正当な根拠に基づき、竹島を正式に領土に編入した経緯)」

- 「また、尖閣諸島については中国や台湾当局が領有権を主張している。」(山川版 現代社会改訂版)
  ↑「生徒が誤解するおそれのある表現である。(尖閣諸島に領有権問題があるかのように誤解する。)」

- 「朝鮮人数千人が虐殺された」(山川出版日本史B)
  ↑「通説的な見解がないことが明示されておらず、生徒が誤解するおそれのある表現である。(人数)」

- 「これによって、自衛隊の軍事的活動は日本の自衛とは直接的に関係しない領域にもおよぶこととなり、……こうした軍事行動の拡大については」(実教出版高校政治・経済改訂版)
  ↑「生徒が誤解するおそれのある表現である。(「日本の自衛とは直接的に関係しない領域にもおよぶこととなり」「軍事行動」)」

- 「こうした実情を考えると、軍事力によって日本の安全を確保するという考え方のほうが、むしろ現実性に乏しいとさえいえるのである。」(実教出版 高校政治・経済改訂版)

↑「生徒が誤解するおそれのある表現である。(日本の安全を確保するための方策について誤解するおそれがある。)」

・「憲法改正への動き」「集団的自衛権は、……立憲主義に反するとの批判もある。」（実教出版　最新政治・経済改訂版）
↑「生徒にとって理解し難い表現である。(「憲法改正への動き」と集団的自衛権に関する解釈変更の問題との関係。)」

・「政府が存立危機事態を認定すれば、自衛隊は武力で他国を守ることが可能になった。表22武力攻撃事態法存立危機事態における集団的自衛権の行使（武力で他国を守ること）を可能にした」（実教出版　最新政治・経済改訂版）
↑「生徒が誤解するおそれのある表現である。(集団的自衛権について誤解のおそれ。)」

　これらの意見は、2014年に一部改定された「高等学校教科用図書検定基準」に基づくものである。改定後の基準は、「未確定な時事的事象について断定的に記述していたり、特定の事柄を強調し過ぎていたり、一面的な見解を十分な配慮なく取り上げていたりするところはないこと」、「近現代の歴史的事象のうち、通説的な見解がない数字などの事項について記述する場合には、通説的な見解がないことが明示されているとともに、生徒が誤解するおそれのある表現がないこと」、「閣議決定その他の方法により示された政府の統一的な見解又は最高裁判所の判例が存在する場合には、それらに基づいた記述がされていること」を明記している(5)。加えて、「教科用図書検定審査要項」（平成13年1月15日教科用図書検定調査審議会決定平成26年4月4日一部改正）では、教育基本法が規定する教育の目標——道徳心、公共の精神、我が国と郷土を愛する等——に照らして重大な欠陥があると判断されるものは、不合格と判定されることをも規定したのである。

　政府見解の忠実な"なぞり書き"を要求し、学習指導要領でがんじがらめにしただけでは足りず、不合格をちらつかせるといった検定の結果、各教科書会社が自由に作成したというのは形式に過ぎず、最早実質においては国定教科書と変わりなくなってしまったと言えよう。道徳は、かつての「修身」の再来に他ならない(6)。小学校の筆頭科目であった修身では、1903年に小学校令を改正し、国史・地理・国語と共に国定教科書を使用することが定められた歴史を想起する必要があるのではないだろうか(7)。

教科書検定はかつて、家永教科書裁判において憲法適合性が争われ大きな議論となった。同裁判は、高等学校教科書『新日本史』(三省堂)を執筆した家永三郎教授が教科書検定の違憲、違法性について争った一連の訴訟を指し、朝日訴訟(最大判1967年5月24日民集21巻5号1043頁)、恵庭事件(札幌地判1967年3月29日下刑集9巻3号359ページ)と並んで3大憲法訴訟と称されてきた。同教授が、1963年4月の検定不合格処分と翌年3月の条件付合格処分の際の条件(修正・削除)指示によって被った精神的・物質的損害について国家賠償法に基づく損害賠償を請求した第1次訴訟(1965年提訴)[8]、1966年度の改定検定での不合格処分の取消を求めた第2次訴訟(1967年提訴)[9]、1980年度及び1983年度の検定と1982年度の正誤訂正申請不受理処分につき国家賠償を請求した第3次訴訟(1984年提訴)[10]から成る。

　三つの訴訟における原告側の基本的な主張は、教科書検定制度は①表現の自由を保障し検閲を禁ずる憲法21条に反する、②学問の自由(憲法23条)を侵害する、③教育を受ける権利(同法26条)を侵す、④憲法的自由としての教育の自由を脅かす、⑤適正手続(同法31条)の要請を満たしていないという5点である。

　なお、1993年に『新高校現代社会』(一橋出版)の執筆者の一人であった高嶋伸欣琉球大学名教授(当時は筑波大学附属高等学校教員)が提起した国家賠償請求訴訟(高嶋教科書訴訟)における争点も、ほぼ同様である[11]。同教授は、臨時教育審議会の「教育改革に関する第3次答申」(1987年)を受けて全面的に改正された新検定制度の下、担当した近現代史部分から福沢諭吉の「脱亜論」、昭和天皇死去の際の報道、湾岸戦争時の報道統制及び掃海艇派遣に係る記述の削除を命じられた。

　2006年の教育基本法改定を経て、第2次安倍政権以降、憲法や平和に関する集会を初めとした表現の規制と干渉、道徳の教科化を筆頭とする教育への国家統制が強化され続けている。2018年3月には、名古屋市立の中学校が文部科学省前事務次官の前川喜平氏を「総合的な学習の時間」の授業の講師に招いたことに関し、文部科学省が同市教育委員会に対し依頼の経緯等を問い合わせると共に授業内容の録音データの提供を求めていたという信じられない事実が明らかになった[12]。また同月、安倍内閣が、放送番組の編集にあたり「政治的に公平であること」・「報道は事実を曲げないですること」等を事業者に求めている放送法4条の撤廃等を内容とする放送事業「改革」の概要が報じられ

た[13]。さらに、都議会に警視庁が提出した東京都迷惑防止条例（公衆に著しく迷惑をかける暴力的不良行為等の防止に関する条例）改正案が、「東京都版共謀罪」と称される内容であることが議論となっている。規制対象のつきまとい行為に「名誉を害する事項を告げること」等3類型と電子メールやSNS等への連続送信を追加し、罰則を重くするというものである[14]。このような表現行為と教育の危機的状況を踏まえ、主権者教育権論の見地から教科書検定制度の違憲性について改めて考察することとする。

1．教科書検定と表現の自由

　憲法と教科書検定を論じるに当たっては本来、学校教育法34条1項・49条の8・62条が定める教科書使用義務の憲法適合性と学習指導要領の法的拘束力から始めるべきであろう。しかしながら筆者には全く研鑽が足りない為、教科書を使用せず、かつ、学習指導要領の目標及び内容に反する授業と考査を実施した教員への懲戒免職処分を是認した伝習館高校事件最高裁判決（最判1990年1月18日民集44巻1号1頁）の判断には賛同しない立場であることを明確にするに留めたい[15]。同判決は、高等学校学習指導要領が法規としての性質を有していること、高等学校においても教科書使用義務があることを明示したが、「教師の教育についての自主性と創意を認めず、かれらをして国定教科書の内容を機械的に画一的につめこましむることを主義としたかつての教育制度を支えたサンクションが、教師の『教育の実際の場での創意や工夫』を基底とする民主的な教育制度において、そのまま踏襲されている」と言え、検定または著作教科書を必ず使用しなければならないのは違憲の疑いがある。「良心的な現場教師の自家製教材による教育を賞揚すべきことこそあれ、禁圧すべきではあるまい」[16]との立場に賛同する。

（1）教科書検定の意義、目的

　敗戦後の教科書検定は、小学校・中学校・高等学校では「文部科学大臣の検定を経た教科用図書又は文部科学省が著作の名義を有する教科用図書を使用しなければならない」とした学校教育法の規定を根拠とする（同法34条1項・49条の8・62条）。「教科書の著作・編集を民間に委ね、その創意工夫に期待することを前提として、申請のあった図書が教育基本法および学校教育法の趣旨に合し、教科用として適切であることを認めた場合に、これに対し教科用図書

としての資格を新たに付与すること」と説明される[17]。

　学校教育法の制定に伴って1948年度より教科書の検定が始まり、1956年に、「教科書の検定その他にきびしい権力介入を可能とする教科書法案」[18]の廃案[19]と制度整備、1977年、1989年に教科用図書検定規則及び教科用図書検定基準の全面改正がなされた。2018年3月現在は、教科用図書検定規則（平成元年4月4日文部科学省令第20号）、義務教育諸学校用図書検定基準（平成29年8月10日文部科学省告示第166号）、高等学校教科用図書検定基準（平成21年9月9日文部科学省告示第166号）が用いられている（2018年3月現在）。検定制度の変遷に関し詳説する余裕も能力も無いが、検定権限の移行は検定強化を進める上で非常に大きな転換であり、記憶に留めるべきである。かつて教育委員の公選制を定めていた旧教育委員会法（昭和23年7月15日法律第170号）は、教科書検定の権限を都道府県の教育委員会に付与していた（50条2号）にも関わらず、1953年に学校教育法を改正して文部大臣（当時）へ替えてしまったのである[20]。

　教科書検定の目的について、第1次訴訟最高裁判決は「教育内容が正確かつ中立・公正で、地域、学校のいかんにかかわらず全国的に一定の水準であることが要請され」、検定はこの要請を実現するために行われるとする（最判1993年3月16日民集第47巻5号3483頁）。文部科学省もほぼ同じ論旨で、「国民の教育を受ける権利を実質的に保障するため、全国的な教育水準の維持向上、教育の機会均等の保障、適正な教育内容の維持、教育の中立性の確保など」の要請にこたえるため、小・中・高等学校等の教育課程の基準として学習指導要領を定めるとともに、教科の主たる教材として重要な役割を果たしている教科書について検定を実施している」と説明している。また、第2次家永教科書訴訟における被告の準備書面は、文部大臣による検定の必要性を巡り、「教育の機会均等の確保、教育水準の維持向上、適切な教育内容の保障を図るという国の……責務を果たすための措置として教育課程については、教育基本法に定める教育の目的、学校教育法に定める学校の目的・目標にしたがって、学校教育法施行規則において一定の事項が定められ、さらに文部大臣が教育課程の基準として定める学習指導要領によるべきこととされている……教科書は、各教科の主たる教材であるから、その内容は、前記の法令はもちろん学習指導要領に合致したものでならなければならないことは当然であり、教科書の検定は、その内容が学習指導要領に合致しているかどうかを判定するのが重要な眼目である。

このような意味から、教科書の検定を行う者としては、学習指導要領を定めた文部大臣が最も適切な立場にあるといえる」としていた[22]。

　要するに、文部大臣側の主張によれば、学習指導要領は全国的な教育水準、教育の中立性や適正な教育内容を文部大臣が定めたもので、教科書が同要領に即しているかどうかを同大臣が判断・決定する制度が教科書検定であるということになる。後述する国家教育権説からの所見と言え、文部（科学）大臣＝国が決めた教育内容と、執筆者、教員、保護者といった国民・市民が考えるそれとが対立するような場合、執筆者の表現の自由と学問の自由、執筆者、教員、保護者等の教育の自由が後退するのを当然と捉えている。

（２）教科書検定と学問の自由、表現の自由

　現行の教科書検定は、教科書の著作者または発行者が文部科学大臣に申請することから始まる（教科用図書検定規則4条）。申請を受理した文科大臣は、教科用図書検定調査審議会（学校教育法34条3項、学校教育法施行令41条、文部科学省組織令87条、教科用図書検定規則7条[23]）に諮問し、同審議会が調査審議して[24]文科大臣に答申する。文科大臣は、同答申に基づいて「検定の決定又は検定審査不合格の決定を行い、申請者に通知する。但しこの時、必要な修正を行った後再審査を実施することが適当である場合は、決定を留保して検定意見を申請者に通知する（教科用図書検定規則7条）。申請者は、検定意見に沿って修正した修正表を提出し、文科大臣は再度検定の決定または不合格の決定を行う（教科用図書検定規則10条）。もっとも、教科用図書検定規則は、不合格決定については事前に申請者に通知しなければならず、申請者は反論書を、検定意見の通知を受けた者は、意見申立書を文科大臣に提出できることを定めている（8条、9条）。

　検定意見による原稿の修正や削除の指示及び指示に従った書き換え等、或いは検定不合格処分は、執筆者等の表現の自由、学問の自由、その前提となる思想・良心の自由との関連で問題となる。高柳信一教授は、「広汎な憲法的自由より出発して検定制度を検討吟味すべきなのである」とした上で、教科書検定制度と関わる憲法的自由は、「思想発表の自由、出版の自由（出版事業経営の自由を含む）、教育の自由、学問の自由等」を示している[25]。また、第2次訴訟における原告の準備書面は、「教科書検定が、現実に教科書の内容をゆがめ、国民の思想統制の機能を果たしていることは否定できない」と看破していた[26]。

学問の自由と教科書執筆及び出版の自由に関し、第2次訴訟の被告である文部大臣（当時）側は、東大ポポロ事件最高裁判決（最大判1963年5月22日刑集17巻4号370頁）を引用して、憲法23条は特に大学における学問的研究の自由とその結果発表の自由保障を趣旨とするもので、「小学校、中学校、高等学校の教科書に学問研究の結果を発表する自由にまで及ぶものではない」[27]と主張した。学問の自由が保障される主体と場につき、「主として高等な学術研究機関の教師又は研究者の研究・論議・発表（図書の刊行、公開の講演、教授等）」[28]と解する学説は、日本国憲法制定当初に見られたものである[29]。

　一方、第1次訴訟上告審判決（可部判決）は、表現の自由に関し、「（一）……普通教育の場においては、教育の中立・公正、一定水準の確保等の要請があり、これを実現するためには、これらの観点に照らして不適切と認められる図書の発行、使用等を禁止する必要があること（普通教育の場でこのような教科書を使用することは、批判能力の十分でない児童、生徒に無用の負担を与えるものである）、（二）その制限も、右の観点からして不適切と認められる内容を含む図書のみを、教科書という特殊な形態において発行を禁ずるものにすぎないことなどを考慮すると、本件検定による表現の自由の制限は、合理的でやむを得ない限度のものというべきであって、憲法21条1項の規定に反するものではない」とした。

　学問の自由に関して可部判決は、「教科書は、教科課程の構成に応じて組織排列された教科の主たる教材として、普通教育の場において使用される児童、生徒用の図書であって、学術研究の結果の発表を目的とするものではなく、本件検定は、申請図書に記述された研究結果が、たとい執筆者が正当と信ずるものであったとしても、未だ学界において支持を得ていなかったり、あるいは当該学校、当該教科、当該科目、当該学年の児童、生徒の教育として取り上げるにふさわしい内容と認められない時など旧検定基準の条件に違反する場合に、教科書の形態における研究結果の発表を制限するにすぎ」ず、検定は学問の自由を保障した憲法23条に違反しないと判断した。第1次訴訟控訴審判決（鈴木判決）では、教科書検定を特許行為と解する「いわば国の教科書特許権といった論」[30]によって、やはり表現の自由・教科書出版の自由規制を認めている[31]。

　これに対し第2次訴訟1審判決（杉本判決）は以下のように判示して、研究者の学問の自由を基盤とした教科書執筆及び出版の自由を全面的に肯定した。

「学問の研究者が自らの研究成果に基づき、高等学校以下の学校において教材として使用される教科書を執筆し、出版することもまた上記②（筆者註　研究者が、自らの学問的見解（学説）をさまざまな形で発表する自由を有すること）の・学問的見解（学説）を発表する一の形態であって憲法21条にいう出版の自由に属すると解するのが相当である。けだし、学問の研究者は、研究の成果を社会に発表する自由を有することはいうまでもないが、それとともにさらに、子どもの教育を受ける権利に対応して国民に課せられた前記（第四1（一）筆者註自らの子どもはもとより、次の世代に属するすべての者に対し、その人間性を開発し、文化を伝え、健全な国家および世界の担い手を育成する）責務を果たすため、国民の一人として、学問研究の成果を教科書の執筆、出版という形で次代を担う子供達に伝えるという出版の自由を有するものと言うべきであるからである。すなわち、すでに述べたように、小、中、高等学校における教育の目的の中には真理を希求する人間の育成を記することが当然に含まれ（教育基本法1条参照）、したがって教育は心理教育をその本質的要素とするものであるから、そのために教育においては学問の自由が尊重されなければならず（同法2条参照）、また教科書は教育の場において主たる教材として使用されるものであるから、教科書の内容は学問的成果に基づいた心理を包含するものであることが要請される。それゆえ、一般の国民より以上にすぐれた教科書の執筆が期待される学問の研究者に教科書執筆、出版の自由が保障されなければならないことは、けだし当然であるというべきである」。

教科書執筆者は、自らの研究成果を発表する一つの場として教科書作成に関わり、教科書として出版する自由も併せて保障されるのは無論である。教科書作成及び出版は、憲法23条と21条1項とによって重畳的に保障されるものと考える。

（3）教科書検定と検閲

憲法21条は1項で表現の自由を保障し、2項では表現の自由を担保するために検閲を禁じている。教科書裁判では、教科書検定が検閲に該当するか否かが大きな争点となった。検閲とは一般に、公権力が表現物の公表前にその内容を審査したり、公表を禁止する行為を指す。「表現が受け手に到達する前に抑制することは、事後の処罰よりも、表現の自由に対する抑止効果が大きい。『知る権利』に対する打撃はもっと大きい」[32]からである。検閲禁止規定が「表現の自由に対する制限は原則として事後的に行われ、事前に抑制することは許されない」[33]とする事前抑制禁止原理を表すものであることは疑い無い。伝統的

には出版物が対象と考えられてきたが、それに限定せず、集団示威行進・運動や映像等の表現活動全般についても事前規制は厳しく退けられなければならない。

　検閲を巡っては、幾つかの点で学説の対立がある。

　先ず問題となるのは、この原理は21条2項が定める検閲禁止とイコールなのか、それとも検閲禁止には留まらず表現の自由を一般的に保障する同条1項からも導き出せるのかということである。後者の2分類論が有力で、「憲法は21条2項で検閲を絶対的に禁止しており、その趣旨を踏まえれば検閲には当たらない事前抑制も原則的に禁止されていると」(34)しながら、プライバシー権の侵害を理由とするような場合は一定の要件下では例外的に許されるとする(35)。税関検査訴訟最高裁判決は「憲法21条2項前段は、『検閲は、これをしてはならない。』と規定する。憲法が、表現の自由につき、広くこれを保障する旨の一般的規定を同条1項に置きながら、別に検閲の禁止についてかような特別の規定を設けたのは、検閲がその性質上表現の自由に対する最も厳しい制約となるものであることにかんがみ、これについては、公共の福祉を理由とする例外の許容（憲法12条、13条参照）をも認めない趣旨を明らかにしたものと解すべきである」とし（最大判1984年12月12日民集38巻12号1308頁）、また、北方ジャーナル事件最高裁判決も「仮処分による事前差止めは、表現物の内容の網羅的一般的な審査に基づく事前規制が規制機関によりそれ自体を目的として行われる場合とは異なり、個別的な私人間の紛争について、司法裁判所により、当事者の申請に基づき禁止請求権等の私法上の被保全権利の存否、保全の必要性の有無を審理判断して発せられるものであって、右判示にいう『検閲』には当たらない」としており（最大判1986年6月11日民集40巻4号872頁）、いずれも2分類論を展開した。

　次に、検閲の主体についてであるが、行政権に限定する見解と(36)、広く公権力とする立場とがある。先に挙げた税関検査訴訟において最高裁判所は、「憲法21条2項にいう「検閲」とは、行政権が主体となって、思想内容等の表現物を対象とし、その全部又は一部の発表の禁止を目的として、対象とされる一定の表現物につき網羅的一般的に、発表前にその内容を審査した上、不適当と認めるものの発表を禁止することを、その特質として備えるものを指す」と述べ、行政権に限定するとの判断を示した。しかしながらこの定義は「行政権のみならず、裁判所、場合によっては国会も含む」(37)公権力と解するのが正し

い。

　さらに、検閲は事前に為されるものをいうとするのが通説であるが、事前は表現行為の発表前なのかそれとも受領前を意味するのかに関しても解釈が分かれる。税関検査訴訟最高裁判決は、「輸入か禁止される表現物は、一般に、国外においては既に発表済みのものであって、その輸入を禁止したからといって、それは、当該表現物につき、事前に発表そのものを一切禁止するというものものではない」と述べ発表前と判断しているが、国内での受領前とすべきであろう。事前抑制においては、表現行為の受け手側に知る権利が充分考慮されて然るべきである。なお、事後的な規制に関しても検閲に含んだり、検閲に準じて考える立場がある(38)。

　さて、教科書検定と検閲をめぐっては、その理由によって4つの立場に分れる。第1は、教科書として出版出来なくとも一般図書としての発行は妨げられないから検閲には当たらないとする学説である。「教科書は児童生徒が必ず読まなければならないものであり……各段階の児童生徒の理解能力に合わせ、教育の機会均等を確保するというような教育上の観点からの一定の内容規制が必要であることは一概に否定できない」(39)、「教育目的からの要請を無視するわけにはいかない」(40)等として検定の必要性を肯定した上で、「国民はすでに一般図書として出版・発行している図書を教科書として検定申請することができるのであり、また、検定不合格となっても一般市販図書として自由に出版・発行できる」ことを挙げ、検閲ではないとする(41)。第1次訴訟最高裁判決もこの立場に立ち、検定で不合格とされると教科書としては発行出来ないが、この「制約は、普通教育の場において使用義務が課せられている教科書という特殊な形態に限定されるのであって、不合格図書をそのまま一般図書として発行し、教師、児童、生徒を含む国民一般にこれを発表すること、すなわち思想の自由市場に登場させることは、何ら妨げられるところはない」として、税関検査訴訟最高裁判決が示した検閲の定義を引用し、「一般図書としての発行を何ら妨げるものではなく、発表禁止目的や発表前の審査などの特質がないから、検閲に当たらず、憲法21条2項前段の規定に違反するものではない」と判断した(42)。第3次訴訟最高裁判決もほぼ同旨である。

　第2は、「検閲の要件を事前審査と思想内容の審査とに分け、検定を教科書出版の事前の許可制としながらも、その審査が思想内容に及ぶものでないかぎり憲法の禁止する検閲に該当しない」とする立場である(43)。杉本判決がこの

立場で、「思想内容の審査とは、政治思想の審査のみならず、広く精神活動の成果に対する審査を言い、したがって、学問研究の成果としての学問的見解（学説）に対する審査も当然にこれに含まれると解すべきである」と説明する。兼子仁教授は、同じく検定を許可行為と捉え、「教科書検定それ自体は、申請図書の審査が思想内容の審査にわたらず、また検定却下が当該図書の教材としての発行を妨げない限りにおいては、検閲に該当せず合憲といえよう」とし[44]、戸波江二教授は「教科書検定の過程で、国が特定の思想を恣意的に混入させる検定を行った場合には、行政権による『思想内容の事前の抑制』であるとして、当該教科書検定不合格処分について端的に『検閲』該当性を認めるのが妥当である」と主張する[45]。但し、思想内容の審査に及ぶものか否かを判断基準とし、及ばなければ検閲では無いとはしていても、実際の教科書検定を必ずしも合憲と断じてはいないことに注意する必要がある。

第3は、「実質的な出版禁止」という「効果をもつ事前の思想審査を内容とする教科書検定は、憲法21条2項で禁止されている検閲に該当する」と考える立場である。「不合格図書は、教科書その他の教材として使用することが一切禁止されるため、教科書出版社は、その教科書としての出版を断念せざるをえず、検定不合格処分は、実質上出版禁止と同一の効力をもつ」とする家永教授側の主張が代表的である[46]。また、検定について、通常一般的に禁止されている教科書出版の自由を解除する許可行為と解した上で「検定が、検定基準についても、運用状況についても、『思想内容の審査にわたり』また……『検定却下が当該図書の教材としての発行を妨げて』いることが明らかだから……検定はストレートに検閲にあたる」とする有倉遼吉教授[47]の見解等がある。

第4の学説は、「国家権力が思想内容の当否を審査してはならないという」検閲禁止の目的に鑑み、「教科書検定は、まさしく思想内容の当否を権力的に審査する制度であるから、この中核的命題を侵害するものとして、それじたい検閲に該当するものである」と端的に判断する[48]。浦部法穂教授は、「およそ表現の自由というものが、自己の精神活動の所産を外部に表明することを妨げられないというだけではなく、自己の欲する仕方で表明することを妨げられないということをも内実としている」と説いた上で、「教科書執筆者の欲する表現行為は、たんに出版することではなく、教科書として出版することである。それを禁止する教科書検定は、『表現行為を禁止する』もの以外のなにものでもない」と核心を突く主張をしている[49]。永井憲一教授が、「憲法上人権とし

て保障するということは、ある一定の目的を達するために表現しているという自由を当然に含むわけです。その目的を達するために、その自由の範囲内で執筆する教科書はそういうものの一つの例だと思う。それを禁止してしまって、まったく違った目的であるかもしれない一般のルートに乗せるということができるのならば、それは検閲ではなくて、教科書としての表現の自由という形で考えられるべき自由を侵害したということにならないというのは、私自身の憲法的な感覚からいうと、理解できない」と述べているのも、同じ趣旨と言えよう(50)。

2．教科書検定と教育の自由

　既知の如く日本国憲法には、教育の自由に関して明記した条項が無い。そのため保障の根拠をめぐっては、学問の自由（23条）に求める説、教育を受ける権利（26条）とする説(51)、思想・良心の自由（19条）、表現の自由（21条）、学問の自由といった例示された典型的な自由と共に「一般的な自由または幸福追求の権利の一部」としての「憲法的自由」と解する説に分かれる(52)。

　教科書検定を巡り問題となるのは、執筆者の教育の自由、制作・出版会社の教育の自由、教員の教育の自由、親の教育の自由、子どもの学習の自由・教育を受ける自由、そして広く市民の教育の自由である。これらは「権利の主体によって異なった内容を有しているのであるから、それぞれの教育の自由の具体的内容を確定し、それぞれの内容に従って憲法上の根拠づけをする必要がある」(53)と思う。23条、26条、「憲法的自由」のいずれもが教育の自由の根拠として重畳的に適用され、形態によって各条項の濃淡が異なると解すべきである。

（1）教科書執筆者の教育の自由

　執筆者の教育の自由は、基本的に学問の自由に基づくと考える。執筆者が教科書作成に関わる行為は、自身の学問研究の産物とであると共に、市民の一人として有する教育の自由に基礎付けられているのである。これはひとえに、学問と教育を一体として捉える所以で、下級教育機関では「本来の研究成果を発表するという意味で、学問と深く結びついているというのは、私が高校用教科書を執筆した経験からいっても、ちょっとそぐわない」(54)との見地には、違和感を覚える。「教育内容は学問研究の成果に立脚していなければならず、非科学的なものであってはならないのであるから、両者は不可分に結びついている」(55)

と言えよう。

　従って、執筆者が日頃の研究の所産を記教科書に記すことは、学問の自由と共に教育の自由によって保障されなければならない。その教科書の出版が教科書検定を通して妨げられてはならないことは、既に述べた通りである。「教科書を著述するに当たって、著者は、自らの学問研究の成果を含めて従来のわが国および諸外国の学問研究の書成果を前提とし、著者自らの学問的、専門的判断に基づく取捨選択のもとに、これを教科書のなかに自由にもりこむことが承認されなければならず、その内容の当否は、公権力ではなく、学問自体が決すべきである。このしくみが破壊されるとき、教科書ないし教育がどのように恐るべき自体に陥るかは、わが国戦前教育がすでに実証済みである」[56]とした家永教授側の主張は至極当然である。

（2）教員の教育の自由

　教員の教育の自由は、教科書を初めとする教材選択及び作成の自由、授業等における教育方法の自由等から構成され、学問の自由が根拠になると解する。有倉遼吉教授は、旧来の解釈—「本条にいう学問の自由と教授の自由とは概念上別個のものであり、学問の自由は学校体系の如何を問わず、また私人についても認められるべきものであるが、教授の自由は、教育ということの本質上、下級の学校に至るに連れ制限されることがある」[57]—を批判し、「23条が大学における『教授の自由』に限定される理由はない」とする[58]。

　しかしながら、学問の自由の享有主体と保障内容をめぐっては、先に触れた東大ポポロ事件最高裁判決が「同条の学問の自由は、学問的研究の自由とその研究結果の発表の自由とを含むものであって、同条が学問の自由はこれを保障すると規定したのは、一面において、広くすべての国民に対してそれらの自由を保障するとともに、他面において、大学が学術の中心として深く真理を探究することを本質とすることにかんがみて、特に大学におけるそれらの自由を保障することを趣旨としたものである。教育ないし教授の自由は、学問の自由と密接な関係を有するけれども、必ずしもこれに含まれるものではない」とした上で、大学については、憲法23条の趣旨及び学校教育法旧52条が「大学は、学術の中心として、広く知識を授けるとともに、深く専門の学芸を教授研究」することを目的とするとしていることとに基づいて、大学において教授その他の研究者がその専門の研究の結果を教授する自由は、これを保障されると解する

のを相当とする。すなわち、教授その他の研究者は、その研究の結果を大学の講義または演習において教授する自由を保障されるのである」と判示している。「大学が学術の中心として深く真理を探求し、専門の学芸を教授研究することを本質とすることに基づくから、直接には教授その他の研究者の研究、その結果の発表、研究結果の教授の自由とこれらを保障するための自治とを意味する」として、大学に特段の自由を認めたものと解したのである。

　これに対し、第2次訴訟第1審判決（杉本判決）は、「教師の教育の自由は学問の自由を定めた憲法23条によって保障されていると解せられる」と明言した。「教員の地位に関するユネスコ勧告」（1966年10月5日 教員の地位に関する特別政府間会議採択）」を引用した上で、「教育は児童、生徒の心身の発達段階に応じ、児童が真に教えられたところを理解し、自らの人間性を開発していくことができるような形でなされなければならず、また、子どもが事物を批判的に考察し、全体として正しい知識を得、真実に近づくような方法がなされなければならない」といった内容の「教育的配慮をなすこと自体が一の学問的実践であり、学問と教育は本質的に不可分一体というべきである」と述べて、初等・中等教育機関における教員の「教育的配慮」を学問に位置付けた点が画期的である。

　また、第1次訴訟第1審判決（高津判決）は、学問の自由は「伝統的な考え方によれば、それは大学などの高等教育機関における教授ないし研究員を対象とするものとされ、学問の自由には学問研究の自由とその研究結果の発表の自由を含むものと解されてきた。ところが、わが憲法23条はたんに『学問の自由は、これを保障する。』と規定しているのみで、その対象を明文上限定しているわけではないので、憲法によって保障される学問の自由は右より広く、国民一般を対象とするものであって、大学など高等教育機関にかぎらず下級教育機関の教師にも及ぶものと解される」との判断を示した。

　初等・中等教育機関の教員も学問の自由を享有し得るとの見解は今日一般的で[59]、旭川学力テスト事件大法廷判決においても「憲法の保障する学問の自由は、単に学問研究の自由ばかりでなく、その結果を教授する自由をも含むと解されるし、更にまた、専ら自由な学問的探求と勉学を旨とする大学教育に比してむしろ知識の伝達と能力の開発を主とする普通教育の場においても、例えは教師が公権力によって特定の意見のみを教授することを強制されないという意味において、また、子どもの教育が教師と子どもとの間の直接の人格的接触

を通じ、その個性に応じて行われなければならないという本質的要請に照らし、教授の具体的内容及び方法につきある程度自由な裁量が認められなければならないという意味においては、一定の範囲における教授の自由が保障されるべきことを肯定できないではない」と述べている（最大判1976年5月21日刑集30巻5号615頁）。

　同判決によって、東大ポポロ事件最高裁判決が学問の自由を享受し得るのは大学の研究者であるとした部分を判例変更したものと評価するべきであろう[60]。それにも関わらず、「大学教育の場合には、学生が一応教授内容を批判する能力を備えていると考えられるのに対し、普通教育においては、児童生徒にこのような能力がなく、教師が児童生徒に対して強い影響力、支配力を有することを考え、また、普通教育においては、子どもの側に学校や教師を選択する余地が乏しく、教育の機会均等をはかる上からも全国的に一定の水準を確保すべき強い要請があること等に思いをいたすときは、普通教育における教師に完全な教授の自由を認めることは、とうてい許されないところといわなければならない。もとより、によって、教授の自由にもおのずから抑制が加わることは確かであり、これに期待すべきところも少なくないけれども、それによって右の自由の濫用等による弊害が効果的に防止されるという保障はなく、憲法が専ら右のような社会的自律作用による抑制のみに期待していると解すべき合理的根拠は、全く存しないのである」とし、大学と比べて下級教育機関の教員には「完全な教授の自由」を容認せず、教育の自由を制限する判断とを下している。

　然るに旭川学力テスト事件最高裁判決は、初等・中等教育機関の教員の教育の自由に制約を課す主たる理由として「機会均等論、水準確保論、批判欠如論」[61]を展開しているが、この内「批判欠如論」はとりわけ、杉本判決に言う「教育的配慮」として各教員に求められているものであり、児童・生徒の批判する能力を補って授業等を実施することこそ学問に根ざした教育実践に他ならない。「機会均等論」と「水準確保論」にしても同様で、教員自身が「教育的配慮」によって各児童・生徒に相応しい学習の具体的水準と内容とを考察するものであって、現実に日々の授業等を実施しているのではないだろうか。教員が「教師間における討議や親を含む第三者からの批判」といった市民の意見を参考にすべきなのは、学問研究とその成果発表である以上無論である。同判決は教員の教育の自由の「濫用」を危惧するが、行政府が学習指導要領によって教育内容を事細かに決め、それを忠実に反映した教科書の使用を強制することの方が、

国家主義的思想を教育において児童・生徒に直接的に注入する危険性の方が遥かに大きいと言わねばなるまい。「大学における『教授の自由』とまったく同様に、下級学校の『教育の自由』を位置づけながら、ただ26条の『教育を受ける権利』から一種の制約を受ける場合があるものとすると解せられる。すなわち、制約を人権相互間の調整としてとらえる」のが正当である(62)。

（3）親の教育の自由、子どもの学習の自由・教育を受ける自由

親の教育の自由には、第1次訴訟最高裁判決（可部判決）や旭川学力テスト事件最高裁判決が挙げる家庭教育の自由、学校選択の自由の他、教育内容要求の自由も含まれねばなるまい。親の教育の自由を根拠付けるのはやはり憲法23条と考えるべきであろう。親は自らの学問的所見に従って家庭教育を実施するのであるから、学校・教員に対して良しとする教育内容や指導方法を求めることも、教育の自由の一環として是認されて良いであろう。

親の教育の自由は、子どもの学習要求を充足させ、「人格の完成をめざし、平和で民主的な国家及び社会の形成者として、真理と正義を愛し、個人の価値をたっと」(63)ぶ市民の育成を図るために重要となる。場合によっては、子どもに代わり国家・教員から学習の自由を守るべく行使することもあり得る。例えば、2007年4月、「全国学力・学習状況調査」の「質問紙調査」がプライバシーを侵害し、国家による家庭教育への不当な介入に当たるとして、児童・生徒計9人が同調査実施の差し止めを求める仮処分を京都地方裁判所に申し立てた例がある(64)。同調査は子どもと親両方の教育の自由を損なうものと言えるが、実際の手続や主張に親が関わっていることは、「学力調査に疑問を抱いた保護者が知人を誘い、小学6年の5人と中学3年の4人が申立人になった」との新聞記事から伺うことが出来よう(65)。

子どもの学習の自由はもちろん学問の自由によって保障されるが、成年者と異なり、経済等の要因から自身で学ぶ場を得ることは困難であることが多い。子どもの学習の自由は、学習の機会及び内容を国・公権力や親によって充足されるという意味で、教育を受ける権利を定める憲法26条と特に深く結びついている。

（4）教育の自由と教育を受ける権利

旭川学力テスト事件最高裁判決は憲法26条について、「福祉国家の理念に基

づき、国が積極的に教育に関する諸施設を設けて国民の利用に供する責務を負うことを明らかにするとともに、子どもに対する基礎的教育である普通教育の絶対的必要性にかんがみ、親に対し、その子女に普通教育を受けさせる義務を課し、かつ、その費用を国において負担すべきことを宣言したものであるが、この規定の背後には、国民各自が、一個の人間として、また、一市民として、成長、発達し、自己の人格を完成、実現するために必要な学習をする固有の権利を有すること、特に、みずから学習することのできない子どもは、その学習要求を充足するための教育を自己に施すことを大人一般に対して要求する権利を有するとの観念が存在していると考えられる。換言すれば、子どもの教育は、教育を施す者の支配的機能ではなく、何よりもまず、子どもの学習をする権利に対応し、その充足をはかりうる立場にある者の責務に属するものとしてとらえられているのである」と述べ、学習権という観念を示した。

　また、杉本判決は、「将来においてその人間性を十分に開花させるべく自ら学習し、事物を知り、これによって自らを成長させる」ことを子どもが要求する生来的権利であり、「生存権的基本権の文化的側面」としての子どもの教育を受ける権利に対応して子どもを教育する責務をになうものは親を中心として国民全体である」と述べた上で、「国家は、右のような国民の教育責務の遂行を助成するためにもっぱら責任を追うものであって、その責任を果たすために国家に与えられる権能は、教育内容に対する介入を必然的に要請するものではなく、教育を育成するための諸条件を整備することであると考えられ、国家が教育内容に介入することは基本的に許されない」と判示している。特に子どもにとっての学習権は、教育諸条件の整備を国家・公権力と、親を初めとした市民・国民に求めるといった社会権と、教育の自由の性質とを併せ持つものと理解出来よう。教育を受ける権利は教育内容要求権でもあり、それ故教育の自由と密接に関連している。教育の自由が制約されると、「民主的、平和的な国家の発展ひいては世界の平和をになう国民を育成する精神的、文化的ないとなみ」[66]である教育の本質が損なわれ、教育を受ける権利は機能不全に陥ることとなる。

　教育を受ける権利と教育の自由に関係について、永井教授は「現代の資本主義経済社会においては、教育を受けることが、各家庭の経済的基礎の上に任されていて、しかも、教育の無償制が完備されることにならない間は、教育の機会均等は実質的な保障とはなりえない。このことは現実的に明白なのである。そうだとすれば、教育基本法（旧）3条が、『能力に応じて』受けられる教育

が差別されるのではなく、すべての国民に『ひとしく、その能力に応ずる教育を受ける機会』を保障しているのであるから、その"能力に応ずる教育"を均しく受けられるようにすることを要求すること、それを当然に含む"教育の自由"が前提として保障されていなければならない。それに加えて、教育を受けることは、労働による生存とより人間らしく生活を営む基礎能力を修得し、また自ら平和で民主的な国家を形成し、それを維持しうるようになるためであり、一人ひとりがそのような国民となりうるような条件を充足しうるようための要求を含む"教育の自由"が保障されなければならない」[67]と解説しており、正鵠を射ている。

なお、子ども本人やその親ではない市民にも、無論教育の自由は認められる。2016年10月、呉市の住民と市民団体が、同市の教育委員会による育鵬社の教科書採択過程に違法な手続があったとして、教員用教科書及び指導書の購入費用の返還を求めて広島地方裁判所に訴訟を提起し争っている例が挙げられる[68]。

おわりに　教育と個人の尊厳

以上に考察したように、教科書検定制度は、憲法21条2項が禁止する検閲に該当し、執筆者及び制作・出版社の学問の自由、表現の自由に反する。同時に、執筆者、子ども、親、教員といった市民が有する学問の自由、教育の自由と教育を受ける権利を侵害するものであるから、早期に改める必要がある。元よりこれらの自由・権利の基盤には、思想・良心の自由、幸福追求権等が存している。なお、本稿では触れることが出来なかったが、教科書訴訟における争点の一つにもなっているように、教科書検定は憲法31条が定める適正手続にも抵触する[69]。

憲法に適合する制度とするには少なくとも、単なる誤記や誤植、明らかな誤りのみをチェックして執筆者、制作・出版社に知らせること、その通知に沿った修正等が行われなくとも、教科書としての発行と児童・生徒の使用を妨げないことは必要であろうし、そもそも制度自体が必須なのかどうかも疑問である。教科書検定の改革ないし廃止は自ずと、学習指導要領や教科書の在り方にも関わってくる。旭川学力テスト事件最高裁判決が言うところの「大綱的基準としての性格をもつもの」であったら学習指導要領は無ければならないなのか、小・中学校の教科書の採択は学校毎にすべきではないか（「義務教育諸学校の教科用図書の無償措置に関する法律」10～16条）等々、議論すべき点は多い。

かつて米国教育使節団報告書は、「中央政府当局は、内容および教授方法あるいは教科書を規制すべきではなく、この領域におけるその活動を、要綱や示唆や教授手引きの出版に限定すべきであるということになる」(70)と説いていた。

　ところで、この原稿に取り組んでいる間に、2015年度から使用される中学校用道徳と高校用教科書の検定結果が公表され、新しい「高等学校学習指導要領」の告示が公示された（29文科初第1784号平成30年 3 月30日「高等学校学習指導要領の全部を改正する告示等の公示について（通知）」）。中学生向けの道徳教科書を出版する 8 社中 5 社（日本教科書・廣済堂あかつき・教育出版・東京書籍・日本文教出版）のものが、学習指導要領が示す「家族愛」や「国を愛する態度」といった内容項目(71)に沿って、生徒自身に段階を付けて「自己評価」させる箇所を設けたことが報じられている(72)。かつて文部省が作成した「心（こころ）のノート」には、「自分の目標」や「きみにはあるよ、こんないとこ」等の表題で記述させる構成が子どもの内心に踏み込むものと問題になったが、それを凌駕している。本来「特別の教科　道徳」では、心を評価するのに数値は好ましくないとして斥けられて記述式が採用されることとなっているにも関わらず、である。「自己評価」ページを設けた出版社の一つである日本教科書株式会社」は、道徳専門の教科書会社と称して2016年 4 月末に設立されているが(73)、「日本教育再生機構」との関わりが指摘されており(74)、看過し難い。

　一方、2022年度から漸次適用される予定となっている新高等学校学習指導要領にはこれまでとは全く異なる改変が施されていて、曲がりなりにもこれまで「大綱的基準」としてきた性格が大きく変えられてしまったとの指摘がなされている。「総則」が大きく変わり、「第 1 款　高等学校教育の基本と教育課程の役割」では、「教育課程編成」のみならず、高校教育全体をも事細かに規定しているのはその典型である。また、新設された「第 7 款　学校運営上の留意点」には、「カリキュラムマネジメント」について記載されているが、どうして学習指導要領に含められているのであろうか(75)。今回の改訂により、教科書訴訟、旭川学力テスト事件、伝習館高校事件といったこれまでの教育裁判における判断は、先例としての意味を失うのではないかとさえ考えるのである。

　現行の教育基本法下で学習指導要領、道徳教育、教育全般において標榜する「公共の精神」・「公徳心」は、自民党が2012年に決定した「日本国憲法改正草案」の「公益及び公の秩序」と同旨であり、国家主義的観念に他ならない。検

定を通して独創的な教科書出版を阻み、国家が決めた内容の教科書使用を強制し、学習指導要領によって画一的な教育に、子ども、教員、親、市民を諾々と従わせる教育である。文部科学省は、かつて自ら「戦争をもたらした軍国主義と超国家主義体制を否定して、平和と民主主義国家の建設とその為の教育のあり方を明らかに」[76]すべく作成、教員へ配布した「新教育指針」が「日本側で編集した最初の体系的な民主教育の手引書として、当時の教員たちへの指針となった」[77]ことを忘れてしまっているのではないだろうか。同指針は、「社會生活においても、教育においても、人間性・人格・個性が十分に重ぜられなかったことは、日本の大きな弱點であった。そしてこの弱點が軍國主義者や極端な國家主義者に利用せられたところに、戰争の起った原因もあ」ると指摘している[78]。「戦後教育は、個人の尊厳を最も尊重し、人格の完成をめざし、平和で民主的な文化国家としての日本を発展させる主体となる主権者として育成する方向の教育によっておこなわれなくてはならない」のである[79]。

　本稿を著すに際し、教科書検定に関する諸先達の膨大な業績と熱心な論議に接することが出来た。正に、「教科書裁判の法廷は、兼子仁教授が巧みに表現したように『あたかも教育権論に関する公開シンポジウムの場』のような様相を呈し」[80]ていたことが分かる。「政治＝行政が教育の内容や方法に直接の統制を及ぼすとき、子どもの学習権に対応する"真理教育"や、創造的な人格形成の作業は、本質的に歪められやす」く、「『国民の教育権』の実質的な帰結」である『教育の自由』[81]の確立を急がなければならない。教科書訴訟がもたらした豊かな思索と研究を基に「『国民の教育権』の実質的な帰結」である『教育の自由』の確立に向け、広く市民も含めて議論を進めていく必要があろう。

　「憲法に関する憲法学者の研究の成果、学界の定説が、検定制度によって、教科書から締め出されようとしているのである。同一人たる憲法学者が、憲法について、学術論文を書くときと教科書を書くときとでは、ちがうことを書かなければならない。それどころか、日本国憲法それ自身が「検定」によって恣に改変され、憲法学者の学問的認識とは別個の似ても似つかない歪められた姿で次代の国民に教え込まれようとしているのである。国民の諸々の憲法的自由を侵す制度はやがて日本国憲法それ自身の破壊にいたることを知るべきである」。教育基本法全面改定から11年余が過ぎ、日本国憲法の明文改正が具体的に議論されるようになっている今、「憲法の精神を裏切らない」[82]憲法研究者であり続けねばと思う。

注
(1) 文部科学省初等中等教育教科書課『平成28年度教用図書検定結果の概要』2017年。
(2) 文科省『小学校学習指導要領』150頁。
(3) 文科省、前掲『小学校学習指導要領』147～148頁。
(4) 毎日新聞2017年3月25日東京朝刊、早川信夫「教科『道徳』初めての教科書検定」(時論公論)NHK解説委員室ホームページ
http://www.nhk.or.jp/kaisetsu-blog/100/265949.html 2018年3月7日取得。
(5) 高等学校教科用図書検定基準(平成21年9月9日文部科学省告示第166号)〔地理歴史科(地図を除く。)〕、〔公民科〕。
(6) 石川多加子「日本国憲法と安倍政権の教育政策―道徳の教科化を中心に」、公教育計画学会年報第6号(2015年)、32頁。
(7) 小学校令規則では「書き方手本」・「算術」・「図画」を、1910年には「理科」を国定教科書にすることを定めて、小学校用教科書は全て国定化された。文部省「学制百年史」(1981年、ぎょうせい)337頁。
(8) 第1次訴訟の判決は、1審(高津判決 東京地判1974年7月16日判時751号47頁)、控訴審(鈴木判決 東京高判1986年3月19日判時1188号1頁)、上告審(可部判決 最判1993年3月16日民集47巻5号3483頁)。
(9) 第2次訴訟の判決は、1審(杉本判決 東京地判1970年7月17日判時604号29頁)、控訴審(畦上判決 東京高判1975年12月20日判時800号19頁)、上告審(中村判決 最判1982年4月8日民集36巻4号594頁)、差し戻し審(東京高判1989年6月27日判時1317号36頁)。
(10) 第3次訴訟の判決は、1審(加藤判決 東京地判1989年10月3日判時平成2年2月15日号3頁)、2審(川上判決 東京高判1993年10月20日判時1473号3頁)、上告審(最判1997年8月29日判時1623号49頁)。
(11) 判決は、1審(横浜地判1998年4月22日判時1640号3頁)、控訴審(東京高判2002年5月29日判時1796号28頁)、上告審(最判2005年12月1日集民218号557頁)。
(12) 日本経済新聞2018年3月16日等。
(13) 東京新聞2018年3月15日夕刊、YOMIURI ONLINE2018年3月17日9時41分 http://www.yomiuri.co.jp/politics/20180317-OYT1T50010.html 2018年3月18日取得。
(14)「公衆に著しく迷惑をかける暴力的不良行為等の防止に関する条例(略称『迷惑防止条例』)の一部改正案に関する意見募集結果について」警視庁ホームページ
http://www.keishicho.metro.tokyo.jp/kurashi/higai/meibou_comment.html
2018年3月19日取得、自由法曹団東京支部「東京都迷惑防止条例規制に反対する意見書」自由法曹団東京支部ホームページ
http://www.jlaf-tokyo.jp/shibu_katsudo/seimei/2018/180312.html 2018年3

（15）教育法規研究会編、前掲『学習指導要領の法的批判』、村元宏行「教育行政と教師の教育の自由」、永井憲一編著『憲法と教育人権』（2006年、三省堂）81〜94ページ等を参照されたい。
（16）高柳信一、「憲法的自由と教科書検定」永井憲一編『文献選集　日本国憲法 8　教育権』（1977年、三省堂）113頁。
（17）鈴木勲編著『逐条学校教育法第 7 次改訂版』（2009年、学陽書房）296頁。
（18）家永三郎『教科書裁判』（1981年、日本評論社）41頁。
（19）「教科書法案」昭和31年 4 月18日提出衆法第44号。
（20）教科書検定の変遷に関しては、文部省、前掲『学制100年史』1028〜1030頁、家永、前掲『教科書裁判』40〜42頁、浪本勝年・大串保子「学習指導要領と教科書行政」、教育法規研究会編『学習指導要領の法的批判』（1970年、勁草書房）所収、201〜203頁等が解説している。なお、毎日新聞社編『教育を追う　教科書検定』（1982年、毎日新聞社）は、綿密な取材に基づいて検定の実態を明らかにしており、必読の書である。
（21）文部科学省初等中等教育局教科書課「教科書検定制度について」文部科学省ホームページ
http://www.mext.go.jp/b_menu/shingi/tosho/003/gijiroku/08052214/001.htm 2018年 3 月15日取得。
（22）第 2 次訴訟において被告が東京地方裁判所に提出した第 1 準備書面。
（23）教科用図書検定規則（平成元年文部省令第20号） 7 条は平成10年11月17日文部省令第38号によって改正され、「文部大臣は、申請図書について、教科用として適切であるかどうかを教科用図書検定調査審議会（以下「検定審議会」という。）に諮問し、その答申に基づいて」という文言が削除され、現行の「文部科学大臣は、申請図書について、検定の決定又は検定審査不合格の決定を行い、その旨を申請者に通知するものとする。ただし、必要な修正を行った後に再度申請を行うことが適当である場合には、決定を留保して検定意見を申請者に通知するものとする」という規定になった。同審議会の権限に関して文部科学省初等中等教育局教科書課は、「審議会等の整理合理化に関する基本的計画」（平成11年 4 月27日閣議決定）における「審議会等の設置に関する指針」において、法律又は政令により、必要的付議が定められているもの等に限ることとされたことを踏まえ、検定審議会への付議に関する事項を省令から削除したものであるが、文部科学大臣と検定審議会の関係は、学校教育法第34条第 3 項及び学校教育法施行令第41条において規定されるものであり、この改正により文部科学大臣と検定審議会との関係が変更されたものではない」と説明している。「教科用図書検定調査審議会の位置付けや権限等について」文科省ホームページ
http://www.mext.go.jp/b_menu/shingi/tosho/003/gijiroku/08070711/003.htm
（24）教科用図書検定調査審議会設置令（昭和25年政令第140号） 1 条、教科用

図書検定調査審議会運営規則（昭和31年11月30日教用図書検定調査審議会決定　平成27年4月6日一部改正）4条。
(25) 高柳、前掲「憲法的自由と教科書検定」109～111頁。
(26) 第2次訴訟において原告が東京地方裁判所に提出した第2準備書面。
(27) 第2次訴訟において被告が東京地方裁判所に提出した第4準備書面。
(28) 法学協会編『注解日本国憲法上巻（2）』（1953年、有斐閣）459～460頁。
(29) 宮沢俊義『憲法Ⅱ』（1971年、有斐閣）382頁。
(30) 「シンポジウム　最高裁と教科書裁判」における兼子教授の発言。法律時報1992年1月号、18頁。
(31) 第2次訴訟第畔上判決も、「教科書検定という特許行為」と解している。
(32) 阿部照哉『憲法〔改訂〕』（1991年、青林書院）123頁。
(33) 野上修市『新解釈日本国憲法』（2003年、東京教学社）、80～81頁。
(34) 右崎正博「憲法とプライバシー」田島泰彦・山野目章夫・右崎編著『表現の自由とプライバシー』（2006年、日本評論社）17頁。
(35) 中村睦男「教科書執筆と教育の自由・表現の自由」、芦部信喜編『教科書裁判と憲法学』（1990年、学陽書房）所収、94頁。
(36) 例えば、橋本公宣『日本国憲法〔改訂版〕』（1988年、有斐閣）262頁等。
(37) 加藤一彦『憲法〔第3版〕』（法律文化社、2017年）93頁。
(38) 例えば、阿部、前掲『憲法〔改訂〕』123頁は「発表後の表現物の流通を阻止したり、妨害することも検閲の要素をもつ」とする。芦部信喜『憲法』（1992年、岩波書店）487頁は、旧新聞紙法23条1項・24条1項が定めていた「内務大臣の発売頒布禁止権の行使の態様は検閲を構成する」と述べている。奥平康弘『表現の自由Ⅰ』（1983年、有斐閣）372頁は、情報受領に対しての事前審査、公表後の販売や流通禁止行為までをも検閲に含むとする。
(39) 芦部、前掲『憲法』489頁。
(40) 橋本、前掲『日本国憲法』264頁。
(41) 芦部、前掲『憲法』489頁。他に、阿部、前掲『憲法〔改訂〕』263頁、佐藤幸治『憲法』（1981年、青林書院）356-357頁、「座談会　第1次教科書訴訟最高裁判決の検討」における内野正幸教授の発言、法律時報1993年6月号19頁。
(42) 高津判決及び鈴木判決も、検定不合格となっても一般図書として発行し得るので検閲ではないと述べている。後者ではそれだけに留まらず、教科書検定は「思想内容等の表現物でありうる申請にかかる教科用図書の原稿の内容を網羅的一般的に審査することとなる点において」検閲に当たると認めながらも、既刊図書も対象となるといった言い訳で合憲性を無理に理屈付けて国による教育内容への介入を肯定してしまっている。
(43) 伊藤、前掲『憲法』308頁。
(44) 兼子仁『教育法　新版』（1978年、有斐閣）173頁。

(45) 戸波江二「教育法の基礎概念の批判的検討」、戸波・西原博史編著『子ども中心の教育法理論に向けて』(2006年、エイデル研究所) 56頁。
(46) 第2次訴訟において原告が東京地方裁判所に提出した第2準備書面。なお、家永、前掲『教科書裁判』88頁。「昭和23年8月24日発教第119号都道府県知事、関係諸学校長あて 文部省局長通達」は、不合格図書の教材使用を禁じている。
(47) 有倉遼吉「教科書検定の法的性格」、法律時報臨時増刊1969年8月号、79頁。
(48) 浦部法穂「教科書検定の検閲性」ジュリスト863号、16頁。
(49) 浦部「教科書検定と検閲該当性」芦部編、前掲『教科書裁判と憲法学』79頁。
(50) 前掲「座談会 第一次教科書訴訟最高裁判決の検討」20頁。
(51) 永井教授は、杉本判決を評釈する中で「教師の教育の自由は、憲法26条1項の国民の教育を受ける権利を保障するために必要不可欠な制度的自由である、と憲法26条1項に法的根拠をもつものとして位置づけてしかるべきではなかったか、と思う」と述べている。永井『教科書検定と学問の自由・教育を受ける権利』芦部編著、前掲『教科書裁判と憲法学』117頁。
(52) 高柳教授はまた、「検閲禁止はじめもろもろの憲法規定によって保護されている自由—憲法的自由—」と表現している。高柳、前掲「憲法的自由と教科書検定」109〜110頁。学説の分類については、新井誠一郎『教育の自由』(1993年、日本評論社) 228〜238頁、山内敏弘「教育の自由と国家的介入の限界」は他に、教育条理(本質)説、内部的自由説39〜42頁を挙げる。法律時報663号
(53) 中村、前掲「教科書執筆と教育の自由・表現の自由」88頁。
(54) 「《座談会》第1次教科書訴訟最高裁判決の検討」における内野正幸教授の発言。法律時報1993年6月号、24頁。
(55) 家永、前掲『教科書裁判』88頁。
(56) 第2次訴訟において原告が東京地方裁判所に提出した第2準備書面。
(57) 法学協会編、前掲『注解日本国憲法上巻(2)』460頁。
(58) 有倉「憲法と教育—憲法26条を中心として—」前掲『文献選集日本国憲法8 教育権』67頁。
(59) 例えば、伊藤正己『憲法』(1984年、弘文堂) 281頁、阿部、前掲『憲法〔改訂〕』126頁等。
(60) 前掲「座談会 第1次教科書訴訟最高裁判決の検討」における兼子教授及び永井教授の発言。法律時報23・25頁。
(61) 内野「教育権の所在をめぐる判決の検討」前掲、芦部編著『教育裁判と憲法学』44頁。
(62) 有倉、前掲「憲法と教育—憲法26条を中心として—」68頁。
(63) 47教育基本法1条。

(64) 毎日新聞2007年4月17日等。
(65) 朝日新聞2007年4月17日。なお、申立てに対し京都地裁は、調査が実施された2007年4月24日までに結論を出さなかった為、訴えの利益を欠くこととなった。毎日新聞2007年4月24日。
(66) 杉本判決。
(67) 永井『憲法と教育基本権　新版』（勁草書房、1985年）62頁。なお、牧柾名教授は「教育権は労働権の本質的保障という意味をもっている」としている。牧『教育権』（1971年、新日本出版社）182頁。
(68) 中国新聞2016年10月14日。
(69) 教科書訴訟で原告は、憲法31条の保障は行政手続にも及び、検定制度では告知と聴聞の法理が満たされていないこと、検定手続・基準が法律ではなく文部省令・告示に委ねられているのは法治主義（法律に基づく行政の原則）を主張した。筆者はこれらの点に加え、教育課程の基準を法律ではなく、学習指導要領で文部科学大臣が定めている事実も、法律に基づく行政の原則に違反すると考えている。なお、検定と適正手続に関しては、野上「教科書検定と法定手続」芦部編著、前掲『教科書裁判と憲法学』142〜178頁、野上『解明　教育法問題』（1993年、東京教学社）342〜359頁を参照されたい。
(70) 村井実全訳解説『アメリカ教育使節団報告書』（1979年、講談社）31頁。
(71) 文部科学省『中学校学習指導要領　平成20年3月告示　平成27年3月一部改正』100〜102頁。
(72) NHK NEWS WEB
https://www3.nhk.or.jp/news/html/20180327/k10011381071000.html
2018年4月2日取得、朝日新聞デジタル
https://www.asahi.com/articles/ASL3V3DY9L3VUTIL009.html
2018年4月2日取得。
(73) 日本教科書株式会社ホームページ
http://www.nihon-kyokasho.co.jp/company/
2018年4月2日取得。
(74) 子どもたちに渡すな！あぶない教科書　大阪の会ホームページ
https://blog.goo.ne.jp/text2018/e/79b38d8945d095aa6991b5bfe4fb36fa
2018年4月2日取得
(75) 本間正吾報告「高等学校学習指導要領について（どうせたいして変わらないさ、ではない。）」（2018年3月21日、平和、人権、民主主義の教育の危機に立ち上がる会研究会）を大いに参考にした。
(76) 村井実全訳解説『アメリカ教育使節団報告書』（1979年、講談社）31頁。
(77) 文部省『学制120年史』（1992年、ぎょうせい）、文部科学省ホームページ
http://www.mext.go.jp/b_menu/hakusho/html/others/detail/1318255.htm
2018年4月3日取得。

(78) 文部省『新教育指針―第1部前編　新日本建設の根本問題―』(1946年) 6頁。国立国会図書館デジタルコレクション
http://dl.ndl.go.jp/info:ndljp/pid/1281779　2018年4月3日取得。
(79) 永井「日本国憲法と戦後教育」法律時報663号、10頁。
(80) 永井『憲法と教育法と共に―私の研究と教育の軌跡―』(2001年、非売品) 31頁。
(81) 小林直樹「現代基本権の展開」(1976年、岩波書店) 327頁。
(82) 髙柳、前掲「憲法的自由と教科書検定」124頁。

(公教育計画学会員　金沢大学)

特集：進む教育の国家統制

公教育批判の動きを再包摂するための「惨事便乗型教育改革」
——「いじめ防止対策推進法」制定とその後の経過を例として

住友　剛

はじめに——本稿の課題意識と構成

　本稿の課題は、主に「いじめ」問題への対応を例としてとりあげながら、「学校の現状を批判し、それに対するオルタナティブな道筋を求める人々の動きが、公教育の枠組みの中に『再包摂』される」現象を、現代公教育論としてどのように批判的にとらえるのかということである。

　この課題意識は、以前「『生徒指導施策』から見た日本の公教育」という論文において、「今後の課題」として指摘した次のことにかかわる。

> 学校の現状を批判し、それに対するオルタナティブな道筋を求める人々の動きが、ある時には公教育の枠組みのなかに「再包摂」されるということである。それは本稿で紹介したように、たとえば不登校の子どもたちの通う民間施設やフリースクール容認の動きであり、また、深刻ないじめ被害を受けた子どもの側や、いじめを苦に自殺した遺族の側に立って、学校のいじめ防止策の充実や事実経過の把握・検証などを求めてきた動きなどを含む。また、これらはいずれも日本政府や地方自治体、そして学校レベルでの子どもの権利保障や救済・擁護の充実を求める動きともいえるものであり、私自身もその動きに関わってきた者の一人でもある[1]。

　上記の「今後の課題」として述べたことを、いじめ防止対策推進法の制定過程やその後の日本の公教育におけるいじめ対策の動向を例として取り上げて検討することが、本稿の課題である。要するに既存の学校の現状を批判し、それに対するオルタナティブな道筋を求める人々が、自らの意見や要望を文部科学省や地方自治体、各政党などに提案する営みが、どのような形で既存の公教育体制の再編・修正を促しつつ、新たな枠組みのなかに再包摂されていくのか。

その過程を批判的に検討する道筋を見つけ出したいのである。

　そこで、まず本稿1では、最近見られる「学校の現状を批判し、それに対するオルタナティブな道筋を求める人々の動きが、公教育の枠組みの中に『再包摂』される」現象の例として、2013年に制定された「いじめ防止対策推進法」の事例を取り上げる。すでに別のところで「惨事便乗型教育改革」[2]という言葉を使って私が論じたことと重複する部分があるが、あらためて本稿での論点を整理しておきたい。

　次の本稿2では、岡村達雄の1980年代の公教育論を参照する。その上で、岡村公教育論でいう＜行動する国家＞は、実は＜行動する民衆＞の要望や苦情等を巧みに取り込みつつ、さらに公教育のあり方を柔軟に修正し、より巧妙かつ緻密に子どもや保護者、教職員を「管理主義」の枠内に取り込むことが可能だという点を明らかにする。

　さらに本稿3では、教育社会学の「モラルパニック」現象に関する議論を批判的に参照しつつ、本稿で論じる「惨事便乗型教育改革」という切り口が、1980年代以後の公教育再編の動向を考察する上で重要な視点となりうることを提案する。

　そして本稿「おわりに」では、今後の公教育研究へのひとつの課題提起として、あらためて学校における子ども・保護者・教職員の関係や、重大事故・事件発生時の遺族と学校・教育行政の関係、あるいは公教育運営を担う教育行政に対して影響を与える世論の動向などについての構造的な課題把握の必要性について論じておきたい。

1．いじめ防止対策推進法の制定過程をいま一度ふりかえる

　さて、第2次安倍政権発足後の「教育再生実行会議」の第一次提言のなかで「いじめ防止」に関する法制定が提案された（2013年2月）。その後、与野党双方から国会提案されたいじめ防止対策法案をすりあわせ、あらためて法案を練り直して共同提出し、2013年6月に国会で「いじめ防止対策推進法」が制定された。このとき、大津中2いじめ自殺事件[3]の遺族はマスメディアに対して、次のように述べている。

　　今回衆・参議員、与野党超党派での議員立法という形でこの法律に策定に当たって頂き、党派を超えたご議論の中で、初めてこの「いじめ」に対す

る法律が日本で生まれたことにつきましては、偏った意見や偏った考え方に基づくものではなく、全国会議員、政府の責任の下に送り出されたものと捉えております。
　（中略）
そして何よりも付帯決議にある当該児童に対する教師の「児童などを徹底して守り通す責務を有する」との観点から、どうすれば教育現場から「いじめ」をなくすことができるのかを徹底して考え、現場での「いじめ」を見逃さない、「いじめ」から生徒を守るとの意識改革がとても重要だと考えます。そして文部科学省がそれらの状況をいち早く吸い上げ、教育現場にフィードバックしていくPDCAサイクルを組織機能に持たせることも併せて重要なことだと考えます。
先日、本法成立に際して具体的要件を盛り込んでいただくよう衆院議員の馳浩座長にお願い致しましたが、全てとはいえませんが考慮していただいたものと感じております[4]。（後略）

　また、この大津中2いじめ自殺事件の遺族は、いじめ防止対策推進法成立後も積極的に文部科学省や各政党への働きかけを行い、いじめ防止対策の充実を求め続けてきた。その際に提出された要望書などがまとめられた論稿があるが、そのなかには「いじめ防止対策推進法案に対する意見書」（自由民主党衆議院議員馳浩宛て、2013（平成25）年6月13日）や、「いじめ対策の現状と課題についての小西議員への報告書」（2014年4月4日）、「教育委員会制度の改革に関する意見書（文部科学大臣下村博文宛て、2014年（平成26）年2月26日）、「文部科学大臣への要望書」（2015（平成27）年3月30日）などが収録されている[5]。
　さて、この「教育委員会制度の改革に関する意見書」では、「遺族から見れば、大津市教育委員会の暴走，専横は目に余るものでした。このような暴走、専横は決して大津だけの問題にとどまりません」「被害者を軽視し、教育委員会の横暴を許す制度は根本的に変革しなければなりません」[6]との趣旨で、次のように教育委員会に対する首長権限の強化を求めている。

　　首長の権限が強化され教育行政が歪められる危険性がある、そのような批判もあるかと思います。しかし、民意の負託を受けた首長によって、教育

行政に民主的なコントロールを及ぼすことが、なぜ危険視されるのでしょうか。権限が強化され首長による教育行政の歪曲が起きるというのは一面的な見方であり、教育行政に民意が反映されない今の制度こそが問題であり危険なのです。首長の権限強化の問題と、教育行政に対する民主的なコントロールという問題は別次元の問題です。首長の権限強化によって教育行政が歪曲されるという指摘は、観念的、抽象的なレベルの問題に過ぎません。現在の無責任な教育委員会制度こそ、危険視されるべきでしょう[7]。

一方、2013年4月15日に出された教育再生実行会議の第二次提言「教育委員会制度等のあり方について」では、次のように述べている。先に紹介した大津中2いじめ自殺事件の遺族の意見は、結論からいえば、この安倍政権が進める「教育再生」路線を肯定的に受容するものになっている。

現実には、教育現場で起きる問題に、的確で速やかな対応が行われず、教育を受ける機会が妨げられるような事態、さらには、子どもの生命や身体が危険に晒される事態が生じています。子どもたちのための教育再生を成し遂げるため、教育行政における責任体制を確立しなければなりません[8]。

地方教育行政の権限と責任を明確にするため、地域の民意を代表する首長が、教育行政に連帯して責任を果たせるような体制にする必要があります[9]。

そして、このような経過をふまえて、周知のとおり2014年6月の地方教育行政の組織及び運営に関する法律（地教行法）の改正が行われた。特にこの改正の際、たとえば従来の教育委員長と教育長を一本化した「新教育長」の設置や、首長の設置する「総合教育会議」において教育委員会と協議の上で教育振興に関する施策の大綱を策定すること、いじめなどの重大事態に際しての文部科学大臣から各教育委員会への是正指示に関する規定の見直しなどが行われた。このような法改正によって、「首長主導」の教育改革の実施が可能となる制度的な条件が、ある程度、整ったわけである。

しかしながら、このような「首長主導」の教育改革が実施可能な制度的条件

が整ったからといって、その後、各地の教育行政がいじめの重大事態発生時に適切な対応を取ることができているかといえば、必ずしもそうではない。また、いじめ防止対策推進法などの法令に基づくいじめ防止対策が効果を上げているかといえば、それもまたちがうのではなかろうか。

　たとえば最近の事例でいえば、仙台市では市内公立中学校で起きたいじめ自殺問題の再調査委員会の議論が紛糾し、市長が市議会に対してその経緯を明らかにしたという[10]。また、茨城県取手市の中学生いじめ自殺のケースでは、市教委の設置した調査委員会の対応に遺族が不満を抱き、強い批判を受けた。その後、茨城県教委が取手市からの委託を受けて、あらためて調査委員会を設置することとなった[11]。そして、取手市としてのいじめ防止条例の制定を契機に任期途中の市教育長が辞任し、後任の教育長が就任したが、当該中学校での保護者会開催ができない等の問題が残り続けている[12]。ここ数年、たとえばいじめ防止対策推進法の制定や「首長主導」による教育改革、特に地方教育行政によるいじめ防止対策の充実や、あるいは重大事態発生時の対応の改善に強い期待を持った遺族もいるかもしれない。しかし上記のような事例を見れば、あまり事態はいじめ防止対策推進法制定以前と大差ないようにも思われる。

　もちろん、学校での「いじめ」によって我が子を亡くした遺族の立場としては、亡くなった我が子や、遺族としての我が身と同じような苦しみ・悲しみを抱く人々が二度と出てほしくないと願うのは、当然の心情である。また、いじめ防止対策の充実を広く社会に訴えることも、至って自然な感情である。したがって、このような遺族の心情そのものを否定することは、私としてもできないところである。しかしながら、遺族の心情そのものは理解できたとしても、実際に遺族の側から「いじめ防止」に関して提案された内容や、それを実現すべく動いた各政党や文部科学省などの施策の動向については、私としても別のこととして受け止め、その内実をあらためて慎重に吟味し、批判的に検討していく必要があると考えている。

　たとえば当時、この「いじめ防止対策推進法」の制定に対して、他の学校事故・事件の被害者家族や遺族とかかわってきた立場から、「『なぜ今、いじめ防止対策だけが突出した形で法整備等が行われているのか？』という点で、私は強く違和感を抱く」[13]と述べた。また、このときの「違和感」の具体的な中身として、私は次のことを述べた。

まず、いま、いじめ問題にマスメディアを通じて人々の意識が焦点化されることで、実は他の子どもの権利保障に関する諸課題が「隠される」ことが起きているのではないか、ということである。しかも、いじめ問題だけに人々の意識が焦点化されると、「(亡くなった子どもや遺族のように)現実に困っている人がいるから、なんとかしたい」という意図で政策的に導入されることを、なにもかも肯定的に見てしまいがちになる。その結果、本来いじめ防止対策とは関係のない首長主導の教育委員会改革まで実施させてしまうことにもなりかねない。これはきわめて、危険なことである[14]。

　ここであえて「本来いじめ防止対策とは関係のない首長主導の教育委員会改革」と私が述べたのには、理由がある。それは大津中2いじめ自殺事件の調査委員会報告書では、首長の教育委員会に対する発言権の強化などに関する提案はなく、むしろ「教員の多忙化解消」「非正規教員の解消(正規雇用の増加)」や「学校規模の適正化(学校選択制の廃止を含む)」などの提案を強く打ち出しているからである。それどころか、常に「市民と地域、学校に開かれ、支持・信頼される教育行政」という観点から、この調査委員会報告書は「教育委員会に対する提言」として、次のことを求めていたのである。

　　そこで、もっと教育委員会独自の考え方が自由に発言でき、自由に運営できるという「自由さ」が求められると考える。今の教育委員会のシステム構造では、上級機関(文部科学省―県教育委員会)への数値報告が求められるようになり、成果主義に陥っていると指摘せざるを得ない。数値での成果の比較がなされるため、都合の悪い傾向や、結果は出したくないとの判断が働くのも当然のことと思われる。もっと自由に物が言え、自由に語り合える場が保障されているならば、もっと子どもに向き合った教育活動が期待できるものである[15]。

　このような調査委員会報告書の教育委員会への提案事項は、各校で起きている「いじめ」の実態について、「文部科学省がそれらの状況をいち早く吸い上げ、教育現場にフィードバックしていくPDCAサイクルを組織機能に持たせること」とのコメントを出した遺族側の考えとは、むしろ、正反対のものと言ってよい。また、遺族サイドから先述の調査委員会の提案事項とは正反対の方へ

向かう内容をとりまとめて、文部科学省や各政党へ働きかけた。そして、その影響が一定程度反映する形で、いじめ防止対策推進法の制定や、教育委員会に対する首長権限の強化へとつながっていったと考えられるのである。

ちなみに私は当時、マスコミの取材との兼ね合いで、この調査委員会報告書を早い段階で全文入手し、前述の教育委員会改革に関する調査委員会からの提案事項についても知っていた[16]。だからこそ、いじめ防止対策推進法の制定過程や、その制定後の教育改革の動向などについて、遺族からの要望や意見の内容を含めて、その当時から違和感を抱かざるをえなかったのである。

2．＜行動する国家＞に＜行動する民衆＞は何を求めるのか？

では、本稿1で述べたように、遺族サイドから積極的に「いじめ防止」に関する法制定を求め、文部科学省や各政党に働きかけていく動きを、私たちは公教育研究の観点からどのように理解していけばよいのだろうか。たとえば、遺族などを含む市民からの働きかけによって実現した教育立法や教育行政の施策が、公教育のあり方をさらに歪ませたり、あるいは学校で日々過ごす子どもや保護者、教職員に対してかえって抑圧的なものになりかねない現象を、あらためてどのような観点から批判的に検討していけばよいのだろうか。

ここで思い出しておきたいのが、かつて岡村達雄は近代公教育について、「教育を国民の権利として制度的に保障することをとおして教育に対する国家支配を実現していくありかたをその基本構造としている」[17]と述べたことである。その岡村は、次のようにも述べる。

> 教育行政は、国民の教育権の保障が同時に教育への国家支配であるような公教育を組織することを基本としながらも、一方では公権力による公教育の積極的な政治的組織化、他方では公権力の公教育への関与の限定論あるいは統制排除論として説かれるのである[18]。

実際、いじめ防止対策推進法も、同法第1条に「いじめが、いじめを受けた児童等の教育を受ける権利を著しく侵害し、その心身の健全な成長及び人格の形成に重大な影響を与えるのみならず、その生命又は身体に重大な危険を生じさせるおそれがあるものであることに鑑み、児童等の尊厳を保持するため」とあるように、学校における子どもの権利侵害に対する救済や擁護を念頭に置

いて作られた側面がある。

　しかしながら他方で、いじめ防止対策推進法は第9条で「保護者の責務等」を定めたり、あるいは第15条でいじめ防止に資することをふまえての「全ての教育活動を通じた道徳教育及び体験活動等の充実」や、第16条で学校及び学校設置者に対する「当該学校におけるいじめを早期に発見するため、当該学校に在籍する児童等に対する定期的な調査その他の必要な措置」の実施を求めるなどの規定を有している。つまり「いじめ」という子どもの権利侵害に対する救済・擁護という建前の下で、教育行政として積極的に学校現場の教育実践や保護者の子育てのあり方に「介入」し、公教育の内実を教育行政の意図する方向にコントロールしようとしているとも考えられるのである。

　もちろん、子どもたちが学校においていじめに苦しんでいる現状そのものは、おとなの側の責任・義務として、何らかの形で改善していく必要はある。また、そのために、何らかの公教育の条件整備等を通じて、学校現場の教職員や保護者らを支えていく責任や義務が文部科学省や各地の教育行政にあると考えること自体は、一概に否定すべきことではない。さらに、実際に文部科学省や各地の教育行政が何らかの施策を通して学校現場を支え、積極的にいじめ防止に取り組む必要があることも、あらためて言うまでもないことである。

　しかし、だからといって、そのいじめ防止に関する公教育の条件整備等に対して、文部科学省や各地の教育行政が施策を通じてどこまで関与するのかについては、さまざまなバリエーションがあってしかるべきであろう。また、「いじめ防止のため」あるいは「何らかの権利侵害に直面する子どもの救済・擁護のため」という大義名分のためなら、公教育の条件整備等に対する施策について、文部科学省や各地の教育行政は「何をやってもいい」というわけでもない。

　さらに言うと、いじめ防止に関して遺族らが要望している事項のすべてを、文部科学省や各地の教育行政が素直に受け止め、誠実に実施しているとも限らない。また、実際に公教育におけるいじめ防止対策等が実施されていく過程においては、遺族らの意見や要望を聴く文部科学省や各地の教育行政、さらには法整備の段階であれば各政党の何らかの思惑が働いているのではなかろうか。そしてその実施過程では、たとえば各政党や文部科学省、各地の教育行政が推進したい施策と一致すると考える範囲で、遺族らの意見・要望が取り入れられたり、逆に排除されたりしているとも考えられるのである。

　そこで以下、岡村達雄の公教育論を参照して、「学校の現状を批判し、それ

に対するオルタナティブな道筋を求める人々の動きが、公教育の枠組みの中に『再包摂』される」現象を考える手がかりを得ることにしたい。

たとえば岡村達雄は1980年代日本の公教育の状況を前にして、「現代国家は、法の策定、法の執行、法違反への制裁と遵守という伝統的な役割機能を果たすにとどまることなく、支配の正当性を擁護し、かつそれを支える公共性を積極的に造出して、社会を再組織化し続けるような、きわめてアグレッシィブな＜行動する国家＞である」[19]と述べた。

また、岡村は、「いま、子どもたちの現在、学校の教育現実を貫いて支配しているのは管理主義である」[20]と言い、その「管理主義」について、次のようにも述べていた。

> 今日指摘されている管理主義の特徴は、帰属組織（集団・体制）への忠誠心・服従意思の有無を見定める基準や尺度をできうるかぎり単純化して、ある場合にはそれ自体とり出してみればもはや意味もないような粗雑な基準で、成員をあるいは成員相互を監視させ、支配していこうとする管理行動様式だという点にある。そして、この尺度が国家精神に帰一していくところに管理主義が同時に国家主義となる根拠がある。
>
> こうした教育における管理主義は、「所与の教育管理の秩序にあわせて教育を考える発想」という点でも教育行政をいっそう官僚主義的、権威主義的なものとさせ、差別・抑圧の支配システムを生み出すものとしている。しかし一方では、こうした教育現実の変革をめざす実践・運動を、それはよびおこしている。そこでは＜行動する国家＞に対する＜行動する民衆＞がめざすべき教育が問われている[21]。

このような1980年代日本の公教育の状況を前にしての岡村達雄の見解をふまえて、「いじめ防止対策推進法」の制定過程やその後の動向を見るとき、次のようなことに気づく。まず、ここで注目すべきは、先に岡村達雄が述べた＜行動する国家＞の「支配の正当性を擁護し、かつそれを支える公共性を積極的に造出して、社会を再組織化」するという側面である。また、同じく岡村のいう「教育における管理主義」が、「所与の教育管理の秩序にあわせて教育を考える発想」という点を持つことも、いじめ防止対策推進法の制定過程やその後の動向を理解する上で重要である。

具体的に言えば、たとえばいじめ防止対策推進法の制定過程を見ると、岡村の言う＜行動する民衆＞としての遺族らが、教育行政当局や各政党に対して「いじめ防止対策の充実」を要望するという側面があった。また、このような動きがあったことにより、「遺族らの要望に応じる」という観点から、各政党も教育行政もいじめ防止に関する法整備に積極的に動き、いじめ防止対策推進法の制定へとつながっていった。特に遺族の側からは、先述のとおり、いじめ防止対策推進法制定に向けて、各学校などが行っているいじめ防止の取り組みや発生状況などについて、「文部科学省がそれらの状況をいち早く吸い上げ、教育現場にフィードバックしていくPDCAサイクルを組織機能に持たせること」や、教育行政における「責任と権限の一致」などを要望する声があがっていた。したがっていじめ防止対策推進法の制定やその後の経過を見る限り、＜行動する民衆＞としての遺族らが、いじめ防止に関する法整備を通じて＜行動する国家＞の「支配の正当性を擁護し、かつそれを支える公共性を積極的に造出して、社会を再組織化」する営みを促した面がある。

　しかしながら、このいじめ防止の法整備を通じて積極的に＜行動する国家＞は、併せて当時「所与の教育管理の秩序にあわせて教育を考える発想」も有していたとも考えられる。それこそ、たとえば先述の大津市のいじめ自殺の調査委員会報告書のように、具体的に「教員の多忙化解消」「非正規教員の解消（正規雇用の増加）」や「学校規模の適正化（学校選択制の廃止を含む）」や、あるいは教育における「成果主義」的な側面の緩和といったことも提案している。このような観点からいじめ防止対策に関する法整備を行うことや、あるいは別の施策の実施を行うことも、文部科学省や各政党には可能であったはずである。だが、実際のいじめ防止対策推進法に盛り込まれた事項は、先述のとおり「道徳教育の充実」や「早期発見のための措置」などが中心であり、「学校規模の適正化（学校選択制の廃止を含む）」などは含まれてはいなかった。あるいは、遺族の意見や要望が一定後押しをする形で、いじめ防止対策の推進と連動する形で、「首長主導」の教育改革に向けての法整備も行われたのである。

　だとするならば、文部科学省や各政党はいじめ防止に関する法整備を行う際に「所与の教育管理の秩序にあわせて教育を考える発想」に立って、遺族らの要望するいじめ防止対策の内容を精査し、公教育の現状を大きく変革することにつながったり、あるいは公教育の条件整備面で難しいと思われる部分を巧妙に外しつつ、同時に「首長主導」などで「教育における管理主義」をより積極

特集論文：公教育批判の動きを再包摂するための「惨事便乗型教育改革」──045

的に実施しやすい部分のみを取り込んでいったとも考えられるのである。

3．「惨事便乗型教育改革」と「モラルパニック」

　ところで、子どもが亡くなるようないじめの重大事態の発生と、その発生後に行われるさまざまな教育改革の動きについては、これまで教育社会学の領域において「モラルパニック」現象として論じてきた経過がある。このモラルパニック現象と、本稿で言う「惨事便乗型教育改革」の議論の切り口などのちがいについて、ここでは少し課題提起的に論じておきたい。
　さて、このモラルパニック現象だが、いじめ問題に関する教育社会学の領域での議論においては、次のように説明されている。

　　モラルパニックとは、社会が共有してきた価値観や規範に対する脅威が現れたときに、マスメディアがどのように反応し、人々がその「脅威」にどのようなリアクションを起こし、それがどのように収束していったか、つまり社会問題の生成と終焉を分析する方法の一つと考えることができます。いじめは昔もあったという人もいます。しかし、子どもがいじめられて自殺する、しかも、遺書を読んでみるといかに凄惨なことが行われていたとか、それがやくざ集団ではなく、中学生の世界で行われていた。この時事は人々を震撼させ、社会に衝撃を与える十分なインパクトがあります[22]。

　一方、モラルパニック現象については、「警告」「インパクト」「点検」「社会的対応」という一連の循環があるという。具体的に言うと「警告」とは「危険が生じるかもしれないという懸念の表明であり、差し迫った危険を予感させる事態の出現」である。「インパクト」は「世間の注目を集める象徴的な事件の勃発と、人々のパニック的な反応」で構成されるという。続く「点検」は「その事態に遭遇することにより、何が起こったのか、どのような状態に置かれているのかについて、大まかな見取り図を描くこと」である。そして「社会的対応」とは、「事態に対する、社会的態度及び社会的政策の両面で生じる社会的な反応」を指している[23]。
　この説明からもわかるとおり、モラルパニック現象が扱っているのは、いじめ問題についてマスメディアなどで論じられたことと、その論じられたことをめぐっての社会的な反応である。その限りでいえば「惨事便乗型教育改革」で

いう「学校で子どもが亡くなるという惨事に便乗して、別の意図で教育改革が行われる」という面は、「モラルパニック」現象とも重なる。

　ただ「惨事便乗型教育改革」を使って私が指摘したいことは、このモラルパニック現象でいう循環のうち、「インパクト」のある事態発生後の「点検」から「社会的対応」のプロセスにおいて、実際には、既存の公教育の再編や改革を望む諸勢力の意図がさまざまなかたちでせめぎあっているのではないか、ということである。

　たとえば、そのせめぎあいのプロセスのなかで、先述の＜行動する民衆＞が主張したことを＜行動する国家＞の側から巧みに読み替えたり、あるいは＜行動する民衆＞の訴えることを意図的に「教育における管理主義」強化の方向性につなげていく対応が行われてはいないのか。具体的にいじめ防止対策推進法制定の頃の状況でいえば、たとえば教職員の多忙化解消その他の条件整備面での改善という提案もあったのに、なぜ「首長主導の教育改革」という公教育再編の動きが作られていったのか。

　布村育子は「教育改革が誰かの『支持』によって成り立っている行為だとするならば、もしかするとみなさん自身の考えや判断が教育改革のために利用されているという側面だってあるかもしれません」[24]という。だとすれば、いじめ問題に限らず、およそ学校事故・事件や災害などで我が子を亡くした遺族の切実な訴えが、時と場合によっては、「教育における管理主義」のさらなる徹底のために＜行動する国家＞の側から利用されることも十分、考えられる。また、我が子のいじめ自殺と、その後の学校・教育行政の対応上の諸問題を前にして、「地方教育行政の権限強化」などを求めた遺族の切実な声も、近年の公教育再編をめぐる政治的な状況のなかでは、全く異なった意味を持ったものに変質し、新たな問題を引き起こす火種になっているかもしれない。それこそ、子どもが亡くなるような重大事態発生後の「首長主導」あるいは「政治主導」の教育改革は、その諸改革実施後の「首長」なり「政治（家）」なりの判断や、その諸改革実施の前提となる状況認識自体が誤っていれば、その重大事態発生以前よりも、公教育のあり方をより大きく歪ませることにつながるのではなかろうか。

　このように「惨事便乗型教育改革」という言葉を使って私が問題にしたいことは、モラルパニック現象でいう「インパクト」から「点検」そして「社会的対応」のプロセスのなかで、誰のどのような要望などが取り入れられて、重大事態発生前とは異なる公教育の状況が形成されていったのかという点にある。

特集論文：公教育批判の動きを再包摂するための「惨事便乗型教育改革」──047

したがって「惨事便乗型教育改革」に関する私の議論は、教育社会学がこれまでいじめ問題などに関わって重要な課題として論じてきたモラルパニック現象を、公教育研究の視点からさらに掘り下げていく視点を提起するものである。また、すでに別のところでも述べた[25]とおり、いじめ問題への対応が生徒指導施策の充実という観点から、1980年代以来近年に至るまで公教育再編の重要な課題として提起され続けてきた経過から考えると、この「惨事便乗型教育改革」という視点は、特に1980年代以降今日に至る日本の公教育のあり方を問う切り口としても重要であると考えている。

おわりに──「重大事態発生時」に焦点を当てた公教育研究の充実を

　以上のように、以前「惨事便乗型教育改革」という切り口から、私なりにいじめ防止対策推進法の制定過程や、その後の日本の公教育におけるいじめ対策の動向などを整理してみた。そこから見えてきたのは、本稿1で述べたとおり、遺族側から「首長主導」の教育改革などを求める世論が高まり、その世論を受けて一定の地方教育行政の制度改革が行われたとしても、結果的にはやはり不適切な遺族対応が起きてしまっているということである。そう考えると、大津市中2いじめ自殺事件の調査委員会の報告書のように、いじめ防止対策推進法の制定や「首長主導」の教育改革とは別に、たとえば学校の条件整備を中心とした制度改革の方向性も提案されていたこと。このことも今日、もう一度、再評価する必要があるのではなかろうか。

　また、本稿1で述べたことについて、本稿3で紹介したモラルパニック現象の視点から言えば、強いインパクトのある出来事のあとに点検、社会的対応が行われたとしても、それでもなお問題が生じているということになるであろう。あるいは、その点検、社会的対応は、根本的な事態の改善につながらないものであったと、教育社会学の領域からも言わなければならないはずである。そして、今後はその点検や社会的対応の内実こそ、モラルパニック現象を論じてきた教育社会学の領域においても問われてしかるべきであろう。

　その一方で、私の言う「惨事便乗型教育改革」という切り口は、まさにこのモラルパニック現象でいう「点検」と「社会的対応」の内実を問題にするものである。具体的に言えば、たとえば遺族側から教育改革に向けて提案された内容が、実際には公教育再編のどのような動向と、どのような形で結びついたのかについて、より緻密な調査・検証作業を行っていくということ。あるいは、

そもそも遺族側から公教育再編に向けて提案されたさまざまな事項が、はたして本当に公教育の現状を適切な形で変革し、学校における子どもと保護者、教職員の関係を変え得るものであったのか、その内実を問い直していくということ。そのことを念頭に置くのが「惨事便乗型教育改革」という切り口である。

そしてこの「惨事便乗型教育改革」という切り口は、本稿2で述べたように、かつて岡村達雄が「＜行動する国家＞に対する＜行動する民衆＞がめざすべき教育が問われている」と述べたことにも対応するものである。また、＜行動する民衆＞の提案したことがどのように＜行動する国家＞に包摂されていくのかを問題にするものでもある。まさに本稿「はじめに」で述べたとおり、「学校の現状を批判し、それに対するオルタナティブな道筋を求める人々の動きが、公教育の枠組みの中に『再包摂』される」現象を批判的に調査・検証するための切り口として、今後はこの「惨事便乗型教育改革」ということばを用いていきたい。

最後に、本稿3で紹介した教育社会学の領域におけるモラルパニック現象についての議論は、たとえばマスメディアなどでの教育に関する言説とその後の社会的な対応との関係を、まさに目の前で起きている出来事を「社会現象」として記述・説明するのには適切な議論であろう。しかし、実際に何らかの形で学校における子どもと保護者、教職員の関係や、子どもが亡くなるような重大事態発生時の遺族と学校・教育行政の関係の改善に努めたいのであれば、やはり今後はモラルパニック現象を論じるレベルにとどまらない、より深くその背景や構造的な諸課題に切り込むための議論が必要ではないか。

むしろ、たとえば本稿で論じた「惨事便乗型教育改革」という切り口から、子どもが亡くなるような重大事態が発生したときの公教育の状況を構造的に捉え、論じていく方法を今後、早急に見つける必要がある。あるいは、そのような作業の前提として、たとえば公教育における子ども・保護者・教職員の関係、重大事故・事件発生後の遺族と学校・教育行政の関係や、あるいは公教育を運営する教育行政に影響を与える世論の動向などについて、何らかのかたちで構造的な課題の把握に努めていく必要があるのではなかろうか[26]。本稿の締めくくりにあたって、今後の公教育研究におけるひとつの課題として、このようなことを指摘しておきたい。

注

（1）拙稿「『生徒指導施策』から見た日本の公教育」公教育計画学会編『公教育計画研究6』八月書館、2015年、p.177

（2）「惨事便乗型教育改革」は、「学校で子どもが亡くなるという惨事に便乗して、別の意図で教育改革が行われる」という意味で用いた言葉である。この言葉については、拙稿「『大津いじめ自殺事件以後』をどう見るか」子どもの権利条約総合研究所編『子どもの権利研究』第25号、2014年、p.92を参照。

（3）この事件の概要については、共同通信大阪社会部『大津中2いじめ自殺』PHP新書、2013年を参照。

（4）産経ニュース2013年6月21日配信記事「大津市の遺族コメント全文「いじめ見逃さぬ意識改革を」」
　　http://www.sankei.com/region/news/130621/rgn1306210004-n1.html
（2018年3月31日確認）

（5）采女博文「いじめ防止対策推進法　大津いじめ事件遺族の声」(『鹿児島大学法学論集』50巻1号、2015年）を参照。なお、ここに出てくる「小西議員」とは、小西博之参議院議員（民進党）である。

（6）同上、p.117

（7）同上、p.122〜123

（8）教育再生実行会議第二次提言「教育委員会制度等の在り方について」（2013年4月25日）p.1
　　https://www.kantei.go.jp/jp/singi/kyouikusaisei/pdf/dai2_1.pdf　（2018年4月2日確認）

（9）同上、p.2

（10）朝日新聞デジタル2018年2月28日付け配信記事「宮城　いじめ問題再調査委紛糾、委員長が市長に経緯報告」を参照。
　　https://digital.asahi.com/articles/ASL2W635LL2WUNHB014.html?iref=pc_ss_date　（2018年4月15日確認）

（11）朝日新聞デジタル2017年8月4日付け配信記事「茨城県、調査委設置へ　取手市教委に代わり　中3自殺」を参照。
　　https://digital.asahi.com/articles/DA3S13072486.html?iref=pc_ss_date
（2018年4月15日確認）

（12）次の朝日新聞デジタルの記事を参照。
　　「茨城　いじめ問題で教育長辞任へ　防止条例制定にメド」（2018年2月21日付け配信記事）
　　https://digital.asahi.com/articles/ASL2N438DL2NUJHB00H.html?iref=pc_ss_date　（2018年4月15日確認）
　　「茨城　保護者会開催めど示せず　いじめ自殺で新教育長」（2018年4月7

日付け配信記事）
https://digital.asahi.com/articles/ASL464678L46UJHB006.html?iref=pc_ss_date　（2018年4月15日確認）
(13)　前出「『大津いじめ自殺事件以後』をどう見るか」p.93
(14)　同上、p.93
(15)　「第3部　提言」のうち「第3章　教育委員会への提言」大津市立中学校におけるいじめに関する第三者調査委員会『調査報告書』（2013年1月31日）を参照。
http://www.city.otsu.lg.jp/ikkrwebBrowse/material/files/group/50/51f0ca92010.pdf　（2018年3月31日確認）
(16)　大津市長へ第三者調査委員会が報告書を提出した2013年1月31日以降、当時の私には、各報道機関から報告書の内容へのコメントを求められる機会が相次いだ。その経過のなかで私は報告書の全文コピーを入手し、早い時期にその内容を知る機会を得た。
(17)　岡村達雄編『教育のなかの国家　現代教育行政批判』勁草書房、1983年、p. 9
(18)　同上、p.12
(19)　同上、p. 1
(20)　同上、p. 1
(21)　同上、p. 2
(22)　加野芳正『なぜ、人は平気で「いじめ」をするのか』日本図書センター、2011年、p.209
(23)　同上、p.209〜210を参照。
(24)　布村育子『迷走・暴走・逆走ばかりの日本の教育』日本図書センター、2013年、p.37
(25)　前出「『生徒指導施策』から見た日本の公教育」を参照。
(26)　このような私の課題意識の一端につながるのが、拙著『新しい学校事故・事件学』（子どもの風出版会、2017年）である。こちらも参照していただきたい。

（公教育計画学会員　京都精華大学）

特集：進む教育の国家統制

公教育計画学会2017年度研究集会：
新学習指導要領を考える——その問題点と課題

研究集会趣旨

2017年3月に公示された新学習指導要領が、小学校では2020年度に、中学校では2021年度に全面実施されます。すでに2015年3月の学習指導要領一部改訂によって「特別の教科・道徳」として教科化された道徳には、検定教科書が導入され、その内容や評価をどうするかなど、教育現場に大きな影響をもたらしています。

また、今回の学習指導要領の改訂では教育内容だけでなく、学校での教育方法についても明示しています。さらに教育スタンダードと見まがうばかりの「何ができるか」まで盛り込んでいます。今回の研究集会では、特別の教科道徳、主体的・対話的で深い学び、各教科領域の資質・能力などを中心に問題点と課題を議論します。会員外のみなさんの参加も歓迎します。

日　時：　2018年3月4日（日）14時〜17時
場　所：　東京学芸大学　南講義棟（S棟）2階201教室
報告者
　池田賢市会員（中央大学）
　大森直樹会員（東京学芸大学）
司会
　田口康明会員（鹿児島県立短期大学）

〔報告〕新学習指導要領を支える学習観・社会観について

池田賢市

はじめに

　新しい学習指導要領の内容そのものの問題点というより、それを支えている考え方（学習観・社会観等）について、「幼稚園、小学校、中学校、高等学校及び特別支援学校の学習指導要領の改善及び必要な方策等について」（中教審答申2016.12.21）から抜粋しながら確認し、その問題点を指摘したい。なお、本稿の小見出しの後の（　）内の記載は、この中教審答申での該当箇所を示す。

　また、今回の改訂の方向性は、OECD（経済協力開発機構）の教育観とも重なっており、今日のグローバル経済と言われる状況への対応として学校教育が位置づけられていることも確認しておきたい。

1．今回の改訂が目指すもの（第4章2—（1）、2—（3））

　まず、今回の学習指導要領改訂が何をめざしているのかをみておく。端的に言えば、学習の内容と方法の両方を重視し、学びの過程を質的に高めていくこと、ということになる。単元や題材のまとまりの中で、子どもたちが「何ができるようになるか」を明確にしながら、「何を学ぶか」という学習内容と、「どのように学ぶか」という学びの過程を組み立てていくことが重視されている。

　とくに「何ができるようになるか」「何が身に付いたか」といったことが強調されることにより「能力主義」的傾向が明確になったことは、すでに多く批判的に指摘されている。

　これと連動して、「学習評価の充実」も必要とされる。今後、学校においては、「できたかどうか」のチェック体制がより一層厳格に設けられることになるだろう。しかもここにひとり一人の子どもの「発達をどのように支援するか」という発想が加わる。「つまずき」を早期に発見することが求められる。こうして、目的・内容・方法・評価・支援の全国的標準化によって学習のあり方に対する包囲網が完成したのである。

2．育てたい子どもたちの姿（第3章1／第2章）

　では、このような学校環境の下で、いったいどんな子どもを育てたいと考えているのか。中教審答申は、この点に関して非常に「欲張り」である。大まかにではあるが列挙してみたい。学習をがんじがらめに縛っておいて、つまり、子どもや教員、学校現場の主体性を徹底的に潰しておいて、このような人間が育つと考える神経を疑いたい。

- 社会的・職業的に自立した人間として我が国や郷土が育んできた伝統や文化に立脚した広い視野をもつ。
- 理想を実現しようとする高い志や意欲をもって主体的に学ぶ。
- 情報を判断し自ら知識を深め個性や能力を伸ばし、人生を切り拓ひらく。
- 対話や議論を通じて、自分の考えを根拠とともに伝える。
- 他者の考えを理解し、自分の考えを広げ深め、集団での考えを発展させる。
- 他者への思いやりをもって多様な人々と協働する。
- 感性を豊かに働かせながら、よりよい人生や社会のあり方を考える。
- 試行錯誤しながら問題を発見・解決し、新たな価値を創造していく。
- 予測できない変化に対して受け身ではなく、主体的に向き合う。
- 自らの可能性を発揮し、よりよい社会と幸福な人生の創り手となる。

3．学力についての認識（第1章／第3章2—（3）／第2部）

　教育を改革しようとする際、いわゆる「学力」を重視しないわけにはいかない。答申は、学力に関しては、国内外の様々な調査結果によれば「近年改善傾向にある」とみている。しかし、課題も指摘している。まず、「判断の根拠や理由を明確に示しながら自分の考えを述べる」ことには課題があるとしている。また、「学習したことを生活や社会の中の課題解決に生かしていく」ことや「文章の構成や内容を的確に捉えたりしながら読み解く」ことに関しては課題があると指摘している。このように具体的に課題を指摘されると、いったい何が「改善傾向」にあるのかがわからなくなるが、いずれにしても、「基礎的な知識及び技能、思考力、判断力、表現力等及び主体的に学習に取り組む態度という学力の三要素のバランスのとれた育成」が重視されることになる。

　そして、2つの驚くべき（!?）学力の育成を求めている。一つは、「将来どの

ような職業に就くとしても求められる外国語で多様な人々とコミュニケーションを図ることができる基礎的な力」、もう一つは「将来どのような職業に就くとしても時代を超えて普遍的に求められるプログラミング的思考」である。いったい何が「驚くべき」ことなのかと言えば、「どのような職業に就くとしても」という表現の異様さ、脅迫的ニュアンスである。外国語でのコミュニケーションとプログラミングがあらゆる職業に普遍的に求められているなどということはあるはずがない。しかし、次に見る社会観やOECDの教育観を踏まえると、この2つの能力も唐突に出てきたものとはいえない面がみえてくる。

4．社会についての認識（第2章）

　教育改革には、「社会の急激な変化」は決まり文句である。しかし今回は、単なる変化ではない。「複雑で予測困難」「人間の予測を超えて加速度的に進展」と表現されている。とくに人工知能（AI）の急速な進展を挙げ、2030年ころの社会ではどんな職業や人生を選択するとしてもその影響を免れないとしている。

　この点に関しては、OECDの認識を踏まえている。それによれば、2030年にはAIの発達により今ある職業の少なくとも半数程度はなくなっていることになる。したがって、失業しないように学校できることとはことなる能力を付ける必要があり、学校はそのためにカリキュラムを工夫していかなくてはならない、という論を立てている。つまり、つねに新たな知識・技能を習得しなければならないのであって、失業は、経済界が求めるスキルを持っていなかった結果（個人と企業との間のミスマッチ）である、自己責任だということなのである。

　OECDは、これからの社会の変化のありようをVUCA（ヴカ）と呼んでいる。すなわち、変わりやすく（Volatile）、不確かで（Uncertain）、複雑で（Complex）、あいまいな（Ambiguous）社会になるというわけである。

　さらに近年OECDは、「問題解決の共同性」に関心を示している。collaborative problem solvingが盛んに言われ測定されている。しかし、これは単に「協力しながら問題解決にあたる」とか「チームワーク」のようなイメージではない。誰とコラボするのかと言えば、コンピュータ（AI）との間で、ということなのである。コンピュータとの関係性のあり方は、人間同士の関係性のあり方が反映されたものだ、と説明される。ちなみに、このようなスキルに長けているのは日本とオーストラリアだということになっている。

　いずれにせよ、今後は「どうなるか、わからない」と言われているのだから、

「必要だ」と言われれば、従うしかない。結局、人々の不安をあおり、言いたい放題、やりたい放題の教育改革になる。

5. 社会や家庭との連携の重視（各章に頻出）

　答申は、新しい教育課程が目指す理念を保護者や地域の人々、産業界等を含め広く共有し、社会全体で協働的に子どもの成長に関わっていくことを訴え、保護者らに学習指導要領等の理念を分かりやすく伝える工夫が求められるとしている。学校と社会、家庭とが教育に関して認識を共有するというのは、一見すると良いことのように映る。しかし、実際には、日本にいるすべての人々、そればかりか企業といった組織も含めて、一億総動員的に学習指導要領に基づく教育に協力し相互の連携を深めていく体制がつくられていくことになる。まったく逃げ場のない状況である。と同時に、家庭教育の自由もまったく無視されている。

　このような「総動員体制」は、既に2006年「改正」の教育基本法に根拠をもっているのである。その10条（家庭教育）には、「父母その他の保護者は、子の教育について第一義的責任を有するものであって、生活のために必要な習慣を身に付けさせるとともに、自立心を育成し、心身の調和のとれた発達を図るよう努めるものとする。」と規定され、13条（学校、家庭及び地域住民等の相互の連携協力）では、「学校、家庭及び地域住民その他の関係者は、教育におけるそれぞれの役割と責任を自覚するとともに、相互の連携及び協力に努めるものとする。」とされているのである。

　ここに、先にふれた個人と企業との間のスキルをめぐるマッチングという発想を重ねると、学校でのカリキュラムの作成に企業がはいりこむことが極めて合理的だということになる。実際、OECDはそのようなカリキュラムの「工夫」を推奨している。いわば「民間の力」を導入するということである。

6. 道徳の教科化をめぐる問題

　最後に、今回の学習指導要領の問題点を論じようとする際、「特別の教科道徳」の存在にふれないわけにはいかない。ただし、これは今回の改訂に先行して決定されていたため、中心的には取り上げなかった。ここでは道徳が教科にはなりえないこと、「評価」を付けることの危険性のみごく簡単に指摘しておく。

「道徳の教科化」の発想は、戦後すぐの段階から修身復活といった流れで論じられてはきたが、今日のそれは、1997年に起きた少年による神戸での殺傷事件等を受けての中教審での「心の教育」を契機にして世論にも受け入れられていったと言える。ここには、犯罪やいじめといった問題を心のありようとしてとらえようとする問題把握の枠組みがある。しかし、それでよいのだろうか。「いじめはいけません」ということを知らない子どもはいない。それでもいじめがなくならないのだとすれば、当然、その要因・原因は、道徳の領域では説明・解決しえないところに求めなければならない。子どもたちをいじめに走らせてしまうような環境があるのではないか、という問いを立てる必要がある。

道徳的判断はきわめて具体的で個別的な性質をもつ。人々は、日常生活の中で、その時々の状況に応じて行動を選択している。それは体系化できるような一般性をもたない。つまり、数学や国語のようなカリキュラムが、道徳においては成り立たない。応用不可能な一回性として、道徳は人と人との関係を成り立たせている。一定の解法を習得すれば問題解決に至るというものではない。

道徳が教科になることの最大の問題は、子どもの道徳性（の変化）を「評価」しなければならなくなる点である。道徳が価値の問題であるかぎり、それを評価の対象にするということは、人の内心のあり方を公権力が問題視しうるということを認めることになる。その価値の内容はここでは問題ではなく、そのような「まなざし」が公認される点が問題なのである。内心を公的に問題にしてよいという「形式」さえ承認されてしまえば、そこにどんな内容を盛り込ませ評価の対象にするかは、あとからじっくり練り上げればよい、ということになる。心の中への権力的介入は、その道徳的価値の内容や評価方法を工夫すれば阻止できるというものではなく、評価しようとした段階で、すでに人々の自由や権利を脅かすことになっている。

おわりに

きわめて簡単にではあるが、人間観や社会観に着目しつつ、新しい学習指導要領の特徴・問題点を整理してみた。学習指導要領の記述内容そのものを、ここで示したような観点から読み直してみると、そのねらいがよりわかりやすく浮き彫りになってくるのではないか。

また、OECDに代表されるように、今後は国際機関が教育（制度）をどのように位置づけているのかにも注意を払いたい。その大きな枠の中で日本の教育

改革を理解する視点が必要だと感じる。日本の現状は、果たしてそこでどんな役割を担うものと映っているのか。あるいはどんな成果として評価されようとしているのか。

〔報告〕学習量過大と新指導要領

大森直樹

　1958〜2017年の学習指導要領（指導要領）については多くの分析がおこなわれてきた。いま2017指導要領の問題点と課題を明らかにするうえで、あらためて参照したいのは遠山啓による次の言葉だ。「日本の子どもたちは限りなく肥大したカリキュラムを押しつけられ、消化不良に陥り、そのために多数の落後者をつくり出しつつある」「落後しない子どもにおいても注入される教育内容を受動的に受け入れることに忙しく、自分で考える習慣を奪われつつある」（『遠山啓著作集　教育論シリーズ２』）。ここで遠山は、学習量過大が、落後者を生み出し、あわせて、主体的な学習を妨げることを1958〜1969年の指導要領下における教育課程の問題点として指摘している。現下の課題を明確にするうえでも、こうした視点からの分析が有効と思われる。

１．2017指導要領下の教育課程は学習量過大となるか

　まず人々の学習パターンについて考えてみたい。「指導要領なし／あり」と「学習量適量／過大」という二つの指標をくみあわせると、４つの学習パターンがみえてくる。①「指導要領なし」で「学習量適量」のパターンは社会教育の一部で実現している。そこでは主体的な学習が可能だ。②「指導要領なし」で「学習量過大」のパターンもよくある。大学生による時間枠いっぱいの単位取得などだが、主体的な学習が難しくなることが多い。
　さてここからが本題だ。幼・小・中・高における学習について考えてみると、理念的には、③「指導要領あり」で「学習量適量」のパターン（指導要領で主体的学習）と、④「指導要領あり」で「学習量過大」のパターン（指導要領で受動的学習）を想定できる。2017指導要領は、どちらの学習パターンをつくるものなのか。これは学習の質や現場の多忙化にもかかわる重要な問題だ。

2．漢字の学習量

上の問いへの答えを少しずつ出していこう。まず「書き漢字」の学習量をとりあげる。1958指導要領から2017指導要領における漢字字数と国語の総授業時数を一覧にしてみた（表1）。5つのことが読み取れる。

表1　指導要領における書き漢字の学習量（小学校）

	1958	1968	1977	1989	1998	2008	2017
漢字字数	881字	881字	996字	1006字	1006字	1006字	1026字
国語総時数	1603時	1603時	1532時	1601時	1377時	1461時	1461時

1つ、漢字の学習量が野放しにはされていないことだ。これは一定の評価ができる。漢字の学習には限りがないから、その学習量には制限が必要になる（ただし学習量の制限は指導要領が唯一の手段ではない）。だが、その制限が甘すぎること、つまり学習量過大を許してきたことは問題だ。

2つ、漢字の学習量過大については改善策があったのに国が対応を怠ってきたことだ。1977指導要領が996字。ずっと子どもは漢字の暗記に苦しめられてきた。1984年、民間の漢字指導法研究会は、小学校書き漢字600字の提案をおこなう。学習量を削減して、漢字そのものの仕組みや生い立ちを系統的に学べるようにするためだった。しかし、1989指導要領はこの提案をいれなかった。

3つ、指導要領改訂の長期傾向のひとつに教科時数削減があり、これが学習量過大に影を落としていることだ。子どもには自由に遊び自由に学ぶ時間が必要だから、教科時数削減は政策として正しい。だが、これに学習量削減がともなわないと、子どもは限られた時間で大量の内容を学ぶ環境におかれる。教科時数削減をすすめたのは1977指導要領と1998指導要領だが、それらのときに漢字字数は追加と据え置きだった。漢字学習の環境は悪化している。

4つ、自由に遊び自由に学びたいという子どもの要求と指導要領との距離が、2008指導要領からかつてないほど開いたことだ。学習量の削減をおこなわないばかりか、削減を続けてきた教科時数を増加に転じて、子どもへの負担を考慮しない政策への転換がここでおこなわれた。

5つ、2017指導要領は28年ぶりに学習量の追加をおこなったことだ。子どもたちが47都道府県を学ぶには、「岐阜」などの漢字を学ぶ必要があるとして20字を追加している。漢字数についてみるかぎり、2017指導要領は学習量過大を

強めているといってよいだろう。

3．全教科・領域の学習量

　全教科・領域ではどうだろうか。小中の2017指導要領の全文を2008指導要領の全文と比較したところ、総体としても学習量過大を強めるものとなっており、そこには3つの要因があることがわかった。

　第1は教科等の新設である。まず道徳を特別の教科道徳に格上げして新設し、国定の道徳基準22項目を1つも欠かさず教える仕組みを強めている。これは小学校と中学校における学習量を実質的に増加させるだろう。くわえて小学校では、外国語科を新設し、外国語活動を中学年に前倒して、プログラミング教育を新設することにより、学習量を純増させている。

　第2は内容の追加である。書き漢字20字の追加のほか、小中学校の社会科で北方領土・竹島・尖閣諸島を追加拡充したことが、そのわかりやすい事例である（表2）。

表2　指導要領における領土・北方領土・竹島・尖閣諸島の学習（小学校）

	1958	1968	1977	1989	1998	2008	2017
領土				○4年	○5年	○5年	○5年
北方領土							○5年
竹島							○5年
尖閣諸島							○5年

　第3は内容の据え置きである。各教科・領域の内容の多くの部分が、ほぼ変わることなく据え置きになっている。これにより2008指導要領における学習量過大が2017指導要領にそっくり持ちこされることになった。

　ここで想起しておきたいことがある。学習量過大の問題性について、先に引用した指摘を遠山啓がおこなったのは1972年だったことだ。こうした指摘に多くの人々が共感をして、日教組の共同研究による教科時数削減と「総合学習」の提起にもつながり、前者は1977年の指導要領により一部具体化し、後者は1998年の指導要領における「総合的な学習の時間」につながった。教育課程の歴史のなかには、対立だけではなく、学習量過大を改めることについて一定の合意もあったのである。

もし、いま私たちの眼前にある学習量過大の2017指導要領が20年前に出されていたら、教育界からの轟々たる批難に直面していたはずだ。

4．資質・能力の育成という包装紙

だが、いまのところ批難は噴出の一歩手前のところでとどまっている。2017指導要領は美しい三重の目標（これを包装紙と呼ぶ）につつまれているからだ。表層の包装紙には「資質・能力を一層確実に育成」の文字が大書されている。中層の包装紙には、求められている資質・能力は「知識・技能」「思考力・判断力・表現力等」「学びに向かう力・人間性等」の「3つの柱」に集約できるとの断定がある（補足資料「3つの柱への集約はどうおこなわれたか」）。さいごの包装紙には「3つの柱」を実現するため「主体的・対話的で深い学び」と「各教科等の特質に応じた物事を捉える視点や考え方（見方・考え方）」が大切だと書かれている。

以上の包装紙の文言は2017指導要領の「総則」に見いだせるだけではない。とくに中層の包装紙の文言は、「各教科」「総合的な学習の時間」「特別活動」の各章にも浸潤して、指導要領の記述量を従前の1.5倍とさせている。

これらの包装紙は万人の夢をうけとめる役割をはたしている。学校や教育を通じて「こんなことができたらいい、あんな夢をかなえたい」。保護者と教職員と経済界は、それぞれに質と方向性の異なる要求を重ねてきたのであるが、それらの要求にたいする文部科学省の応答が、まず2014年11月の中央教育審議会への諮問の段階でおこなわれていた。「一人一人の可能性をより一層伸ばし、新しい時代を生きる上で必要な資質・能力」を育むため指導要領を改善します。」と。教職員には不安がよぎったが、研究者と教職員による批判は低調だった。そうして、文部科学省は胸をはって2017指導要領の告示をおこなった。

だが、その三重の包装紙をひらいてみると、そこには相も変らぬ学習量過大が横たわっている。いま文部科学省は、学習量過大を放置して主体的な学習の前提をほりくずすことと、美しい包装紙によって主体的な学習を求めることを同時におこないつつある。

5．包装紙の副作用

心配なことがある。教育課程をつくるときにもっとも重要な仕事が教職員には二つあるが、それらの仕事から教職員が遠ざけられていく可能性があること

だ。一つは、子どもの生活の事実について認識をふかめる仕事だ。「この子は授業でつまらなそうな顔をしている」「転入してきたあの子は無理をして元気にふるまっている」。そこにはどんな理由があるのかを考える。もう一つは、そうした「子ども理解」にもとづき、学問の成果もふまえて学習の内容について理解を深め、その選択と配列を決めていく「教材研究」の仕事である。

2017指導要領のもとでは、教育課程のつくりなおしがはじまるが、その作業量は膨大だ。「3つの柱」にしたがって目標と評価をすべて書きかえる。その作業量の大きさと虚しさに圧倒されて、本来なら教員による「子ども理解」と「教材研究」にもとづいておこなわれるべき目標と評価のつくりかえが、教科書会社の手にゆだねられていくことが危惧される。

まず、教科書会社では、2017指導要領の趣旨をふまえ、①内容の「新設・追加・据え置き」をして、②目標と評価を「3つの柱」に転換して、③「主体的・対話的で深い学び」ほかにも配慮した、教科書と教材の編集がおこなわれる。次に、多忙な教育現場では、「そうした教科書と教材を教えていれば、形としては、2017指導要領にもとづいた授業がおこなわれることになる」「それで良いとは思わないが、まずはそれをこなすのに精いっぱい」という、現場実感がつくりだされる。「2017指導要領」→「教科書・市販教材」→「授業づくり」のラインが主軸となって、学校における教育課程づくりは形式的なものになる。

その帰結は、子どもにとって悲惨なものになるだろう。学習量過大で子どもが苦しんでいても、そこに光をあてる教職員がいなければ、矛盾は存在しないことにされてしまう。子どもたちは、見せかけの「主体的な学習」と形だけの「対話的な学習」を演じることをも強いられていく。2008指導要領下ですでにはじまっている事態が今後拡大することが憂慮される。

6．すぐ解決できる課題と数年で解決できる課題

ではどうしたらいいか。まず、職員室や喫茶店で仲間と数回話し合えば、短期間で解決できる課題を2点にわたり述べたい。

第1は、2017指導要領の学習量過大と包装紙による主体的学習の奨励が矛盾をきたしていることについて認識をふかめることだ。

第2は、「3つの柱」にしたがって目標と評価をすべて書きかえていく、そうした作業の虚しさについて認識をふかめることだ。鶴見俊輔が、戦時下教育

を「顕教」（天皇崇拝）による「密教」（科学技術）の圧倒という図式で分析していたことが参考になる（『戦時期日本の精神史』）。「顕教」（天皇崇拝）が人々の精神を頽廃させたメカニズムを鶴見は「カギ言葉」という用語で説明している。「これらの勅語の要所を占める言葉は、それらの言葉によって日本人が自らの道徳上ならびに政治上の地位を守るために用いる言葉です。これらのカギ言葉を繰り出すことに習熟すると、天皇に対して忠誠な臣民であることの定期券を見せる役割を果たすことになります」「一度これらのカギ言葉を自由に使えるコツを覚えますと、あまり考えることなくいくらでも話したり書いたりすることができるようになります」。戦後日本の「顕教」において「天皇崇拝」が占める位置は限定的だ（升味準之輔）。かわって中心にすえられたのが「資質・能力崇拝」だ。「知識、技能、思考力、判断力、表現力、学びに向かう力、人間性、主体的・対話的で深い学び、見方・考え方」。これらのカギ言葉の奔流による精神の頽廃から子どもを守ることが急務である。

　短期間では解決できないが、民間教育団体や教職員組合による教育研究を通じて数年で解決できる課題がある。2017指導要領における学習量過大という根本問題への対策をすすめることだ。学習量過大の解消には遠山啓の「術・学・観」をはじめとする理論蓄積が民間にあり、学習量を削減することと学習の質を高めることを同時に追求することがおこなわれてきた。鍵を握るのは、教職員が子どもに教えるべき内容（「術・学」の学習）と、子どもが自分で考えるべき内容（「観」の形成）のけじめをはっきりとつけることだ。こうした視点から2017指導要領における不要な部分を明らかにする現場発の研究も提起されはじめている（大森直樹・中島彰弘『2017小学校学習指導要領の読み方・使い方』ほか）。

　学習量過大の解消に向けた理論蓄積をどう具体化するべきか（表3）。1955年の日本教育学会の提案（『教育学研究』22-5）と大綱化論に共通しているのは、1つの（より良い）機関を確保することによって、1つの（より良い）教育課程規準の作成をおこなうことを指向していたことだ。これらは、指導要領の制度的側面（作成主体・拘束性）を重視している。それらもふまえ、今後は、指導要領の内容的側面（学習量・経験主義・系統主義・総合学習）についてのイニシアチブを現場が発揮していくことが、現実的かつ有効な方途となるのではないか（ネクスト教育課程大綱論）。

表3 学習指導要領への対策案

	1947	1958-2018	1955日本教育学会案	自主編成論（理念型）	大綱化論（理念型）	ネクスト教育課程大綱論	
試案や基準の作成	国が試案を作成	国が審議会にもとづき告示	文部省外局の教育課程委員会が教育内容の大綱を定める		国が民主化した審議会にもとづき大綱化	国は審議会にもとづき告示	民間は自由にネクスト教育課程大綱を作成
教育課程の編成	試案にもとづき学校が編成	告示にもとづき学校が編成	大綱にもとづき学校が編成	教職員による自主編成	大綱化にもとづき学校が編成	学校は告示とネクスト教育課程大綱にもとづき編成	

補足資料「3つの柱への集約はどうおこなわれたか」

　求められている資質・能力は「3つの柱」に集約できるとの断定は、中央教育審議会答申「幼稚園、小学校、中学校、高等学校及び特別支援学校の学習指導要領等の改善及び必要な方策等について（中教審第197号）」（2016年12月21日）により下され、2017年の小学校学習指導要領の「第1章」「第1」「3」に明記された（中学校学習指導要領も同様）。

　この断定に際しては、「3つの柱」は2007学校教育法の「3要素」（「知識・技能」「思考力・判断力・表現力等」「主体的に学習に取り組む態度」）とも共通しているとの判断があわせておこなわれていた。そうした判断を導くため、上記答申においては多くの言葉が重ねられている。その要点を時系列でまとめなおすと、（1）2007学校教育法に「3要素」が記された。（2）その「3要素」を議論の出発点のひとつとして2016中教審答申では「3つの柱」を決めた。（3）その「3要素」は「海外事例」「先行研究」「OECD」「G7共同宣言」の知見とも矛盾がない、となる。

　では、そもそも、どのような議論をへて2007学校教育法には「3要素」が書き込まれていたのか。『内外教育』6494号（2016年4月15日）に掲載された記事「学力の3要素」でいいのか？」によると、「当時、中央教育審議会や有識者会議で議論があったかどうか調べたが、見当たらない。どうやら、文部科学省内で決めたものらしい」と記している。教育施策の重要な変更に際しては、

中央教育審議会における審議をへることが通例となっているが、文部科学省は、そうした手続きを無視していたことになる。だが、2007学校教育法に「３要素」が記されることにより、改訂幅の大きい2008指導要領が出され、いままた、「３要素」を議論の出発点のひとつとした「３つの柱」により、さらに改訂幅の大きい2017指導要領が出されることとなった。

〔事前に出された意見レジメ〕

元井一郎（公教育計画学会会員、四国学院大学）：改訂された学習指導要領（2016－17年度）では、アクティブ・ラーニングという「学び方」までも公権力によって規定されることになっている。この改訂学習指導要領における重大な問題点である。そして、喧伝されているアクティブ・ラーニングという学習・教授方法の論理は、要約すれば新教育運動などが前提とした社会改良主義的な論理であり、それを現代的な状況（新自由主義的な政治経済構造）に適合させた論理でしかないと私は考えている。したがって、現代の政治経済的構造の論理との関連において学習指導要領に示された教授方法、学習理論は批判される必要がある。ところで、今回の学習指導要領の改訂の「基本的な考え方」のポイントを文科省は次のように記している。つまり、ⅰ）教育基本法に明記されている教育の理念を踏まえて「生きる力」を育成すること、ⅱ）知識・技能の習得と思考力・判断力・表現力等の育成のバランスを重視、ⅲ）道徳教育や体育などの充実により、豊かな心や健やかな体を育成、という３点である。心身のバランスの良い育成が公権力の責務だと主張する論理である。このような論理の批判は、「特別の教科 道徳」に収斂する批判だけでは不十分である。少なくとも改訂学習指導要領が前提としている人間観や社会観を根底から検討し、批判する論理の構築なしには根源的批判・否定にはならない。

中村文夫（公教育計画学会会員、教育行財政研究所）：戦前のグローバル化に対応した教育勅語体制（神話と近代合理主義）への回帰ではなく、21世紀のグローバル化に対応した「日本」的（ノスタルジック）な道徳の強調の意味と社会的背景や憲法にみられる「戦後理念」の廃棄と資質・能力に応じた学力・学歴の保障の徹底（養護学校義務化から多様な教育機会法（出来上がった法名は別）の推進まで）を考える必要があるのではないか。ただし、新たな「国民」統合理念の脆弱さがある、として把握したい。本当に内面までの「国民」統合

を求めているのか、疑問でもある。それは安倍政権にみられる恣意的なグローバル対応の国家運営が、「消費社会」のなかの選挙によって維持できるならば、内面まで制御する必要はない。しかも、人口減少で現行の学校のスタイルを維持でない。道徳教科書の教え方と評価の在り方の吟味だけではなく、対抗する理念の底に、近代的な自己を設定して、〈個人と国家〉とが対峙する古典的な図式を用いても有効性はないのではないか。資質・能力に応じた学力・学歴保障は、実際には保護者・階層の資力・人脈に応じた学力・学歴保障である。この点を踏まえた、消費社会をデザインする新自由主義思想そのものへの対応が必須である。

公教育計画学会　第9回大会　公開シンポジウム

現代の貧困と公教育の無償化を考える

> 公教育計画学会　第9回大会　公開シンポジウム
>
> # 現代の貧困と公教育の無償化を考える
> ——2017年6月18日(日) 13〜16時　於：専修大学神田校舎
>
> ## 公教育計画学会年報編集委員会

【シンポジスト】
・中村文夫（公教育計画学会員／教育行財政研究所）
・鳶　咲子（公教育計画学会員／跡見学園女子大学）
・宮嵜晃臣（公教育計画学会員／専修大学）
【司会】
・嶺井正也（公教育計画学会員／専修大学）

嶺井：なぜこのテーマを設定したかについては、くどくど述べる必要はありませんので改めて申し上げません。研究集録をお持ちの方、会長挨拶と私の準備委員長挨拶を読んでいただきたい。また、本学会の年報であります『公教育計画研究』第8号の特集が「現代の貧困と公教育」になっています。その副題「公教育でできること、できないこと」を含め、このシンポのタイトルは変わっていますが、ほぼ同じタイトルで同じメンバーで、一つのテーマで二度おいしいことをやっているということです。年報も出しているし、シンポジウムも行うということです。逆にいいますと、それだけ貧困の問題をきちっと捉えないといけないのではないか、公教育のあり方をきちっと考えなければいけないのではないかという思いが強く表れていると思っていただければ幸いです。

　ではまず、シンポジストを紹介いたします。宮嵜晃臣さん（専修大学）、中村文夫さん（本学会会長）、鳶咲子さん（跡見学園女子大学）です。よろしくお願いします。

　宮嵜：経済学部で日本経済論を担当しております。日本の貧困の現状とその原因がどこにあるのかということを探ってほしいというご要望がありまして、その2点に絞って発表させていただきます。

スライドの2ページにあるいわゆるジニ係数は格差あるいは不平等を示す指標になっています。簡単に説明しますと、もともとローレンス曲線というのがありまして、それをもとに作られたものがジニ係数です。ローレンス曲線は1905年に発表されたものです。板書の図の横軸は世帯又は人の累積比率です。こちら側はその人たちの所得が低い順に並べ、その比率で所得をプロットしたものです。45度線、これが完全に平等に所得が配分されているということです。つまり、20％の人たちによって所得の20％、40％の人たちによって所得の40％が占められているというものです。実際に所得を並べていって、その累積比率を示したカーブがローレンス曲線と呼ばれているものです。この場合、所得上位20％の人が所得の40％を占めている。仮に、こういったカーブになっていきますと、上位20％の人が70％の所得を占めているということになります。ジニ係数というのは、この二等辺三角形の面積に対するAの面積の比率になりますので、均等分布線から大きくずれればずれるほど1に近づきます。均等分布線に近づけば近づくほど0になります。ジニ係数は0から1の数字で、0に近いほど格差が少なくて、1に近いほど格差が大きいということです。
　図-1を見ますと、1978年からの当初所得つまり税引き所得が2ポイント上がり、99年からも1ポイントほどジニ係数が拡大しています。90年代末から2000年にかけて、急速にジニ係数が上っているということです。スライドの2ページ目にある0.5というのは中間を意味しているのではなく、かなり格差の大きい社会になっていることを表しています。一般に、ジニ係数が0.4というのが警戒ラインで、0.6というのは危険ライン、つまり、社会の存続に不安定が生じるというふうに考えられています。図の赤い線が再分配所得、つまり税による効果と社会保障による効果です。ですから、当初所得に比べて再分配所得のジニ係数が少ないといった場合には、税の効果とか社会保障による効果によって格差が縮小されるということになります。
　こちらの再分配効果をみると、日本は14.9％でOECD加盟国35カ国の中では5番目に小さいということです。つまり、税による効果というのはほとんどありません。実際に減税をどんどんやっていますが、格差は縮小していません。社会保障の効果もOECDの中では、それほど大きくはない。つまり、こちらのジニ係数の推移で見ていきますと、当初所得では危険ラインに近づいて、再分配所得のところでは警戒ラインに張り付いているというのが今の日本の格差の現状ということです。
　そういった中で、相対的貧困率はそれぞれの国の中で貧困に困っている人た

ちがどれぐらいを占めているかということを示します。等価可処分所得＝可処分所得を世帯数の平方根で割ったものの中央値の半分以下を相対的貧困線として、これを下回る所得の世帯に居住する者の割合ということになります。たとえば、世帯所得が400万円で4人家族であれば、等価可処分所得は200万円ということになります。

　お手元の『公教育計画研究』年報第8号の46ページを開いてください。この表-1は97年のところを100とした指数で比較したものですが、97年で相対的貧困線が下がっているのに、相対的貧困率が上がるという状況が分かります。普通、相対的貧困線が下がりますと貧困者の数が少なくなりますが、下りながら貧困率が拡大するという事態になっています。それだけ所得の低い方がどんどん増えてしまっているわけです。この指数分析をみると、97年あたりで全く逆相関の関係になっています。こうした急激な変化は単に高齢化というような長期傾向だけで起きるはずがないので、何らかの大きな要素が働いているのだろうと思われます。

　その要素として考えられるのは、97年あたりから、非正規がどんどん増えていって、正規労働者が減っていっているということです。この図-4は、正規雇用者、非正規雇用者をそれぞれ前年比で捉えているものですが、これをみると、97年以降の貧困が拡大していく大きな要素として、非正規が増えて正規労働が減っていっているということです。正規と非正規の正負対照的な動きを相対的貧困率が示しています。年報の47ページのところの図-2でOECD加盟国における相対的貧困率というものがあります。OECDが11.5で、日本の2012年の統計ですが、相対的貧困率が16.1％。これはOECD加盟国の中で6番目、先進国の中ではアメリカに次いで貧困が蔓延しているということが示されています。OECDで初めて貧困率を出したとき、74年のときだったと思いますが、日本は格差が比較的小さい国でした。OECDのOutlookに示されましたが、まさに74年とは別の経済社会が現在日本で進行しているということになります。

　97年から2012年にかけて、正規労働者は457万人減って、非正規労働者が661万人増えています。では、どういった産業分野でこういった変化がみられているのか。正規か非正規かの区別は無いわけですけれども、雇用者数が製造業でこの間、2002年から2016年にかけて、110万人雇用が減っています。建設業も105万人減っています。増えているところは、医療・福祉、特に介護事業です。もともと製造業というのは派遣の対象となってきた訳ですが、それまでは日本の製品の競争力が強い時というのは、現場で品質を作り込んでいくわけ

です。現場での従業員の技能形成が非常に大きく関与しており、長期にわたって雇用をして人材を育成するという場があった。90年代前半くらいまでは安定した職場だったのです。建設業の場合も、ゼネコンの下請けといった問題もありますが、やはり技能形成が必要になりますので割と長期の安定した職場だったのが、雇用が不安定化し、そこで雇用が減ったことになっている。

　図-5で機械系の従業者数の推移をみると、これが一般機械で、精密機械や産業用機械といったものを含みます。電気機械器具、電子部品デバイス、さらに情報通信機器、その全部を含んだ電気機械器具製造業も、見ての通り、91年に198万人従業者がいたわけですが、今それが101万人までおよそ半減しています。91年のころには電機だけで一般機械と輸送機械の合計に匹敵する雇用を確保していたわけですが、これが半分に減ってしまった。ですから、製造業の中で従業者が減っているというところは、これまでのおそらく輸送機械産業よりも日本の産業を引っ張ってきた電機産業において雇用吸収力が失われてしまったということです。

　その原因は産業の空洞化です。90年代後半に1ドル80円の壁を破ってこれから作ろうというものを海外に出してしまおうということになり、現地で部品を調達する、あるいは現地で設計を始めてしまう。そのようなかたちになって、93年、95年あたりから空洞化がどんどん進んでいくわけです。もう一つは、それとは別に日本の電機産業自身の競争力が低下したということです。パネル、液晶テレビの状況をみていただければおわかりだと思います。さらには、スマホをみていただければ分かりますように、ほとんど競争力を持たない。デスクトップ型のパソコンを作る作業はほとんどモジュールが規格化されていますので、組み立てれば済むのです。これがモジュラー型オープン・アーキテクチャと呼ばれているわけです。デスクトップ型のパソコンの生産に適用されているような生産方式が、液晶テレビやスマホ、そういったものにどんどん適用されてしまう。最大のスマホのシェアを握っていた、今でも握っているサムソンも、中国に生産拠点があったわけですが、人件費高騰でベトナムに拠点を移した。こうしたデジタル化だとか、モジュラー化、オープン・アーキテクチャ、そうしたものが普及することで日本の製造業、電機産業の競争力が一気に落ちてしまったのです。

　あと、非正規が増えた要因ですね。直近の2012年の総務省『就労構造基礎調査』（5年に1回）のデータでいうと非正規雇用は38.2％。今年また新しいものが出てきて、40％ぐらいになるかもしれません。年報の方の55ページの表4

には非正規と正規の割合とか、非正規の中の内訳が記されてあります。この中で派遣は2.2％ですので、主力は明らかにパートとアルバイトになります。派遣も問題にしなければならないですが、非正規の大半がパートとアルバイトというかたちになっている実態があります。高度経済成長期とかその後の安定成長期のときには、男性世帯主が稼ぎ頭になって、専業主婦と子どもを養うというモデルがあり、専業主婦が子どもの学費を手助けするためにパートに出るとか、アルバイト学生が自分の小遣いを稼ぎに行くというかたちで、いわゆる家計補助型の賃金形態があった。しかし、こうした家計モデルが崩れたにもかかわらず、現在、パートやアルバイトにも家計補助型の賃金が適用されてしまっている。資本側がそれを利用しているというかたちになっています。ところが、自分にとって使い勝手の悪い長期雇用とか年功賃金といったような昔の慣行については、企業・資本の側は規制緩和要求でその手仕舞いを図っているというかたちになります。

　その手仕舞いの方法は規制緩和です。その端的な例が、小渕内閣の時の経済戦略会議の提言に基づいて行った労働者派遣法の改正です。戦略会議のメンバーにはアサヒビールの樋口廣太郎氏、トヨタの奥田碩氏、学者は中谷巌・一橋大学教授（彼はリーマンショックで自己批判しました）などでしたが、竹中平蔵・慶應義塾大学教授は途中で入っていきます。その竹中氏は今、東洋大学の教授で慶應大学の名誉教授ですが、もうひとつの顔があります。それは人材派遣会社パソナの取締役会長なのです。つまり、自分がどんどん進めた派遣業において、その会長になっているということです。これは大問題です。議院内閣制、議会の信任を得て政府が政策を執るという基本が崩されているのですから。あくまでも任意の諮問会議の民間委員を首相が決めて政策を練って、それが法案になってしまったのです。今回の国家戦略特別区域諮問会議でもこの方式がとられている。この中にも民間委員の中に竹中氏、八田達夫の両氏がいます。八田氏は総合規制改革会議の民間委員だった。そういったお偉い方々が政策・政権の中枢を担いながら、いってみれば資本の代弁者を果たしているということになります。

　財務省の『法人企業統計調査』から作成した図の7、8、9をみると、従業員の給与、株主への配当金そして利益剰余金（いわゆる内部留保）について94年を基準に伸び率をみたところ、だいたい98年ぐらいまではこの3者は同一の推移をたどります。しかし、現在では、製造業の賃金は94年に比べて3割減っているに対し、内部留保は1.7倍、配当金は5.27倍です。これが意味しているの

はステーク・ホルダー重視のコーポレート・ガバナンス、つまり、ステーク・ホルダーの中でも企業は従業員を重視しながら経営を行うという形態から、完全に株主重視型の企業経営に変わってきているということです。今、日本株の保有者割合をみると、外国の投資家が3割を占めています。したがいまして、M&Aの危険にさらされるということから、配当金を重視しなければいけないってことがありますが、はっきり言ってこれは経営者としてもだらしない。

　その結果、これも政府統計から作成した図-10で見ると、仕事から得られる非正規労働者年収は200万円以下の人たちが1,491万人、非正規労働者の74%の人が200万以下の所得しか得られない。女性に関して言えば女子の非正規労働者の82.4%、1,127万人がワーキング・プアです。働けども自らの生活を支えることができないような賃金水準になっている。寅さん映画にも出てくる「稼ぐに追いつく貧乏なし」と昔いいましたが、それが死語になるような状況になってきているということになります。

　ここでは賃金所得でしか貧困の原因について考えていませんが、貧困というのはまさに生活面に現れるものですから、所得面だけではなくて生活の中で何が足りないのか、何を補わなければいけないのか、を考えなければなりません。特に、子どもについて言えば、今の生活だけではなくて、将来の生活にも関わってきますので、そうした分析が必要になります。これは大阪府立大学が大阪府の依頼を受けて、『大阪府　子どもの生活に関する実態調査』という中で剥奪指数という3つの指数で考えているようです。お茶の水女子大学の調査ですが、保護者、世帯の所得が点数で示された学力にもそのまま反映されてしまっているということになっています。貧困というのはまさに、教育機会の格差を通じて世代間にまたがって拡大するというところが本当に重大な問題だろうと考えられます。

　嶺井：現代日本の貧困の状況とその構造的な要因をお話いただきました。最後に、問題は生活の問題、教育の問題にまで切り込む必要があるのだというお話をされました。そこに切り込んでいただけるのが、これからのお二人の役目かなと思います。

　中村：私が『公教育計画研究』の第8号に書いたのは、高校段階の貧困と学校の対応の問題です。高校の問題は多分、どなたも今まで扱ってきていなかったと思いますのでぜひ読んでみてください。前半部分が全般的な分析で、後半

部分が岩手県の学校に特化して分析しています。昨日、シンポジウム用ということで20XX年＜G世代の学習風景＞というショートショートを作ってみました。こういう風にならないためにはどうしたらいいのかを、みなさんと一緒に考えていきたい。

OECDの教育費の公私負担割合を見てわかりますように、日本は公的負担が3.5で、私的負担が1.5。これと同じなのが、チリや韓国です。チリはご存知のように、社会党政権を軍部が武力クーデターで潰した後に教育バウチャー制を入れました。その名残が今もって続いているのだろうと思います。

私的負担、日本は大変多いということでよく分析され、発表されるのですが、細かく見てみると、初等教育と前期中等教育段階については、私的負担はOECDの調査によるとない、あるいは極端に少ないため０％という数字です。これをもって、日本政府は初等教育・前期中等教育においては、私的負担はないのだから、就学前と高等教育に重点的に予算を投資すれば、先ほどの1.5という数字はなくなるだろうという論議をしているようです。

私はあえて０％を考えてみようと思います。教育段階別の公私負担の現状を考えてみます。横浜の市長をされた前田雅子さんが書いた『保育園問題』という本の中で、保育所は公的な負担が７〜８割、私的な負担は２〜３割ではないかと書いています。保育所問題だと何か全てが私的負担であるというような議論になりがちですが、公費負担で結構な程度まで成り立っている。義務制では、国が１割、地方自治体が８割。地方自治体には地方交付税が入っていますから、何をもって自治体のお金だというかという考え方があると思いますが、少なくとも地方自治体が自分の裁量でできる費用負担が８割で、私負担が１割です。だいたい公的負担は１人100万円と言われています。高校は、配当予算比で見ると、配当予算が１に対して私的負担が１です。国の調査でいうとそのぐらいです。でも、その中には交通費が入っていませんし、教科書代も入っていません。さまざまな部活動の費用も当然入っていません。それを入れると、だいたい1:2くらいになるのではないかと予想しています。高等教育は、国立と私立ではだいぶ様相が違うのですが、授業料等が９、私学助成が１。その他に寄付金等があると思いますが、だいたいこのような割合になっています。

義務教育段階の私費負担を考える場合、授業料をどのように算定するかが必要です。しかし、これまで義務教育段階ではその根拠が示されておりません。私は学校で払うすべてが授業料というふうに、広義の授業料という概念を提案したい。学校給食費は約5,000億円です。私費負担の４割から５割くらいです。

他のものも含めると１兆円規模の私費負担が義務教育段階ではあるのだと思います。

　たとえば学級費を1,000円集めるとすると、何にいくらかかるという根拠を示さずに取っているということです。後はお任せで教員が自由に使っている。一番危ない集め方です。しっかりと根拠を示して、私費負担で払う場合も精選が必要です。その精選したものを公費化するという手続きが必要になると思います。次に、修学旅行ですが、修学旅行をする必要があるのかどうかも厳しく吟味したほうがいい。ただ、学校行事として行うのであれば、これも公的負担にすべきです。もう一つは通学経費です。小中学校の統廃合によって遠距離化が進んでいます。遠距離化が進むと、スクールバスを使います。スクールバスは５年で国からの補助金がなくなります。スクールバスを維持するのも地方公共団体の大きな負担になります。併せて、冬には雪も降るので、除雪も含めた道路管理が膨大な距離になります。それから、停留所を作って安全に子どもが乗り降りできるような環境の設定をしなければいけない。通学経費というのは、保護者にとっても、また地方自治体にとっても大きな話です。繰り返しになりますが、義務制は市町村立ですが、市町村にとって学校を潰してよい話は何もありません。政令市以外は一番お金のかかる教職員給与は都道府県負担です。市町村は基本的にほとんどお金を払う必要はありません。なおかつ、学校があれば地方交付税の算定基礎になります。かつては休校措置を取っていたのですが、2006年に会計検査院の指摘があって、次の年に一気に休校している学校は廃校にしました。どんどん追い詰められている。

　加えて、入学準備金があります。ランドセル、制服、ジャージ。あるいは中学に行くと部活動の費用が大変かかります。こういう積算をして、広義の授業料として１つ１つ項目を挙げながら予算要求に反映させていくような取り組みが必要だと思います。学校は小さくても基本的に廃校にしたら市町村にとっては財政的に損なのだということも考えていただきたい。

　高校です。これも広義の授業料という話をします。高校の全体の予算が教育費予算のどのくらいになるかというのも公開してない都道府県もあります。私が分析に入った岩手県は情報公開していません。そのため、高校の教育にお金がいくらかかったかというのは普通に誰も分からない。凄い世の中です。授業料の負担なのですが、授業料無償化しましたが、当初の民主党の提案では保護者に渡すという教育バウチャー構想でした。それを改めさせました。それから、奨学金も今、ほとんどが貸し付け型の奨学金で元に戻すために大変な苦労され

ているという話が出ています。それから学校によっては、公的予算の2倍・3倍にもなるところがあります。従って、調査に応じない、これが削られると困るという学校現場の気持ちが大変強いように思います。高校の方が小中よりはるかにお金がかかる。ある方とお話しましたら、私立と同じくらいお金がかかっているのではないかというぐらいの金額がかかっています。まず1つは学校給食がない、ということ。これに対しては、給食を導入するか、給食費の補助をするか、何らかの措置が必要だろうと思います。教科書も当然授業で必要なものですから無償にしていく必要があります。通学経費がかさんできていますが、これは統廃合による遠距離化で私的負担の、文部科学省の調査でも3割を占めているからです。したがって、公的補助をするか、スクールバスを確保するかということになる。スクールバスに対する公的な補助をかなりの程度で行うことによって3割負担の問題は解消していくのではないか。部活負担も課題で、どのように部活を考えるかということについてみなさんと協議したい。従来は、部活を社会教育化するということ、学校から切り離すということが主要な議論でしたけれども、今その議論は消えてしまっている。奨学金は、学業に専念するための生活費というふうに整理していった方がよいのではないか。つまり、授業料を無償にするだけでは当然、勉強に集中するための生活費が足りないわけですので、生活費とみなすという考え方に整理してはどうでしょうか。

　今、政治的に議論している教育の無償化は偽りの議論と言いたい。義務教育と高校は、私費問題は終了したという話になっています。しかし、それは義務制でいうと1兆円規模のお金が私費負担で負担させられているという当事者の問題がすっかり抜け落ちた議論ではないでしょうか。従って、就学前と高等教育に配分をすればいいのだという誤った認識があるように思います。就学前については、小泉進次郎議員でしたか、よく覚えていませんが、児童手当を増額し、やがてそれを保育バウチャーにしていきたいという話をしています。個人にばらまく、という話ですね。首都圏や大都市では、保育所が足りない。公的なところにお金をつけなくてはいけないのに、児童手当、個人にお金をばらまくということしか提案していない。ずいぶんトンチンカンではないかなと思いました。高等教育ですけれども、グローバル人材のための重点投資は今も行っていますが、授業料を無償化ということでかき集めて研究大学のほうに重点配分するのだという発想。大衆大学、ローカル人材の人たちは、自分の責任でお金を集めて大学に行ってくれと。大学を出たら、その分は個人に還元されるのだからという論理ですね。自己責任でお金をかき集めて行く。なおかつ、それ

ばかりではかわいそうだから、奨学金をこれからは出したい、大幅に出していきたいと。でも、よく議論をみていると、一定収入があるまで返さなくてもいいよというだけのことであって、いつか返してね、と。こういう制度の導入を考えている。結局、返すことじゃないかという話です。非正規の4割の方は永遠に負債を負ったまま人生を全うするということになります。

　無償化の財源議論ですけれども、企業課税したらどうかという話がある。これは中国やインドなどが実際やっている。大学を出た優秀な人材は企業が取る、だから、企業に統一税を出させようというということ。日本でも、誰が優秀な人材を使うか、いい思いをしているのは大企業ですので、大企業にその分を払ってもらうということも一定の共感する課題である。所得税は昔のように70％まで戻してもいいかもしれない。相続税。みなさんは相続税というと、大変お金をお持ちで子どもや孫にお渡ししたいと思っているでしょうけれども、これはある程度諦めていただいて相続税を増やしていく。それから、消費税の増税。これは基本になっている話です。国債ですが、建設国債か、教育国債でまかなっていったらどうか。小泉進次郎議員は厚生労働省と財務省の人に知恵をつけられて子ども保険料という提案をしている。教育目的税ですが、これはアメリカの基本です。ただ、教育目的税をどうやって制度化するかというのは大変難しい話です。アメリカの場合は、特別な学校区という特別自治体が自分のお金として集めるかたちです。そのまま日本に適用しようと思えば、戦後間もなく沖縄県でやっていたように、沖縄県としてお金を集めるという制度を構想することもできる。それから後は、中をぐちゃぐちゃ回して分からないようにお金を集めて適当なところにお金をつけていく。これが一般に行われている作法、やり方です。

　次に、どこにどのようなかたちで財源投入をするかという話です。学校は今、ほとんど公立学校で公設されて公営です。お金は学校に行きますから、機関補助型です。私立学校は基本的に学校法人で民設、民営となっていて、私学助成は機関補助です。でも今、学校法人以外にもどんどん広がってくる話になっていまして、公設民営学校がある。もうできたのは愛知県立工科高校です。ここは公設民営、機関補助型で名城大学が請け負ったのかな。最後に、公設民営というのはチャータースクールといってアメリカで非常に広がって、イギリス、スウェーデンでも実施されている、日本でも入れようという話がありますが、アメリカでいうと民主党が行なおうとしているものです。教育バウチャーは大体アメリカでいうと共和党がやりたがっていた話だったのですが。今度、トラ

ンプがなったら教育政策は教育バウチャー制度を入れようとしているところです。教育バウチャーは教育機関が公設でも民設でも全く構わない。1人100万円を各家庭に配るから、好きなところに行っていいよ、学校に行かなくてもいいよ、というのが教育バウチャーです。まったく個人ですから、競争によって学校が潰れても潰れなくても、行っても行かなくても、とにかく国としては金を出すよという話です。そうすると、金持ちは100万円もらった上に自分の100万円を足してよいところを選べるわけですから、どんどん格差が広がっていくことになります。なおかつ、地域的に言うとチリで教育バウチャーを入れたのですが、結局お子様方がいっぱい来る都市部、お金持ちがいっぱいいるところでは教育バウチャーとして成立するのですが、たとえば、山口県の田舎の方では誰がやっても採算が合わない。こういうところは教育バウチャーというのは成立しないという話にもなります。

20XX年に全く学校がなくなって通信制の学校が基本になるというものを書いてみました。読んでみてください。16.3％の貧困層だけではなく、中間層の困窮化も射程に入れた議論をしていくべきでしょう。たとえば、6人に1人の貧乏人の子どもに僕の税金が投入される、なるべくそこに出したくないという議論しか生まれてきません。中間層もどんどん困窮化しているので、そこも含めた対応が必要となります。たとえば、ニューヨーク市ではニューヨーク市立大学が無償化に踏み出しました。その場合、中間層、日本円の換算で年収1,300万くらいまでは無償化にします。中間層までも含めた無償化のアプローチが必要になってきます。それから今回提示したように、広義の授業料概念を導入してわかりやすく説明をしていく必要があるのではないか。義務教育＋普通教育化した高校の改善を重点化して、そこが1番ボリュームの多い層で、なおかつ、そこを通らないと次のステップがないところに一番お金をかけるべきではないでしょうか。教育の市場化や商品化を招かない手法を採るべきです。教育のバウチャー制度、個人補助型を極力排除する取り組みが必要です。

自治体のなかで給食費の完全無償化しているのが75、一部無償化207で、16％に該当します。また学校給食費を公会計化している所は30％の自治体となっています。一昨日の佐賀新聞によると、給食の無償化の条例案が可決したところがあります。佐賀県はこれで3つ、給食費が完全無償化されている。まだこの動きは続いていくと考えられます。みなさんが地元に戻ったら無償化の条例案をお近くの議員を使って提案してみたらどうでしょうか。財源がないと蹴とばされてお終いかも知れませんが。

これで最後です。「学校給食費の公会計化から始める私費負担の完全無償化へ」に関して参議院の総務委員会の内容をかいつまんでは話しますと、無償化費用は4,400億円、これは現在完全給食を実施しているところだけの費用ですので、実施するところが全部になると5,000億円くらいの見積もりになります。このうちの3分の2の3,000億円が私会計として地方自治法第210条違反の状態です。公費という観点からみるとどこがチェックするのですか。議会ですよね。住民の代表である議会が学校給食の予算のあり方についてチェックするというシステムが、全国の3分の2はない。教員を含めて行政職が勝手にお金を動かしているということになります。これは異様な話です。約5,000億円のうちの6分の1は就学援助ですので、その分はすでに公的に負担していますから、たとえば4,000億円程度になるかもしれません。民進党がこの間出した無償化法案では給食費は入っておりました。しかし、補助教材費等については全く触れられてない。ほとんど関心がゼロという話かもしれません。きっと公立学校に民進党の家のお子さん達は行ってないのです。PTA役員としてお手伝いをしながらお金集めをした経験もきっとないのでしょう。総務省が学校給食費につきましても、「当該地方自治体の歳入予算に計上する必要がある」と答えています。文部科学省も生まれて初めて、「学校給食の実施に係る経費についても、食材費を含めて公会計化を進めるとともに、徴収管理等の業務を地方自治体が自らの業務として行うよう」回答しています。少なくとも、財政民主主義の観点から議会で給食費のあり方についても議論できるようにしていく必要があります。

　嶺井：熱弁でしたね。「広義の授業料」という観点から、無償化に程遠い実態にある義務教育段階での公費拡大、そして公教育全体の無償化への展望を示していただきました。では、3番目の鳶さん、お願いします。

　鳶：私は、前のお二人と違ったもう少し具体的な話をします。そもそも私が学校給食に関心を持ったきっかけは、大学に赴任する前に、国会で調査の仕事を30年近くやっていた時に、就学援助について調べる機会があったからです。この就学援助について調べる中で　給食についても興味を持ちました。給食はとても幅広い方が関心を持っているテーマだと感じています。
　今日は、給食を具体例として子どもの貧困のお話をしたい。その前にまず、学校給食の歴史についてお話しします。明治22年に山形県で貧困児童、欠食児

童対象に、山形県のお寺が作った私立の学校で、給食を子どもに出したのが給食の初めだといわれています。この学校は公立でありませんが、給食に限らず、学校に関わるもの、たとえば雨が降った時の雨具とか、あるいは、そのころの小学生で衣服が十分じゃない子がいたらそれを支給するという形で面倒を見たという歴史があります。この学校については給食の所がクローズアップされて紹介されていますが、その小学校がある地域は山形県の山の中でしたので、みんなが支援が必要な状態の中で給食が始まっているわけです。大正期になって関東大震災が起こると東京や横浜でも子どもたちが被害にあって食べることに事欠き、給食が災害時に普及したという歴史もあります。このように災害時や特に困窮している子どもたち、あとは昭和恐慌の時、あるいは東北でかなり凶作が続いたころ、それから津波などがあった時に給食が必要性となり、欠食児童貧困児童を対象とした給食として行われるようになったきたわけですが、昭和7年になりまして、貧困救済ではなくてもう少し拡大しようという通知がありました。貧しい子どもが大勢いる地域だと、限られた予算の中でどの子が貧しいか、どの子に給食が必要かということを学校で選ぶことは非常に困難だったんですね。

現在、公立中学校で給食のない横浜市では、「浜弁方式」というものがあり、希望者が食べるようになっています。その浜弁を食べている人は1％だそうです。また、先生が見てネグレクト家庭だと思われる子には浜弁を出していいという運用があるそうなんです。しかし、学校でそういう形で子どもを選ぶということは非常に教育上の問題があるのではないかとも言われています。この昭和7年当時も意識されていました。

その後昭和12年になりますと、日中戦争も始まります。実は戦争と給食とは大変関係があります。もともとイギリスで給食が始まった時は、兵士の体格を良くしたいということで、国の政策として実施されたという栄養学的な側面もあります。戦前に子ども全体の体格を良くするということで給食が一部で始まり、貧困児童対象の限定的な給食から子ども全体を対象とする普遍的なものに位置づけが変わりました。ただ、戦争中は物が無くなり、戦後の食糧難もありましたので、戦後は海外からの支援を受けてという形です。

戦後、学校給食法が昭和29年にできまして、給食施設への国庫補助も始まったので、小学校は100％近く普及しています。しかし、中学校はなかなか普及しませんでした。どうしてなのか。横浜市など政令市は、子どもが増えて校舎を作るのが大変だったので給食施設までお金が回らなかったという説明がされ

ています。果たしてそうなのか、いろんな要因があるだろうと思っています。現在は中学校も8割ぐらいは完全給食となっています。ごはん・おかず・牛乳がそろったのを完全給食と呼びます。で、ミルクだけの給食もあります。川崎市などがそうです。牛乳だけで、それをミルク給食と言うと聞いて、ずいぶんびっくりしました。川崎市も最近給食をやることになりましたが、それでも神奈川県は全国平均とは逆で、やっているところが2割、やってないところが8割になっています。

　あと地域的な差があり、関東地方ですと神奈川県が一番やっていない。近畿地方、高知、広島、九州北部などで給食をやっていないところが多い。給食をやっていないと何が問題か。生活保護での教育補助であるとか就学援助などでも、特に小学生は学校にかかる費用の中で給食費のウェイトが高いので、支援の中でも給食費支援の部分が大きくなります。学校で給食をやっていないとそういう支援の費目が無くなってしまう。昼食に対する支援が全くない。中学校でも制度があるにも関わらず、学校で給食をやっていないと支援が受けられないという大きな問題があります。

　なんでやってないところがあるのか。保護者はやってもらいたい、と思っています。実施が遅れた大阪市と北九州市の調査で、保護者は8割位やってほしいといっている。しかし、先生方がなかなか難しい。今、教職員の多忙化という事が言われています。今でも忙しいのに、中学生になると給食を実施している学校に伺っても、食べる時間は短い。今はお弁当だから何とか回っているのに給食が実施されると給食指導もしなくちゃいけない、非常に大変だ。給食費未納問題もあって、給食にはちょっとネガティブという方が先生方の中に結構いらっしゃいます。

　中学生自身はその中間ぐらいです。小学校の時の給食はおいしかったけど、中学生になると個人差があるので、一律の物を食べるのには抵抗がでてくる。女子はやせたい願望があったりします。保護者の意見では、男性と女性ではかなり違います。男性の保護者は、家庭弁当が良いのではないかという意見が強く、横浜市でも弁当は家族の絆というようなことが市議会でも言われるそうです。弁当を作っていらっしゃらない方はそうおっしゃるのかなと思います。今はパートに出ていないお母さんはほとんどいない。教育費が高い、家のローンがあるということで、皆さん非正規雇用のパートで働いていらっしゃる。その中で、夏場など傷みやすいし、弁当を作ることは非常に時間的にも物理的にも大変だと皆さんおっしゃっているところです。給食無償化の話は中村さんから

も色々出ましたが、日本では給食があるのは小学校で94％。中学校76％となっています。各自治体の政策で、市長が選挙に出る時の公約にしたりしているので無償化は地域によって違います。でも、韓国や北欧ではかなり無償化が進んでいる。

　日本でも経済財政諮問会議に5,000億円位かかるという試算が出たことがある。日本はすでにやっている自治体も2割程度です。数え方にもよるかもしれませんが、全部無償じゃなくても子どもが多い家の第二子とか第三子から無償とか半額にしている自治体もあります。所得の制限を設けずに全員第二子とか第三子とかという要件に合えば無償にしていることもありますし、小さな町や村では、子育て支援政策としてやっているところもあれば、小さな町や村で若い人を呼び込むために保育料や給食費を無償にしているという自治体もあります。試算で出てきた5,000億円が高いとおっしゃる方がいますが、医療費は日本でも中学生まであるいは高校生まで無料の自治体が結構ありますよね。この金額ってかなり大きい。なんで医療費だと既に無料なのに給食費にはちょっと高いって言われちゃうのかなと思っています。医療費は命にかかわることだからと言われたことがあるですが、皆さんはどうお考えでしょうか。食はどういう経済状態の子どもにとっても非常に重要だと私は思っている。

　次に給食費未納の事について駆け足でお話ししたい。これは親のモラルの問題だとすごく言われていますが、ベンツに乗っていて給食費を払わないとか、学校関係の方も結構仰る。お金があるのに就学援助をもらっている人がいるとか、お金があるのに払わない人がいるとか。文部科学省が行った調査でも保護者のモラルの問題、お金があるのに払わない人がほとんどで、経済的に問題がある人はそれに比べて少ない、とされています。でも文科省が学校に聞いた調査によると、学校で個人の資産調査をするわけではないですから、「お金がある」という判断は、「見た目」だと。なんか高そうな車に乗っているとか、お母さんがブランド物で着飾って学校に来るとか、ブランド物のバッグを持っているとか、そういうお答えが学校関係者の方からたくさん出てきてすごいびっくりしています。学生にこの話をすると、今の学生は、みんなお財布はブランドものです。違いますか。結構多いんです、ブランド物のお財布が。じゃあ、ブランド物のお財布を持ってる皆はお金持ちなのか、って聞くと、いや、そうじゃない。他のものは節約してアルバイトで一生懸命貯めたお金で人の目に触れるお財布だけはブランド物にしているという学生が非常に多い。それと学校に来るときに精一杯の物でいらっしゃる。ブランド物が本物かどうかはちょっ

とわからないですが、そういう見た目で判断することは確実ではない。そうであるにもかかわらずこの調査がかなり独り歩きして、ネット上では非常に給食費未納バッシングが蔓延している状況です。

データとしてみますと給食費未納率はだいたい平均1％ぐらいです。小学生と中学生ではかなり違いがあり、中学生の方が未納率が高いです。それは中学生になると非常にお金がかかる。高校生はさらにかかります。しかし、憲法第26条で義務教育は無償であり、高校も授業料無償になったからもうそれ以上お金はかかってない、と世間の人々、また特に政治家などは思っていると思います。これだけちゃんとお金がかかっているというデータがあまり目に触れる機会が少ない。実際給食費の未納というのは非常に少ないです。さいたま市で同じ時点でのデータをいただいのですが、給食費未納は国全体が1％なのに対して、さいたま市は非常に少なくて0.2％。どれくらいが未納と定義するかにもよりますが、公営住宅の家賃が0.8％、保育料が1.1％、国民健康保険料が12％が未納となっています。したがって、ほかの物に比べて相当給食費は優先して払っているわけです。その給食費が遅れるというのは他のものにかなり影響があるという事だと思います。

市役所では税金が納められていないとか、何か家庭に関する情報があるんですが、一般の人が役所に行っても、どこに相談したらいいのかわからない。各種の支援制度が十分に知られていない。役所の支援制度も縦割りになっていて分からない。役所の支援制度も縦割りになっていて分からない。滋賀県の野洲市ではワンストップで就学援助の事とか児童扶養手当とかの相談事務を行っています。多くの場合、教育委員会が扱っている就学援助と福祉で扱っている児童扶養手当とかいろんな制度がバラバラになっている。対象の方は同じ家族であっても情報がうまく伝わらない、あるいは役所の方も自分の所以外のことはわからないという事が多すぎるのではないか。

生活困窮者自立支援法の中でも、家計相談などに力を入れる事がうたわれています。まだ任意事業なので、まだ十分に伝わって行われてないという状況もあります。それから子どもの貧困対策法ができまして、子どもの貧困対策大綱という国の方針ができて学校を子どもの貧困対策のプラットホームにする、あるいは子どもの貧困に関するいろんな指標を設けるという事が国の方針として決まっています。その中でたとえば、生活保護家庭の子ども、一人親家庭の子ども、児童養護施設の子どもの高等学校進学率を上げる事も目標になっています。ただ進学するだけではなく、中退が多いと卒業という事にはならないので、

併せて中退率を下げていくことも必要だと思います。現在、生活保護とか、児童養護施設とか福祉的な子どもの状態に着目した指標として設けられていますが、実際のところ生活保護家庭の子どもはかなり、定時制を選んでいるという数値が今回初めて分かりました。実際、定時制高校に関わられている方からは生活保護家庭の子どもが多いんだよ、というお話をよくうかがいます。しかし、全世帯のうち定時制に通っている子どもが２％であるのに対し、生活保護世帯の子どもは11％になっているという事がデータとして示されました。これを踏まえると、定時制高校に対する支援をもっと手厚くするという事が子どもの貧困対策の中でももっと重視されるべきと思います。しかし、実際は逆で、定時制高校は減らされ、昔あった夕食への支援なども減らされている。それぞれのことが縦割りになっているので、政策に整合性がないという事を感じております。

　宮嵜さんの報告で、データ的なことでジニ係数、あるいは貧困率のお話がありましたが、実際就学援助を受ける子どもたちの人数、それと小学生が占める割合が非常に増えている。しかし、日本では地域ごとの貧困率を出していないので、貧困率を地域で改善するということがなかなか各自治体で取り組むべき課題として難しいかもしれない。就学援助ですとある程度地域で見える数字なのですが、今のところは情報も不十分だという事です。これも本当は市町村ごとにどれだけ就学援助の子どもがいるのか、生活保護の子どもがいるのか、それは給食費未納割合に比べて足りているのかどうかというようなことをきちっとデータを出していく必要があると思います。

　生活保護と就学援助の関係が非常に未整理です。私も勉強した時はすごい難しかったのですが、生活保護の子どもであっても修学旅行費は生活保護では出なくて、就学援助の方を申請しないとだめだとなっています。私の住んでいたところ、なんで修学旅行はダメなのか聞いたところ、林間学校のお金は生活保護で出る。それは、修学旅行は旅行で、林間学校は学校だからということです。昨日新しい話を聞きました。この修学旅行を宿泊体験学習という名前にすれば生活保護で出してもいい、それをやっている学校がある。ある学校では絶対に修学旅行という言葉を使わない。修学旅行という言葉を使った時点で生活保護から出せなくなるので、これはあくまでも宿泊体験学習だ、としています。そう考えれば、先ほど修学旅行はまずは値段が高すぎですよね。７万円にもなります。ランドセルもそうですよね。2、3万円になっています。ブランド物でも２万円と言ったら相当なものが買えると思いますが、何のブランドかわかん

ないのに、もう2万とか3万円になっている。また、体操服とか含めて学校にかかわる物は全部高すぎる。そこをどう考えるのかということが大事ではないでしょうか。

嶺井：鳶会員からは、政令市での中学校の学校給食実施率が低い、給食費未納の認識の仕方に問題があるといった学校給食費問題を中心にしながら、日本の学校における保護者負担の在り方についての問題提起をしていただきました。それでは、これから質疑・討議に入ります。

田口康明会員：鹿児島県立短大の田口です。お三方のお話、勉強になりました。中村さんが書かれた補助資料にあるJ君の近未来的な子どもの生活、面白かったです。無償化の話は拡大の方向で進めたいと考えていらっしゃると思いますが、近代公教育というのは国民を包摂しつつ、イデオロギー統制といったことも含め管理を進めてきた。したがって、無償化をすすめて多くの子どもを公教育にとりこんでいくのは民衆支配のための公教育の新しい姿であるとも捉えられる。「特別の教科　道徳」や「公共」が作られ、新しい操作が行われていく中で、無償化を拡大することは支配・被支配の関係のなかでどのように絡んでいく、と考えていらっしゃるのか。

嶺井：非常に大きな問題だと思います。そもそも公教育とは何かにかかわってくるかと思いますが、中村さん、お願いします。

中村：僕は、公教育については国家と個人と共同体の3つの要素の中で考えている。個人は家庭の中で育つ、そして家庭の権限を国家に渡して教育をしてもらっているという考え方をしている一部の人々がいる。しかしそうではなくて、よく考えてみると、個人を育ててきたのは、少なくとも農業社会では、共同体であると思っている。5％しかいなかった武士階級は朱子学的な考え方。一方、浄土真宗の考え方では子どもを間引きしてはいけない。だから子どもが増える。封建領主が浄土真宗の人を移民として受け入れて農業社会を守っていたところもある。95％の方は儒教倫理とあまりと関係ない社会で生きてきたと考えられる。

ここの意識を教育勅語などを使って注入しようとして来た。さらに注入しようとしているのが道徳の教科化。これとどのように対抗するのかというのが私たちの課題ではないか。共同体的関係を大切にしながら取り組みをしていけばいいのではないか。そこで、教育における地方自治を最大限の目標をしつつ、

無償化も含めた財政のあり方は基本的には地方自治の予算問題として取り組んでいく。教育内容も、でこぼこはたくさんあるが、日本ほど差がないところはないのではないか。したがって、どんどん弾力化してやがて国家の影響力をゼロにしていく。国家の廃絶。これが全体の構図であり、考えていること。

嶺井：今の中村会員の話は、日本の近代公教育をどう認識するかという問題だと思います。しかし、田口会員の質問は欧米諸国の近代公教育制度も含め、そもそも近代国家が教育を公的に制度化したことの意味をどう考えるのか、ということ関わるものだった思います。近代公教育制度の共通性と独自性の把握にかかわる議論なので、あとで深められたらいいかな、と。

次に、鳫さんに対するご質問はございませんか。

村田淳一会員：中学校で完全給食が増えているという話がありましたが、実態としてはデリバリー給食が多い。川崎市のHPを見ますと、ランチサービスとある。これは学校給食法の適用にならないので就学援助の対象とならない。やり方はデリバリー給食とほぼ一緒。このような市町村の状況について何かお考えがありますでしょうか。

鳫：ご質問は、デリバリー型で給食をしているところと、給食ではないがデリバリーをしているところとの違いということでしょうか。給食であれば食材費だけが、保護者負担となります。ただ給食でもデリバリー式であれば、価格構成をみると割高になると考えられる。ここの違いが一番大きい。名古屋では給食であるが選択制で行っている。バリエーションがある。それぞれの地域でよい形を考えていく必要がある。ご指摘のように今は、給食と位置づけられないと就学援助の対象とならない。価格を安くするためには、給食の形をとったほうがいいのではないかと思う。

デリバリーは評判が悪いものが多い。残食が多い。デリバリーであっても、一人ずつの弁当箱ではなく食缶で配食する形式であれば、比較的評判がよい。コストからみると自校型とデリバリーで比較するとデリバリーが安いと言われるが、デリバリーが本当に安いのか、分からないものがある。地域でどのような給食がいいのか、話し合いをするところから始めるべきではないかと思っている。

田口：宮寺さんの話のなかで、派遣労働者法改正の時に正規雇用者数が減少していると指摘されたが、その減少には生産性そのものが向上してきているという観点もあるのではないか。また、お示しのデータからは製造業そのものが他の業種と比べて従業員給与というベースでは下がっていることが理解できる

が、労働分配率でいうと、全産業でどうなっているのか。もう一つ、医療介護といった労働生産性が上がりにくい職場における実態はどのようになっているのか。

宮嵜：内部留保が増えている大きな要因としては、国内において投資需要が減り、海外での需要が増えていることが考えられる。したがって、労働生産性の上昇よりも、要因としてはあきらかにリストラが大きいと思っている。あとは労働分配率で見たほうがいいという点については、私もそう思っている。従業員給与だが、派遣元に支払う費用項目は、固定費ではなく流動費になってしまう。ですから、内部留保が増えているのは、国内での投資が進まない中、非正規の雇用が増えていることが要因として指摘できる。労働生産性を上げて、付加価値を作り出す努力をせず、非正規雇用増大で利潤を積み上げていくことは、経営者としてもだらしない。

嶺井：ありがとうございました。それではこれから討論に移ります。今日のテーマは「現代の貧困と公教育の無償化」です。公教育の無償化はある意味でいいという判断のもとに話が進んでいるが、これでいいのかという問いもある。そのようなことも含めて議論のテーマとご意見を出していただきたい。

広瀬義徳会員：関西大学の広瀬です。中村さんの今回の話は教育体系全体を視野に入れての議論だったと思います。高等教育に関してはこれまで十分に議論されていないということを改めて感じた。私大の助成金や奨学金のデータで示されていますが、1,100校ほど存在している大学の7割は私学。私学の経常経費は10％くらい。今後の高等教育の像として、無償化に関連づけてどのような具体像を描いているのか。教えてほしい。

中村：高等教育にはいろいろあり、たとえば旧帝大は研究大学であり、世界水準のグローバル人材と研究内容を高めていくよう求められている。これは国家にとっては必須だが、僕たちにとって必須かどうかはわからない。それに対してマスプロ大学は、将来的にも自己責任でやってくれという話になっている。なんとか奨学金でしのぐ構造なんっているので、適正規模で縮小再生産されていくしかない。地方の国立大学の系列化の話も出ている。私立は、建学のプライドで作られていて、経済的な問題が解決すれば選択する人はいっぱいいるかもしれない。

嶺井：そのこと自体を中村さんはどうとらえるのか。

中村：ここは大事にする必要があると考えている。私学も無償化財源に切り替えていく。大衆大学が社会を支えているということをアピールする必要がある。スローガン的な対応をしていく、単純化して取り組みをしていく必要があると思っている。

嶺井：学会員の大内裕和さんが『奨学金が日本を滅ぼす』という本を書き、年報8号の中で私が書評を書いています。そこでは大学まで無償化でいいのか、そうではなく学費を下げて、奨学金を充実するという方向性が示されている。公教育の無償化の対象をどこまでとするのか、を議論する必要がありそうだ。

中村：義務教育と高校の無償化を優先すべきと考えている。それから、日本の場合は、保育園と幼稚園という二重の構造となっている中で次の展望を考えていくのはむずかしいかもしれない。たとえば保育所に入所できなかった母親の「日本死ね」という発言は、都市部の一部の話。厚生労働省は、今年あたりがピークでその後待機児童は減っていくとの見通しを立てている。ヘックマンを紹介している人によれば、若い人にお金をかければ幸せになるとのことである。でも、それでいいのか。あいまいな議論しかされていない。日本では、小さいころから金をかけることが正義だとみなされる傾向がある。そうではなくて、少なくとも義務教育からまず金をかける。これが大事だと思う。

小泉祥一会員：白鷗大学の小泉です。鳫会員と中村会員に聞きたい。給食を考えるときに、お昼の食事を念頭においていると思う。僕個人は、朝も夕方も提供できないかと考えている。また、提供する際の義務付けにも疑問がある。希望者は給食を頂き、そうではない人は弁当を持参するという選択肢を残す。希望する人には、3食提供できるシステムは理屈として成り立つのか。早めの夕食を学校でとるなどのことは、公教育として保障の範囲に入れることができるのか。理屈をどのように成り立たせるのか。そのあたりについて教えていただけるとありがたい。

嶺井：イングランドやスコットランドでは、ブレックファスト・クラブがある。貧困世帯中心で、希望者対象ですが。そのような取り組みも存在している。

鳫：日本でもある。学校が実施している場合と、場所だけを提供している場合がある。夕食については、子ども食堂も活発。しかし、民間レベルであれば、給食のように毎日実施する財力はない。寄付ベースとかフードバンクからの提供によっている。つまり、日本の現状はそのような状況にとどまっている。選択制については、アレルギー以外で、給食を食べたくないので自宅から持ってくるというのは、現実としては定着しにくいと考えている。逆に選択制につい

てだが、実施していない学校でのアンケート調査がある。アンケートでどのような給食がいいかを聞くと、デリバリーで希望者だけとすると、「朝ご飯倶楽部」の朝ごはんのように、「そのお昼を食べる子は……」ということになりかねない、という意見が多い。横浜市で行っている「ハマ弁」は、食べる子は１パーセント。それを申し込む子どももいじめの対象なりがちである。子どもの格差が見えにくい仕掛けを用意したい。その中で個々人の選択をどこまで認めるのか。工夫の中で選択の自由と、格差が教育目的を阻害しないこととの、両立を図る工夫はありうると思う。あと、夏休み中の給食をどうするかという問題がある。夏休みに体重が減る子どもがいる現実の中で、学童保育でも給食を出す試みがある。しかし、まだ一部にとどまっている。学童保育に関しては、義務かどうかだけでなく、お金がかかるかどうかという問題がある。就学前教育については、義務でないなかで、幼稚園にも保育園にも行っていない子どもがいる現実がある。そのあたりも考えていく必要がある。大学については、中村さんと意見が異なる。大衆大学（学校法人）を政治家が大切に思っているというところから出発すべき。そうでないと結論が違ってくる。

中村：日本では、給食は教育の一環として行っている。したがって、全員に無償で行うべき。そうでなければ、福祉政策の問題になる。教育の一環として行っているとすれば粗末だ。学校教育の一環としてなされていることをどう考えるのかという話。私は、教育の一環として行われている今の状況を悪いとは思っていない。学校で実施する給食は希望制をとり、学校教育全体は強制でも構わないという話にはならない。どのように理論構成をするかということを考える必要があるだろう。

小泉：朝と夕方に給食を提供することにかかわる理屈をどう立てるかを聞きたい。教育の一環としてなされている現状は貧しいのではないか。給食を無理やり食べさせようとしている。本人の体調などを考えずに無理やり食べさせるのは教育的ではない。自己管理能力や生きる力を育てることと乖離していないか。和歌山のカレー事件も、おかしかったら食べてはいけなかった。口に入るものは自分で命を守る教育をする必要がある。鼻と口から入ってくるものに関しては、「マナーよく」だけではなく、教育について豊かな発想で捉える必要があるのではないか。そもそも給食について再定義する必要があるのではないか。白鷗大学は、朝食に関して100円の補助が出る。朝、夜と補助ができる理屈を教えて欲しい。

嶺井：中村さんからは、授業料の概念をもっと広げてもいいのではという話

がでた。その点に関わってご意見何かありませんか。

戸張治会員：大阪方式と私は呼んでいる方式で、東京都が私立学校に対して授業料補助として国から出るものの差額を出すようになった。今回は、所得の目安760万円。平均授業料は東京では44万2千円。なぜこれほど高いのか。このままだと地方財政負担は大変なものになる。東京都で80億円になり、給付型奨学金を入れて、88億を予算措置している。これが毎年のこととなる。大阪と東京で始まったが、これが当たり前になると、私立学校を抱えている他の地方自治体が同じようになっていくのかなと思う。そうすると、授業料の概念をしっかりとらえる必要があるのではないか。公立は月1万。私立は年44万。統計をみると、バラつきがある。変化を見ていくと、私立は授業料と施設費があるが、無償化が始まって、施設費は下がり授業料部分が上がってきている。補助金が出るから、授業料の部分が上がっているのではないか。つまり、授業料という概念とはなにかを改めて考えていく必要がある。なぜこれほど上がったのか。労働者の賃金が下がっているにも拘わらず、この部分の議論がない。それから奨学金。名目上の所得はあるが、住宅ローンなど多様な支出を抱えている家庭もある。奨学金の在り方や授業料の概念も議論して確定していかないと、本当の意味での無償化につながらないのではないか。

中村：私学助成はマックスの時は30％くらい。今は10％を切っている。30％まで戻せば授業料を高くする必要はない。しかし、政策上は機関補助型を減らし、個人補助型に切り替え、競争させるという話になっていく。機関補助型の給付をどれだけ重点的に施策として求めていくか、個人補助型の給付をさせない仕組みづくりが必要ではないか。大学でも学校への機関補助型は減らされ、個人の実績に基づいた、個人補助型になって競争させられているのではないか。全体的に見れば、機関補助型から個人補助型に移り、新自由主義的な転換がなされていると考えられるのではないか。

鳫：中村さんとは考え方が違う。戸張会員の意見は、補助金を施設整備費から授業料に付け替えているという話。そのことは、機関補助か個人補助かということではなく、ある名目をつけて補助金を設計したことが原因で起こった失敗なのではないか。そのことと機関補助か個人補助かの問題とは違うのではないか。その組織が合理的に運営されていれば、問題はないのではないか。組織の運営が民主的、合理的に運営されていなければ、機関補助よりは個人補助の方が、より結果が良くなるとの仮説に基づいてなされていると考えるべきではないか。その点については、宮嵜先生に伺いたい。

給食の話に戻る。学校給食法があるから、給食は教育であるとの発言があったが、果たしてそうか。私が考える教育は、人生前半の社会保障というものに近い。教育だから画一的に行わなければならないということではなく、何が子どもたちにとって有効なのかを考えて行うものが教育だと考えている。法律があるからではなく、内容を見て、子どもにとって良いもの、必要なものに予算がつき、お金が払われればいい。教育と福祉を二分するような考え方以外も検討していいのではないか。

宮嵜：選択と集中という考え方は企業の考え方。それを教育に当てはめていいのか。雇用の空洞化は日本の地域においても進み、雇用が失われている。グローバル化の中でグローバルシティに集中が行われている。逆に地方自治体は、しっかりと雇用機会を作り、そこで働く人材を育成する必要がある。空洞化の問題は、実は農村人口の減少と関係がある。一番農家で減っているのは兼業農家。なぜか。長野県を例にとれば、電機産業が農村に入っていき、電機工場ができ、兼業農家が増えた。その後工場が閉鎖。兼業先がなくなる。農業に戻れるかというと戻れない。離農して、就職先として首都圏に働きにいく形でも集中は進んできている。つまり空洞化問題に対する対策には、農業再生が関わっている。かつ、給食に関して言えば、鳶先生が本に書かれていたが、食育の役割が大きいと考えている。地域でしか作られないものを、いかに食材として生かしていくのか。初等中等教育から地域の再生を担う人材の育成をむしろ今考えていかなければならないのではないか。そのような印象を持っている

加藤忠会員：宮嵜先生の資料で非正規の問題が扱われていた。私の現在の県立特別支援学校は70名中25名が非正規です。県教委は、「教員が多忙である」といって待遇改善等を行っている一方、教員側の多忙化解消に向けた理論の乏しさを感じている。たとえば、国からは「チーム学校」や部活の外部委託などの考え方などが出ている。しかし、忙しいというだけで、ゴールをしっかり描けなければ、国はアリバイを作って拡充していった結果、教員にとって望ましい多忙化解消が進められないばかりか、「教員が果たすべき業務の概ねが、非常勤や外部委託等で一定の整理が成されたので、正規教員すら最早必要ありません」とされてしまうのではないか。このあいだの職員会議で、教育委員会は欠員補充の常勤講師を100名以上頑張って配置してくれているという話があった。100名欠員があるという認識があるなら、100人採用すればいいだけの話だと思った。しかし、そうはなっていない現実を見ても、教員側も多忙化を解消した向こう側に、どのようなゴールを描く必要があるのかを考えていく必要が

あるだろう。より良い大学に押し込んで終わりなのか、あるいはきちんと一人の人間として成長するまでの内実の教育を提供するのかということを考えていくことが求められているのではないか。そのあたりについて伺いたい。

中村会員の発表では授業料の解釈についての話があった。地方の問題として、学習機会の均等にかかわり、都市部と格差がある。岩手は、高校進学はほぼ100％。しかし、大学など高等教育機関への進学率は40％いかない。高校段階で、通学どころか越境して、家を離れて、二重生活を強いられている現実もある。そこまでも授業料に結び付けて考えていくことについては、自分の中でも答えが出ない。地方でも、高等教育機関が拡充すればいいのか。答えが出ない迷いの中にいる。この部分でも、何かあれば伺いたい。

次に、給食について。私は特別支援学校に勤務しており、2年前に給食が始まった。様々な病状の子がいる。当初食べられる子だけに給食を提供した。いろいろ調べてみると、二次調理についてハードルが高い状況があった。調理ばさみを使って細かくすれば食べられる。では、先生方の摂食指導は調理なのか、疑問をぶつけた。お父さんお母さんの代わりに食べさせているだけと考えるなど、論点として突破しようとした。物は調理ばさみだが、摂食補助具との名目にして購入して備品シールを貼った。このようになるべく食べられる子を広げていった。工夫の余地があるのではないか。

ここに、子どもの貧困シグナルという本がある。「お代わりして食べる子が肥満でないことがある。家庭で満足に食べられていない可能性がある。家庭訪問をしたところ、両親がいないで祖母が育てている状況で、調理ができない状況だった。氷結の缶が積み重なっていた。今、後見人を立てて対応している」という内容である。そのような問題も今後注視していただきたい。

堀正嗣会員：鳶先生の仰ったことに共感した。教育は教育だけで考えないほうがいいのではないか。教育は教育、福祉は福祉と分けないほうがいいのではないか。スウェーデンでは、福祉としての教育という捉え方をしている。重要な観点だと思う。給食の問題も、教育の一環であると同時に生活を支えているものであって、これは重要な福祉。特に貧困家庭の子どもたちにとって、なくてはならないもの。夏休みになると食べるものがなくて心配と、児童福祉の方たちはよくおっしゃいます。これは一つの現れ。このことに関わり、先ほど中村会員も仰っていたが、就学前教育は子どもたちが将来を生きていく上で重要な基盤であると思う。そこが十分に保証されないことは、大きな権利侵害だ。これまでも確かめられてきたこと。教育と福祉を一体化して考えたときに、重

要性は明らか。授業料という観点から物事を考えることも重要だが、同時に福祉としての教育という観点から議論を組み立てることも大事ではないか。

　宮嵜先生が言われたことでいえば、医療福祉分野での就業者は増えていて、非正規であるとのこと。この点からも、福祉が日本において軽視されてきたことが透けて見える。保育も含まれる。そこどのように変えていくのか、その点と結び付けていくことが大切ではないか。

　嶺井：意見だけではなく質問を含めての発言がありました。時間がなくなってしまったので、総括的な発言をシンポジストにお願いします。

　中村：教育福祉は大事。同意します。非正規の問題については、重要な局面にあると思う。『公教育計画研究8』の154頁に掲載されている武波会員の文章を見て欲しい。学校教育における教員の非正規のすさまじさがわかる。小中で17％以上、高校だと20％以上が非正規。そこを放置しながら、多忙化議論をしている。いろいろな職種を入れて支援しようとしているが、すべて非正規。これ以上非正規を増やさないでほしい。非正規を手助け要員として認める学校の体制についても疑問がある。チーム学校は、校長を頂点とするピラミッド型の学校経営を根付かせるもの。よく考える必要がある。言葉だけでなく、内容を見れば、「偽装チーム」と呼ぶことができるだろう。しっかり数値を出して、問題提起をする必要があるだろう。奨学金は生徒、学生の生活費保障である。授業料保障ではない。大学経営は公的な機関補助によって運営されるのが道理である。たとえばデンマークでは大学は無償。プラス親元を離れている場合は、生活補助のための奨学金が10万円ほど出る。こうあるべきと思う。整理しなおしつつ問題を考える必要がある。

　宮嵜：加藤会員への答えになるかわからないが、地方での雇用の確保には思い切った手をうつ必要がある。一つには、財源の問題もあるだろうが、公務員の枠を増やしていくこと。これまで70年代から公務員バッシングがひどかった。ひとり親世代にとって、安定的な職場だった、給食の現業が失われた。非正規になっている。もう一度、公的な部分で支えるような仕組みを作る。北海道では農家の大きな兼業先は自衛隊であるといった現実を踏まえると、公的な部門で雇用をきちんと作ることを考えていかないと危ない社会になる気がしている。

　鳶：欠員があるのに、非正規で賄っている。なぜ少子化になると、正規で採用すると困るのか。正規の教職員の仕事が、あまりにも範囲が限定されていて、

少子化になると教員があまる不安があるのではないか。小中高校も、生涯教育に目が向けるだけでなく、地域のパブリックスペースとしての役割が考えられればいいのではないか。縦割りの垣根を越えて、地域の工夫でやっていくのだといった対抗策を提案していかないと、非正規化に対抗することは難しいのではないか。

　もう一つ、機関補助と個人補助の問題は難しい問題。東日本大震災の時に、補助制度があった。大学が支援した場合に、国が大学に支援するという性格の補助金があった。つまり、大学が制度を作り実施しないと補助金が下りない。そういう場合には、個人補助のほうがいいだろう。これからはますます地域で、どのようなお金の配分のあり方が望ましいのかを検討していくことが重要になってくるだろう。画一的でない方がいいのかもしれない。このようなことも、この学会のテーマとして今後取り上げてほしい。

　嶺井：司会の不手際で論点を整理し、深めた議論をするということができませんでした。お詫びします。「公教育」をメインとした研究に重点を置いていますが、まだまだ「公教育とは何か」についての共通理解ができていないことが明らかになりましたが、教育と福祉、経済、政治などとの関係をも対象化しながら検討する必要のある論点がたくさん出されました。本学会会員の研究が深まることを期待して、シンポジウムを閉じることとします。

（文責　公教育計画学会年報編集委員会）

投稿論文

投稿論文

障害のある子どもの保護者の学校における付き添いの実態——兵庫県における調査を通して

栗田季佳・一木玲子・堀　智晴・堀　正嗣

1. 問題と目的
1-1. 障害のある子どもの普通学級への就学

　介助を必要とする障害のある子どもが小中学校に就学する際、保護者等による付き添いが要求されることがある。あるダウン症の男性は、就学時に特別支援学級ではなく普通学級に就学するのであれば、家族が完全に付き添うことを学校側から要求された（斉藤・杉原、2017）。付き添った家族は、体調が悪化したり、家族以外が付き添う費用を負担することもあった。このように、小中学校に就学する際に合理的配慮が提供されず、本人や保護者に負担が強いられている状況がある（障害児を普通学校へ・全国連絡会、2018）。付き添いができないために普通学級を諦め、希望していなかった特別支援学校や学級に就学する声も挙がっている。

　他の子どもに無条件で保障されている就学に対して、障害のある子どもにのみ付き添い等の条件を課すことは、障害児に対する差別にあたる。日本も締約国である障害者権利条約では、障害に基づくあらゆる区別、制限、排除を障害に基づく差別と定義している（障害者権利条約第2条）。保護者等の付き添いなしに他の子どもが就学しているにも関わらず、障害のある子どもにだけ付き添いがあることは、障害に基づく区別である。また、付き添う保護者等の体調不良時に子どもが学校を休まざるをえなくなるとすれば、そのような状況は障害に基づく制限にあたる。付き添いができないことを理由に就学を拒否すれば、障害を理由とする排除である。いずれにしても、保護者等の付き添いは子どもの教育を受ける権利の侵害にあたる。

　なぜこのような事態が生じるのであろうか。その理由の1つは、小中学校の建築環境やカリキュラム、教員の指導体制などが、障害のない子ども達を前提としてつくられていることにある（一木、2012）。もし、障害のある子どもも小中学校に就学することが想定されていれば、エレベーターや学習室の変更、学習カリキュラムや支援のあり方などが制度設計の段階で、あるいは教育現場で議論されていただろう。たとえば、障害のある子どもの通常学級在籍を保障

しているイタリアの学校では、障害のある子どもが在籍する学級の学級編成は通常25人のところ20人に減じられる。さらに学級に支援教師が配置され、支援教師は障害のある子どもに対する支援だけでなく、他の子どもへの支援や全体の指導にもあたる（大内・藤原、2015）。しかし日本においては，障害のある子どもは特別支援学校へ就学することが既定路線となってきたため、障害のある子どもが小中学校に就学しづらい状況が続いている。

このことからわかるように、障害のある子どもの就学上の障壁は、障害にあるのでなく、障害のある子どもの就学を想定せずにつくられた学校環境にあるといえる。障害者権利条約の第24条では、他の者と平等に、生活する地域において教育を受ける権利を保障し、必要な合理的配慮の提供を締約国に義務づけている。これに従えば、他者の介助が必要な子どもがいたとしても、保護者等の付き添いなしに就学できるような体制（たとえば介助員の配置）を行政が整える必要がある。にもかかわらず、障害のある子どもの側に変更・調整を求めることは障害の個人モデルといえる。障害者権利条約や障害者差別解消法では障害の定義に個人モデルを用いていないが、現実には障害の個人モデルに基づく保護者等の付き添いが毎年のように要求され、現に行われている。

1-2. 付き添い調査の状況

付き添いの実態は事例的には報告されているものの、これまで統計的には集約されてこなかった。2015年に初めて文部科学省（以下、文科省）が全国の小中学校を対象に実態調査を行い（文部科学省、2015）、全国1,495の小中学校で1,897人の子どもが介助や学習支援のために日常的に付き添われていることがわかった。この調査はこれまで事例的に報告されてきた付き添いの現実を公的機関が明るみにした点で重要であるが、付き添いの実態と照らし合わせると不十分な点がある。

1つは学校への送迎の付き添いが除外されているという点である。集団登下校の場合は異年齢間の、各自通学の場合は友人同士の関係を深める場の1つである。付き添いがあると登下校の子ども同士の会話は制限され、保護者は生活を変える必要も出てくる。実際、小中学校ではないが、特別支援学校に通う子どもの保護者で、登下校の付き添いによって生活や仕事に影響が「やや」あるいは「とても」あった者は66％に上り、失職や転職、仕事を休む、子どもが毎日学校に通えないという例も厚生労働省の調査で明らかとなっている（東京新聞、2016）。

2つ目に、学校行事（例：校外学習）や突発的な事態（例：看護士の休暇等）

など，非日常的な事態における付き添いが含まれていない。学校生活の中で、運動会や修学旅行といった学校行事は思い出に残る大きな行事であるにもかかわらず付き添いができないために参加できなかった事例が多くある。ある女性は小中学校時代に介助員に付き添われて学校に通っていたものの、遠足や修学旅行など学外の行事には介助員は付き添えないために母親が休暇をとり付き添っていた。2泊3日の臨海学校行事では母親の休みが2日までしかとれず、楽しみにしていたキャンプファイヤーの途中で帰ることになり大泣きしたという（川端、2017）。このような経験は付き添いをサポートする体制があれば回避できたはずであろう。

これら送迎と非日常的な付き添いに関して、千葉県議会事務局が2008年から行っている付き添い実態調査では、送迎や学校行事における付き添いなどが毎年複数件報告されている（橋本、2015）。千葉県における調査は一部の市町村からの報告であるものの、文科省が対象としていない付き添いの実態が存在することを明らかにしている。千葉県における調査結果からも、送迎と非日常的な付き添いの内容を含めて調査を行うことの必要性がわかる。

3つ目に、文科省の調査では一部の付き添いと終日の付き添いを区別していない。どのような付き添いも付き添いが要求されること自体が差別であり人権問題である。とはいえ、週一回の付き添いと、子どもが学校にいる間常に付き添いをしている事例では子どもの学校生活や付き添う者の生活スタイルは大きく異なってくる。

文科省が対象としていない付き添いの実態を明らかにすることは重要であるが、付き添いを無くす上では学校が付き添いを必要とする状況についても調べる必要があるだろう。同じ障害カテゴリであっても、付き添いが要求される事例とそうでない事例がある。たとえば、文科省の調査で明らかとなった付き添いのうち2割にあたる388件は医療的ケアのための付き添いであり、医療的ケアの子ども達に付き添いが多く要求されていることが示された。しかしある市に在住する医療的なケアの必要な男児は保護者等の付き添いなく小学校に通い、友達が自然に介助し「みんなが助けてくれた。」と述べている（朝日新聞、2016）。この違いはどのような要因によって生まれるのだろうか。合理的配慮の検討のためには、付き添いのある学校とない学校の基本的な特徴を捉えることにより、付き添いが要求される背景を探ることが重要である。

1−3. 本研究の目的

障害のある子どもの付き添いの実態を明らかにすることは、障害のある子ど

もおよびその家族に対する差別の現実を可視化し、学校教育においてどのような変更・調整が必要であるかを示すこととなる。そのためには、以前に実施された文科省の調査では不十分であり、実態に即した調査が必要である。本研究の目的は次の2点である。1つは、先に挙げた3つの問題点を含む付き添いを含めた調査項目を作成し、兵庫県を対象に幅広い付き添いの実態の一端を明らかにすることを目的とする。もう1点は、付き添いの有無に関わる学校の基本的特徴を明らかにすることである。

2．方法

2-1．調査の手続き

兵庫県教職員組合を通して、兵庫県内の小中学校、特別支援学校、幼稚園に調査票を配布した。調査校は兵庫県内全域にまたがった。本研究は、障害者権利条約第24条にあるように、障害のある者が生活する地域で教育を受けることを基本とし、その合理的配慮の欠如の問題として付き添いを扱うため、小中学校のみを分析対象とする。

2-2．調査票

調査票は学校基本情報と付き添いに関する質問から構成された（付録参照）。

学校基本情報に関しては、全児童生徒数、障害のある児童生徒数、自身で医療的ケアを行っている者の数、本人以外の者が医療的ケアを行っている者の数、医療的ケア担当の看護士の数、支援員の人数、定期的に特別支援教育を担当する者の役割と人数について記入を求めた。なお、本調査における「障害のある児童生徒」とは学校教育法施行令第22条（3）に該当する、視覚障害者、聴覚障害者、知的障害者、肢体不自由者または病弱者とした。

付き添いの質問については、付き添いの有無、付き添い児童の在籍状況（通常学級、特別支援学級）、付き添いの内容が含まれた。付き添いの内容については、千葉県議会事務局の付き添い調査項目を参考に、（1）登下校も含め登校から下校まで終日、（2）登下校のみ、（3）日常生活の一部、（4）一部の授業、（5）日帰りの学校行事、（6）宿泊を伴う学校行事、（7）突発的な事態それぞれに該当する児童・生徒数の回答を求めた。最後に自由記述欄を設けた。

3．結果と考察

小学校から540校、中学校から197校の回答が得られた。回収率は、平成27

年度の学校数（小学校782校、中学校389校）に照らし合わせると、小学校で69.1％、中学校で50.6％であった。

3-1. 全体的な付き添いの傾向

学校の回答を集計したところ、小学校で249校958件、中学校で49校95件の付き添いの実態が明らかとなった。付き添いの内容ごとに集計したのが表1である。

表1　小・中学校在籍別の付き添い件数

	学級	(1)終日	(2)登下校のみ	(3)日常生活の一部	(4)一部の授業	(5)日帰りの学校行事	(6)宿泊を伴う学校行事	(7)突発的な事態	合計
小学校 (n=249)	通常	14	98	1	14	4	2	5	138
	特別支援	34	683	12	22	41	9	19	820
	合計	48	781	13	36	45	11	24	958
中学校 (n=49)	通常	1	13	0	1	0	0	1	16
	特別支援	2	59	1	2	3	6	6	79
	合計	3	72	1	3	3	6	7	95

※ 回答のあった学校数は小学校で540校、中学校で197校であった。

障害のある児童が在籍している学校で付き添いのある割合は小学校で50.1％、中学校では25.8％であった。つまり障害のある子どもがいる小学校の2校に1校、中学校の4校に1校が付き添われている現実にあった。小学校の方が中学校よりも付き添い率が高いことがわかる。中学校の方が付き添いが少ない理由として、子どもの成長につれて付き添いをなくしていることや、介助をより必要とする障害の重い子どもが中学入学を機に特別支援学校へ転学することなどが考えられる。ここでは特に後者について述べる。

本調査において、障害のある子どもがいる小学校は84％であるが、中学校では72.9％と在学率が減少していた。このことは、毎年行われる学校基本調査の傾向と同様であり、進学に従って特別支援学校在籍者は増加し地域の学校への就学は減少する。このことから、障害のある子どもの教育の場は、通常の学校との統合に向かうのではなく、逆に分離に向かっていることがわかる。またその中で特に分離されていくのは、障害の重い子ども達である可能性が高い。歴史的にも、障害のある子どもが原則特殊教育諸学校（現・特別支援学校）に就学していた頃に認定就学で小・中学校に通っていた子どもは比較的障害が軽度の傾向にあった。本人・保護者の意思が尊重される今日の就学決定においても障害の状態は就学指導で考慮され、特別支援学級対象となる障害の程度には「軽度の困難」や「弱視」や「難聴」とあり、特別支援学校の対象である学校教育法施行令第22条（3）の障害よりも医学的に程度が軽いものと捉えられる（文部科学省、2013）。小・中学校における環境に何らの変更・調整も加えられ

なければ学年進行とともに進度や到達水準は上がり、周囲のペースに合わせられない子どもは増えていくだろう。

保護者が特別支援学校の中学部を選ぶ理由として、「より専門的な教育が受けられるから」「特別支援学校高等部や高等養護学校に進学させたいから」「教育内容・方法が子どもに合っているから」を主に挙げるが（北海道教育委員会、2011）、逆にいえば障害のある子どもを考慮した変更・調整が中学校にないことを暗示している。障害が重度になればなるほど地域の中学校に進学しにくい状況から、地域の中学校に進学するのは結果的に介助や支援の必要性が少ないとみなされる子どもとなり、見かけ上、付き添いの数が減少していると考えられる。

3-2. 文科省との比較—日常的な付き添い—

文科省で行われた日常的な付き添いと同様の付き添い（付き添いの内容（1）、（3）、（4））を合計すると、本調査では104件が報告された。なお104件中、終日の付き添いが51件（小学校48件、中学校3件）あった。終日の付き添いは家でも学校でも常に親子が共に過ごしていることを表す。障害のある当事者の五位渕（2017）は、付き添われていた当時を振り返って「親が常に付き添っている生活に疲れていた。高校でも自宅でも親の介助を受けなければならず、親子共々我慢の限界であった。（中略）好きな友達と待ち合わせして下校したり、買い物やカラオケなど行ったりすることができなくて寂しかったことを思い出す。友達をつくることも大変であった。」と述べている。終日の付き添いがもたらす深刻な影響が、本調査の該当者にも起きている可能性がある。

2015年の文科省の調査に関して、情報開示請求[1]によって得られた都道府県別の資料に基づくと、兵庫県における日常的な付き添いは小・中学校あわせて41件であった（表2）。

表2　文部科学省における兵庫県の付き添い実態調査（2015年5月実施）

	医療的ケア	日常生活上の介助	発達障害児への学習支援	健康・安全確保	その他
小学校 (n=29)	17	3	3	5	3
中学校 (n=9)	7	2	0	0	1

本調査では、「日常生活の一部（3）」と「授業の一部（4）」を区別しているため、ある子どもへの付き添いが、両方の目的で行われている場合は重複回答となる可能性がある。したがって、重複の可能性を考慮し、（3）と（4）

の回答が全て重複するという最も少なく見積もった場合では、65件となる。最低でも24件の差があるといえよう。しかしながら、文科省の調査の回収率がほぼ100%であるのに対し[2]、本調査の回収率が6割程度にとどまっていることを考えると、実際には65件以上あると推測される[3]。

なぜ同様の付き添い内容で回収率が半数程度であったにも関わらず、本調査でより多くの付き添い件数が明らかになったのだろうか。どちらの調査も報告であるため、回答を歪曲することが可能である。望ましくない内容に対して正確な回答を控えようとする動機が働いた可能性がある（Crowne & Marlow, 1960）。教育委員会を経由して各学校に送付された文科省の調査依頼文には、障害者差別解消法への言及や、「学校における保護者の待機を安易に求めるなど、保護者に過度の対応を求めることは適切ではない。」との文言があり、付き添いの要求が望ましくない行為であることが明示されている。一方本調査では、「教育現場における『合理的配慮』のうち、特に付き添いに関する実態について調べることを目的としています。」としか記載していない。文科省による調査では付き添い報告に対して心理的な抑制が働き、本調査の方がより多くの回答件数が得られたのかもしれない。

また、調査元が文科省と教職員組合で異なったことも関係している可能性もある。教職員にとって、文科省および教育委員会は雇用側にあたる組織であり教職員組合は同じ労働者側の組織である。評価や管理を担う教育委員会への回答に対してはより慎重な回答がなされ、本調査よりも付き添い件数が少なく報告されたことも考えられる。

3-3. 文科省との比較—非日常的な付き添い—

文科省の調査では捉えられていない付き添いの実態として、登下校（2）、日帰りの行事（5）、宿泊を伴う行事（6）、突発的な事態（7）における付添いも明らかとなった（表1）。

とりわけ、登下校（2）の付き添いは顕著に多かった。学校の管理下で生じた負傷や疾病は学校に責任が帰されるが、独立行政法人日本スポーツ振興センターによる災害共済給付の規定では、登下校中の事故も学校管理下とみなされる。登下校中に事故や事件に巻き込まれる可能性は障害のある児童・生徒に限らないが、障害のある者に対しては「危ない」「弱い」（河内、2001）、「病気」「遅い」（中司、1987）といったイメージがもたれている。「障害は弱い」といったステレオタイプによって登下校時のリスクが高く見積もられ、付き添いによって子どもの安全を確保しようとした可能性がある。実際に、近所の高学年

の子が障害のある子どもと一緒に登校することになっていた齋藤（2015）の事例では、学校側から事故の可能性やその責任について指摘され、子どもだけの登校は認められなかった。結果、父親が付き添うこととなった。

　登下校の付き添いが必要かどうかは十分検討する余地があるが、もし必要であったとして登下校の通学支援を検討する場合、公的なサポート体制がないために保護者等が送迎をしている例もある。本調査における自由記述においても、「本校の場合、保護者送迎で登下校しているが、合理的配慮の範囲なのか判断に困った。（市の申請で保護者送迎を登下校の方法としている）」とあった。介助員や看護士の勤務条件に登校時が入っていなかったり、通勤・通学が移動支援やガイドヘルパーの利用対象外となっているために保護者等が送迎をしている事例が本調査結果にも含まれているであろう。

　ただし、通学を対象としている移動支援（名古屋市, 札幌市など）や通学支援（枚方市, 台東区など）などの事業を行っている自治体も存在するため、これらを活用したり交渉することも考えられる。本研究では、どのような理由によって登下校の付き添い件数が多いのを特定できないが、通学という学校生活を支える根本をどのように保障するのか、行政による事業も含めて積極的な議論が必要である。

　また、非日常的な付き添いとして日帰り（5）の学校行事は小学校で45件、中学校で3件報告された。遠足や社会見学、文化祭など、日帰りの学校行事において特別に付き添っている事例があることがわかった。宿泊行事（6）は件数は少ないものの小学校で11件、中学校では6件生じていた。突発的な事態における付き添いは小学校で24件、中学校で7件あった。

　このように、文科省の調査では対象外であった非日常的な付き添いも相当数存在する[4]。登下校と同様に、日常とは異なる勤務状況によって介助員や看護士が派遣されず、付き添いが求められている例がある。自由記述欄に次のような意見がみられた。「学校行事（遠足など校外で行うもの）やトライやるウィーク[5]などは介助員が付き添っています。介助員が付き添える行事等の制約をできるだけなくして頂けるとありがたいです。」。介助員等の付き添いを制限する条件を変更・調整していくことによって、保護者等が付き添うことなく、子どもが学校行事に参加できるだろう。また、日ごろ学校と関わりのあるボランティアの人々や地域にあるサービスの活用、学校内の教職員や周囲の児童・生徒の協力など、突発的な事態を含む様々な事態が起きることを前提に、柔軟な対応をとれる体制が、学校側の負担や保護者等の付き添いを減らすことにつながる。

3−4. 通常学級籍と特別支援学級籍の比較

表1より内訳としては、通常学級籍よりも特別支援学級籍の子どもに対する付き添いが多いことがみてとれるが、これは障害のある子どもの在籍が特別支援学級に多いことに因ると考えられる。ただし、付き添いの内容によって通常学級と特別支援学級の割合にばらつきがあることは注目すべき点である。小学校における在籍学級別の付き添いの全体的な割合は通常学級が16.8%、特別支援学級が83.2%であるのに対し、内容別にみると、終日の付き添い（1）および一部の授業（4）に関しては、通常学級の割合が特に高くなっている（それぞれ通常学級の割合が29.17%、38.89%）。これらは通常学級と特別支援学級で求められる付き添いが異なることを表している。

通常学級の学級編成は最大35人あるいは40人であるのに対し、特別支援学級は8人である。教師ひとりあたりの子どもの人数には大きな差がある。さらに、通常学級では一年間に終えねばならない学習内容が一律に定まっているのに対し、特別支援学級は弾力的なカリキュラムの運用が可能である。そのため通常学級の方が特別支援学級よりも、進度の遅れや一斉授業についていけない子どもが顕在化しやすいと考えられる。つまり通常学級のほうが、周囲にあわせるための圧力がかかりやすい。実際、特別支援学級を選んだ理由として「通常の学級の流れに合わせることが困難」と回答する保護者は小・中学校ともに50％を超える（北海道教育委員会、2011）。遅れやできなさを補うために、授業をサポートする人手の必要性が高く認知され、保護者等への付き添いの要求へとつながっている可能性が考えられる。通常学級の方が特別支援学級よりも授業時間を含む付き添いが高い割合で生じていることには、学校環境の中でも学習カリキュラムが障壁となっていることを示唆する。

3−5. 医療的ケアの必要な児童のいる学校における付き添い状況

医療的ケアの必要な児童の在籍する学校での付き添い状況を、表3に記した。文科省の調査において医療的ケアのための付き添いは24件確認されたが、本研究では50件であった。

本調査より、医療的ケアを必要としている児童生徒62人中50人、すなわち約8割が付き添われている現状にあることがわかった。気管切開や胃ろうをしている子ども達にとって、医療的ケアは生活する上で必要な生活支援行為である（人工呼吸器をつけた子の親の会、2010）。しかし従来医療行為とみなされてきた医療的ケアの実施は法的に制限されており、医療的ケアに対応できる者は限られている。平成28年度における医療的ケアが実施可能な有資格者の学校配置

表3 医療的ケアを必要とする児童生徒の付き添い状況

	付き添い	
	あり	なし
自身で「医療的ケア」を行っている数	23 (16)	8 (7)
医療的ケアを必要としており、看護士など本人以外が行っている数	27 (19)	4 (0)
医療的ケアを必要とする児童生徒担当の看護師数	25 (20)	3 (2)

※ 数値は小・中合計件数　（ ）は、小学校の件数

は、児童生徒数のおよそ半数しかなく、認定特定行為業務従事者として医療的ケアを行っている教職員は、特別支援学校においても半数程度であった（文部科学省、2017）。

医療的ケアを行うために親が学校へ付き添っている事例では、登校前の準備から教室での常時付き添い、宿泊行事においても特別な事前準備時間が求められ、疲労困憊の状況にある（仁宮・津島・秋山、2002）。地域の小学校に通う息子の父親は、休暇等を使いながら医療的ケアのため付き添っており、家計の苦しさから付き添いを外すよう学校に求めたが、生活保護を提案され付き添いはなくならなかった（保坂、2017）。体制が整っていないがために障害のある本人やその家族に過重な不利益が生じている。

吉利（2016）の調査によると、小・中学校教員で教員や介護職員が医療的ケアを実施できることを知らない者が7割以上いた。そして、医療に関する配慮を要する児童生徒に積極的に関わりたいと考える教師や、通常学校で学ぶべきだと考える教師は2割に満たない。医療的ケアを教員や介助員ができないという思い込みや、知っていたとしても医療的ケアの子どもの教育に対する抵抗が小中学校の体制整備を阻む可能性がある。

小中学校における医療的ケアの実施体制が整わなければ、保護者等に医療的ケアのための付き添いが要求されることが当然想定される。近年、文科省の主導で医療的ケアのための看護師の配置事業の拡充や医療的ケア実施体制構築の事業が進められているが、医療的ケアのある子どもとその保護者の人権保障として対応を急ぐべきである。医療的ケアの必要な児童生徒が小中学校で学ぶためには、現行で医療的ケアの実施可能な看護士の配置や介護派遣、介助員を含

む教職員への認定特定行為業務従事者の養成などの体制整備、そして将来的には安全面に配慮した上での医療的ケアの実施に対する規制緩和が必要であろう。

3−6. 学校基本情報との関連

付き添いのある学校とない学校の特徴を捉えるため学校基本情報を利用しながら探索的に分析を行った。

付き添いの有無を要因としたt検定を行ったところ、統計的に有意差がみられたのは、全児童・生徒数であった（$t = 7.75$, $df = 521$, $p < .01$）。付き添いのある学校の全児童・生徒数は小学校で平均421.5人（$SD = 282.8$）中学校で平均427.5人（$SD = 246.0$）であるのに対し、付き添いのない学校は小学校で平均249.0人（$SD = 241.3$），中学校で平均327.3人（$SD = 238.4$）であった。付き添いのある学校の方が子どもの数が多く、学校規模が付き添いを左右する重要な要因であることが明らかとなった。この結果は、適正規模校（12〜18学級）よりも小規模校（11学級以下）のほうがインクルーシブ教育のための権利保障や物的・人的環境整備がなされやすいという報告と一致する（照喜名・田中・細川、2017）。

なぜ学校規模が保護者等の付き添いを左右するのだろうか。藤島・吉岡（2017）は学校規模によって生じる特別支援教育の課題についてまとめている。小規模校では、少人数であるために教員も子ども同士も顔と名前のわかる関係性の中で，交流や支援・指導が行われていることがインタビューやアンケート結果から示唆された。普段から互いのことを知っていれば、関係性の中で必要な支援や変更を自然に行っていることも考えられる。一方、中・大規模校は教職員数の多さを活用して組織的な体制がとられていた。統計的有意差はないものの、中・大規模校は小規模校よりも特別支援教育に費やす時間的余裕や授業の工夫、支援のための教員人数の達成度が低かった。すなわち、児童生徒数が多いがために、組織的に動かざるを得ず、個別事例的な対応においても確認や相談などの手続きが入り込み、柔軟な対応が困難となっていることがうかがえる。中・大規模校で対応困難な隙間を埋めるために、保護者等に付き添いが求められている可能性が考えられる。

少人数であることは学級に在籍する子どもの行動にも影響を与える。山森（2013）は、学級規模と教師や子どもの振る舞いとの関係をレビューし、小規模学級（ここではおよそ13〜17人）のほうが子どもの授業態度が落ち着いており、競争よりも励ましあいが多く、学習規律を目的とした教師の働きかけが少ないことを示した。学級規模が小さい方が子ども達の学習行動や向社会的行動

に望ましい影響をもたらすメカニズムとして、山森は子ども同士が信頼でき安心できる人間関係への所属感を表す心理的コミュニティ感覚の育成を指摘する。しばしば、障害のある子ども達が共に学ぶ学級では、子ども同士が自然な関わりの中で、支援と呼ばれる行為をとっていることが報告される（たとえば片桐、2009）。これらの行動が生まれる背景には、コミュニティ感覚があるのかもしれない。小規模学級とコミュニティ感覚、また障害のある子どもとない子どもの関係性との関連は明らかにされていないが、検討の価値がある。

日本の小学校は26人〜30人学級が最も多く（31〜35人学級も僅差）、中学校では31〜35人学級が最も多く、先の学級人数よりも全体的に多い。先にも述べたように、イタリアの学校では障害のある子どもが在籍する場合は学級編成の上限は20人であり、障害のある子どもの多くが通常学級に在籍するイギリスにおいても、1学級25人前後の中に障害のある子どもを含めておよそ20％の特別な教育的ニーズをもつ子どもが在籍している（国立特別支援教育総合研究所、2011）。本調査は、学校全体の在籍児童生徒数を尋ねており、1学級あたりの人数については不明のため、学級の規模が問題なのかそれとも学校全体の規模なのか、またそれらの背景にある隠れた要因があるのか、本研究のみでは付き添いを促す要因を特定できない。しかしながら付き添いの廃止も含め、障害のない子どもが平等に教育を受けるためには、適正な集団規模の設定の議論の重要性が示唆された。

4．まとめと今後の課題

本研究は障害のある子どもの学校生活における保護者等の付き添いの実態を明らかにするため、兵庫県の小中学校を対象に調査を実施した。その結果、これまで報告されていた以上の付き添いの件数が明らかとなり、登下校や学校行事、突発的な事態における付き添いなど、調査されてこなかった付き添いの存在を浮かび上がらせることができた。障害の有無によって分け隔てられることのない教育のためには、合理的配慮として、登下校や学校行事などを含む全般的な支援体制を構築することが必要であるといえる。付き添いの多い学校は、全体的に児童生徒数が多かったことから、介助の必要な児童生徒のいる学校にのみ支援体制を整えるのではなく、教職員同士、また子ども達同士が柔軟に対応しコミュニティ感覚をもって学校生活が送れるよう、学校規模の適正化をはかる必要性も示唆された。このことが付き添いを減らしていくと考えられる。

本研究は、これまで日常的に認知され、事例的に報告されていた付き添いを、研究の俎上にあげたことに意義がある。本調査から得られた結果は、兵庫県に

限ったことではないだろう。今後は、全国を対象とした調査を実施し、付き添いの実態を捉えるとともに、付き添いなく安心して学べる学校のあり方、システムづくりについて議論する必要がある。

　本研究で明らかにできなかった今後の課題を最後に挙げる。本研究は、付き添いの内容を明らかにしたのみで、付き添いが児童生徒や保護者に及ぼす心理的影響について明らかにできなかった。親が付き添っているという事実が、障害のある本人に「親がいなければ何もできない」（川端、2017）という自己観を形成し、力や希望を失わせる（一木、2018）。また、付き添っている保護者等に対しても、個人モデルの障害観を促し、障害のない子どもの親とは異なる養育観が植えつけられ、障害のある家族が閉ざされた世界に追い込まれる可能性もある。今後は、本人や保護者等へのアンケートやインタビューから、付き添いの心理・社会的影響についても検討すべきである。

　また、保護者等に付き添いを促す学校側の状況や地域を含めた文化的風土についても追究する必要があるだろう。その上で、今後検討すべき点について、本調査の自由記述から得られた学校側の意見を最後に示す。「重度の肢体不自由児が1名います。食事もトイレも全介助です。言葉は出ません。母親が登下校のみ付き添いますが、あとは教員で何とか介助している状態です。手を取られています。それが『合理的配慮』になるのか疑問です。本来は特別支援学校が適当だと言われていますが、親の意向で本校に来ています。」。この意見からは、障害のある子どもの教育をどのように位置づけるべきか、教師の迷いが伺える。また、「合理的配慮をするならば基礎的環境整備が必要。子どもたちに対応していくには人が必要です。」という意見は、人手を必要とする学校がおかれた状況（例えば業務過多や学力評価の要求）を表している。「各学校間の情報交換や交流をおねがいしたい。どの学校も不安だと思います。」という意見のように、学校に情報が不足していることを表す回答も得られた。

　これまで障害のある子どもが、小中学校で、特に通常学級で学ぶことは、日本においては標準的でなかった。そのため経験のある障害者や教職員、学校は限られており、地域で学ぶための教育環境の変更・調整の実践の蓄積は少ない。しかしながら、共に学ぶ実践が豊富な地域や、研究会等、様々な資源がある。たとえば高木（2015）は教育研究集会で「共に育つ」分科会を立ち上げ、各学校で行われている様々な対応（たとえば、学級の人数を減らす、授業のない教師がプールのサポートに入るなど）の意見交換を行った。このように分散している共に学ぶ実践を共有しながら、障害のある子ども達を含む教育の意味や学校組織のあり方の再構築が望まれる。

注
（1） 千葉市地域で生きる会の高村リュウ氏が情報開示請求を行い，障害者権利条約批准・インクルーシブ教育推進ネットワークMLにて共有された資料に基づく。
（2） 2016年6月7日文科省特別支援教育課への電話にて確認。
（3） 転入者に伴う増加も考えられるが，本調査は文科省が調査を行った時期から8〜9ヶ月程度しか経っていない。そのため，転入学による誤差以上の違いがあると考えられる。
（4） ただし，保護者等が付き添わずとも，臨時職員の費用を保護者等が負担する例や（園田，2008），学校側から付き添えない場合は欠席となると伝えられた例があり（障害児を普通学級へ・全国連絡会，2015），付き添い以外にも障害のある子どもが非日常的な活動において参加が制限されている例もあるだろう。
（5）「トライやるウィーク」は兵庫県で行われている独自の職業体験学習である。

付録　本調査で用いた調査項目

学校基本情報
1　回答時における全児童生徒数をお答えください。
2　障害のある全児童生徒数をお答えください。障害のある児童生徒とは，特別支援学級に在籍している，通級による指導を受けている，もしくは学校教育法施行令第22条(3)に該当する者＜視覚障害者，聴覚障害者，知的障害者，肢体不自由者又は病弱者＞で通常学級に在籍している者）
3　障害のある児童生徒の内，自身で「医療的ケア」を行っている数をお答えください。（「医療的ケア」を行っている」とは，日常的に，経管栄養やたんの吸引などを自身で行っている者）
4　障害のある児童生徒の内，医療的ケアを必要としており，看護師など本人以外が行っている数をお答えください（「医療的ケア」を必要としている」とは，日常的に，経管栄養やたんの吸引などの医行為を受けている者）
5　貴校における教職員の人数をお答えください。支援員，介助員，看護師を除く）
6　貴校における支援員の人数をお答えください。支援員とは，非常勤の，特別支援教育支援員・介助員・補助員・サポーター等とよばれる者）
7　貴校において医療的ケアを必要とする児童生徒担当の看護師の人数をお答えください。
8　その他，学級担任やコーディネーター，支援員，介助員，看護士以外で，定期的に特別支援教育を担当する方がおられましたら，役割名と人数をお答えください。

付き添い（通常学級と特別支援学級に分けて付き添いの有無を質問した後，以下の項目に回答する。）
(1) 登下校も含め登校から下校まで終日，保護者等に付き添われている児童生徒数（ここで数えた児童生徒は，以下 (2)〜(7)の人数からは除いてください）
(2) 登下校（バス停までの送迎も含む）のみ，保護者等に付き添われている児童生徒数
(3) 日常生活の一部（給食・トイレなど）のみ，保護者等に付き添われている児童生徒数
(4) 一部の授業（水泳・体育，作業学習など）のみ，保護者等に付き添われている児童生徒数
(5) 日帰りの学校行事（遠足や社会見学）のみ，保護者等に付き添われている児童生徒数
(6) 宿泊を伴う学校行事（修学旅行やキャンプなど）のみ，保護者等に付き添われている児童生徒数
(7) 突発的な事態（看護師，介助員の病欠等）のみ，保護者等に付き添われている児童生徒数

引用文献

朝日新聞（2016）. 卒業一緒にできたね　朝日新聞　3月19日夕刊

Crowne, D.P. & Marlow,D.（1960）A new scale of social desirability independent of psychopathology. Journal of Consulting Psychology, 24, 349-354.

五位渕真美（2017）. 親の付き添いが条件であった高校生活について. 障害のある子どもの合理的配慮を考える集い－保護者の学校つきそいを中心に－　集会資料（2017年 5月11日）

北海道教育委員会（2011）. 就学や進路希望等に関する保護者アンケート調査結果報告書 <http://www.dokyoi.pref.hokkaido.lg.jp/hk/tkk/ankeito/anke_all.pdf>（2017年12月26日参照）

保坂知晃（2017）.「医療的ケア児」通学、保護者の 6 割同行　付き添い 7 年「心折れそう」朝日新聞　10月25日朝刊

藤嶋杏佳・吉岡恒生（2017）. 学校規模別にみた小・中学校での特別支援教育. 障害者教育・福祉学研究, 13, 29 - 37.

一木玲子（2012）. 特別支援教育とインクルーシブ教育の齟齬―障害児の「就学手続き」に関する法改正の問題とその批判―．公教育計画研究, 3, 40-56.

一木玲子（2018）. インクルーシブ教育から子どもの人権を考える. ヒューマンライツ, 358, 32-35.

片桐健司（2009）. 障害があるからこそ普通学級がいい.　千書房.

川端舞（2017）. 小・中学校時代の学校生活を親に付き添われて. 障害のある子どもの合理的配慮を考える集い－保護者の学校つきそいを中心に－　集会資料（2017年 5月11日）

河内清彦（2001）. 視覚障害学生及び聴覚障害学生に対し大学生が想起するイメージの意味構造: 性及び専攻学科との関連. 教育心理学研究, 49, 81-90.

国立特別支援教育総合研究所（2011）. 特別支援教育の在り方に関する特別委員会 資料6-1：イギリスにおける障害のある子どもの教育について
http://www.mext.go.jp/b_menu/shingi/chukyo/chukyo3/044/attach/1306642.htm（2018年 2月28日）

文部科学省（2013）. 障害のある児童生徒等に対する早期からの一貫した支援について（通知）. 25文科初第756号

文部科学省（2015）. 障害のある児童生徒の学校生活における保護者等の付添いに関する実態調査の結果
<http://www.mext.go.jp/a_menu/shotou/tokubetu/material/icsFiles/afieldfile/2015/10/22/1362940_01.pdf>（2016年 5月 5日）

文部科学省（2017）. 学校における医療的ケアの実施に関する検討会議（第1回）資料 3：学校における医療的ケアへの対応について
<http://www.mext.go.jp/component/a_menu/education/micro_detail/__icsFiles/afieldfile/2018/01/22/1399834_001.pdf>（2018年 2月27日）

中司利一（1987）．日本と韓国における大学生による肢体不自由児に対するイメージ．特殊教育学研究, 25, 29-42.

仁宮真紀・津島ひろ江・秋山淳子（2002）．通常学級で親が行う医療的ケアの実態とそのニーズ：人工呼吸器装着児の支援事例から．川崎医療福祉学会誌, 12, 285-295.

大内進・藤原紀子（2015）．イタリアにおけるインクルーシブ教育に対応した教員養成及び通常の学校の教員の役割．国立特別支援教育総合研究所研究紀要, 42, 85-96.

斉藤寛子・杉原里美（2017）．朝日新聞7月29日朝刊．

齋藤和俊（2015）．一緒にいることが当たり前の社会に．福祉労働, 146, 76-84.

園田二郎（2008）．障害のある子の林間学校に臨時職員付き添い 親が費用負担．朝日新聞11月1日朝刊．

障害児を普通学校へ・全国連絡会（2015）．障害児を普通学校へ．339

障害児を普通学校へ・全国連絡会（2018）．障害児を普通学校へ．361

高木千恵子（2015）．普通学校もあかんねん その11．障害児を普通学校へ．338

照喜名聖実・田中敦士・細川徹（2017）．八重山圏域におけるインクルーシブ教育達成度の学校規模別比較～インクルーシブ教育評価尺度（IEAT）と根拠となる実践事例から～ トータルリハビリテーションリサーチ, 4, 61-86.

東京新聞（2016）．障害児通学 付き添い悩む親 東京新聞08月02日 朝刊．

山森光陽（2013）．学級規模，学習集団規模，児童生徒―教師比に関する教育心理学的展望, 教育心理学研究, 61, 206-219.

謝辞

本調査は、兵庫県教職員組合にご協力いただき、兵庫県内の各学校で回答していただいた。片岡次雄氏、山崎秀子氏、北村恵子氏、豊田明枝氏には調査の実施や結果の解釈に多くの助言をいただいた。データ入力に際しては、三重大学教育学部矢野佑介氏にご助力いただいた。みなさまのご協力に感謝いたします。

（公教育計画学会員 三重大学、大阪経済法科大学、インクルーシブ（共生）教育研究所、熊本学園大学）

投稿論文

大阪労働学校における教育目的の変遷

奥村　旅人

1．はじめに―労働を考える／変える主体[1]をどのように形成するか―

　近年、労働法上の規制緩和を悪用した企業によって、若者が「使い潰される」事態が、深刻な社会問題として認知されるに至っている。厳しい労働環境が蔓延するなかで、その改善に向けて、働く人々の主体性をいかに形成するかということが、改めて重要な課題となっているように思われる。この課題に関わる議論は、近代的な労働がはじまって以来、様々な立場からなされてきた。

　本論では大阪労働学校（1922年-1937年、以下、大労校）に焦点を当て、第二次産業に従事する労働者が増大し、彼らが第一次世界大戦後の不況や労働管理の強化などによって厳しい労働環境に置かれた戦間期に、当時の知識人や労働運動家が、教育活動を通して、労働者の主体形成にどのように関わろうとしたのかを検討したい。大労校は、大学教員や研究所員、労働運動家などが、主に青年労働者[2]を対象として活発な教育活動を展開した機関であり、この課題について考えるにあたって適切な対象であると考える。戦前期労働者教育研究においても大労校は、主要な研究対象として位置づけられてきた。

　大労校に関する研究は、大原社会問題研究所（以下、大原社研）が発行した通史[3]によって、設立から閉校に至るまでの、校舎の変転、指導者層の変遷、学生の人数・属性に関わる記録や、学校関係者の大労校に関する記述、一部の講義内容が公開されたほか、社会教育学の領域で朝田泰や花香実らによって、また経済史の観点から和田強らによって、一定の蓄積がなされてきた[4]。

　朝田は、大労校の学生による自主的集団学習活動である、クラス会の分析を企図し、その際の視点として、クラス会の「性格」が「教授の性格」ひいては「大労校全体の性格」に影響されるため、それらの「性格」を分析する必要があるとする。朝田論文の成果は、その作業の過程で、戦前期の「労働者教育」における「大労校全体の性格」の特徴を明らかにしたことであると考える。朝田はそれを、「権力」からの「独立」と、「無産勢力」を教育活動によって「統

一」しようとする志向性としている。花香は、大労校と労働組合各派との関係性の考察や、他の「労働学校」との比較検討を通して、大労校の「歴史的意義と性格」を明らかにしようとした。花香はそれを、「独立労働者教育の立場を一貫」したこと、すなわち、「財政的・思想的に支配権力と資本から」独立したこととしている。朝田と花香は、いずれも「権力」や「資本」から「独立」した「労働者階級」独自の教育機関として、大労校を位置付けている。

和田論文は、大労校が「日本労働運動史の中に有する意義」を明らかにすることを目的とし、そのために、大労校に集った指導者、特に賀川豊彦と高野岩三郎の「労働運動観」を比較検討したものである。

これら先行研究によって、大労校の設立から閉校に至る歴史的事実が明らかにされ、また労働組合や行政・資本との関係という観点から、同時期の労働者教育における大労校の特質が検討されてきた。しかし、大労校に集った指導者が学習者をいかに変容させようとし、また学習者がいかに変容したのかといったことについて、関係者の具体的な思想や活動に立ち入って検討するような、いわば大労校の教育的役割に関する研究は、十分になされているとは言えない。

大労校は労働運動の台頭のなかでつくられた、運動を発展させるための機関であると同時に、大学教員、研究所員などの知識人が中心となって、多様な講義を提供した教育機関であった。大労校が果たした役割の検討にあたっては、それが当時の労働運動にいかに影響を及ぼしたのかという運動史的な観点とともに、社会教育的な観点が求められるはずである。ここで社会教育的な観点とは、一方で教育者側が大労校に通う青年労働者＝学生をいかに変えようとし、どのような教育内容を設定したのか（教育者側の視点）、他方で学生が教育者の意図や講義をどのように受け止め、またそこでの学習が彼らの生涯においていかなる意味をもったのか（学習者側の視点）という問いのもとに、大労校の教育機関としての側面を析出しようとすることを意味している。本研究では、こうした教育／学習をめぐる観点を設定したうえで、教育者側の働きかけ、具体的には、大労校の中心的指導者の言説と講義科目を分析し、大労校の教育目的を明らかにする。この作業を通して、大労校の指導者が、労働者の主体形成にどのように関わろうとしたのかということについて考察したい。

以下、2では、大労校の存続期間を運営体制の変遷に基づいて時期区分したうえで、各時期の大労校の教育目的に影響を及ぼしたと考えられる、中心的指導者を特定する。3、4では、中心的指導者の言説や講義科目などの分析を通

して、各時期の教育目的と、その変遷について検討する。5では、本論のまとめと今後の展望を示す。

2．大阪労働学校の概要と時期区分
（1）沿革と教育課程

1922（大正11）年、総同盟[5]の関係者として関西の労働運動の中心にいた、賀川豊彦、山名義鶴、村島帰之らによって、大労校が創立された。特に賀川は、創立費用に著書の印税を寄付し、主事[6]や講師の人選を行うなど、創立と初期の運営に大きな役割を果たした。校長には賀川が就任し、学校運営に関することは、創立の中心人物が話し合って意思決定していた[7]。

定員を超える入学者を集めて運営を始めた大労校だったが、翌年に賀川が大労校から遠ざかると、学校運営が不安定になった。山名が事務を引き継いだが、労働運動の中心的指導者だった彼は、争議の指導などに多忙で事務をこなせず、休講が続いた。これに不満を持った学生は、第4期入学者[8]の井上良二を中心に「学生委員会」を組織し、学校運営を自律的に行うようになった。その後「学生委員会」は「学校委員会」に改組され、合わせて2年余り学校を運営した[9]。

学生の自治運営によって学校は存続したが、講師を集める困難や、財政難などで運営は不安定になった。そのなかで1925（大正14）年9月、井上や山名らの働きかけで、大原社研[10]の高野岩三郎、森戸辰男らが大阪労働学校経営委員会（以下、経営委員会）を組織し、学校運営の意思決定を担うことになった。さらに同年12月、労働教育会[11]からの寄付を基に大阪労働教育会館を設立し、専用の校舎を得た。こうして指導者の組織的な意思決定機関と常置的な教育の「場」を得た大労校の運営は、財政的・組織的・設備的に安定したとみられる。

とはいえ、1931（昭和6）年の満州事変以降には国家主義・軍国主義的風潮が強まり、労働運動への逆風が激しくなるなかで、大労校が置かれた社会的環境も悪化した。官憲の監視が強まり、大労校に通ったことで逮捕される学生も出た[12]。さらには1937（昭和12）年に大原社研が東京に移転し、高野や森戸ら、学校運営の中核を担った指導者が学校を離れたことが決定的な打撃となり、大労校は同年11月、16年余りの歴史を終えた。

教育課程についても述べておく。大労校では3か月の「学期」ごとに入学者

を募り、学生は2学期を修了すると卒業が認められた。週3回、19時から21時まで2時間の講義が行われ、そこでは労働問題はもとより、広く教養や「社会科学」に関わる知識を涵養する講義が提供されていた。またその講義に関する学習のために学生が自主的に学習活動を組織し、継続的な活動を展開した。

（2）時期区分と中心的指導者

大労校の運営体制の変化に着目すると、①賀川の離脱と学生自治の開始、②経営委員会の創立という2つの転機が見出される。この転機を境にして、大労校の存続期間を創立期、学生運営期、経営委員会運営期の3つの時期に区分する[13]。以下、各期の状況を概観しつつ、各期の中心的指導者を特定する。

（a）創立期〔第1期（1922年6月-8月）－第2期（1922年10月-12月）〕

大労校を創立した指導者を中心に学校が運営された時期である。具体的には、創立の中心人物である賀川や山名、村島と主事の松沢兼人が、講師の招聘や講義科目の決定などを行った。彼らは不定期に会合を開いて意思決定を行っており、組織的な合議制ではなかった[14]。なかでも意思決定の中心にあったのは、講師や主事を選任し、大労校の「創立宣言」を執筆した賀川だと考えられる。

（b）学生運営期〔第3期（1923年4月-8月）－第9期（1925年9月-？月）〕

学生が運営を担った時期である。この時期は、賀川や松沢が大労校から離れ、学校の運営が不安定になった第3期から始まる。先述のように、山名らへの不満から労働者が代表を選出して学校の運営を自律的に行うこととなり、第4～6期は「学生委員会」が、第7、8期は「学校委員会」が、学校運営を担当した。上記両委員会の委員長は、井上良二であった。厳密には第3期は学生の運営ではないが、創立期の指導者がほとんど運営に関わっていないことと、「学生委員会」の母体となった「学生集会」の萌芽が見られる時期であることから、学生運営期に区分している。第9期に関しても、科目や講師などがほとんど変わらず、井上が中心となって運営したため、学生運営期に区分している。

（c）経営委員会運営期

〔第10期（1925年9月-11月）－第45期（1937年10月-11月）〕

指導者が経営委員会を組織し、運営した時期である。数カ月に一回委員会を開き、学校運営に関する意思決定を行っていた。経営委員会には延べ17人の指導者が参加している。その中でも、委員長を務めた高野岩三郎と、会計役を務めた森戸辰男は中心的な役割を担ったと言えるが、高野が長期療養（1930－32

年）し、その間森戸が「委員長代理」を担ったこと、森戸が第10期以降一度も欠かさず講義を行ったこと、学生から「実質的には森戸先生が校長」[15]と言われたことを考え合わせると、この時期に学校運営に関して実質的に中心的な役割を担っていたのは、森戸辰男であると考えられる。以下、賀川豊彦、井上良二、森戸辰男の言説分析を通して、各時期の教育目的を考察する。

3．創立期から学生運営期への変化
（1）創立期－賀川豊彦－

賀川は1888（明治21）年神戸市に生まれ、明治学院高等部神学予科から神戸神学校を卒業した。1910年代後半から友愛会に関わり始め、1921（大正10）年の三菱・川崎造船所大争議を指導するなど関西の労働運動の指導者的立場に立つ。翌年の大労校創立に、先述の通り中心的な役割を果たした。同年に日本農民組合を創立しており、1923（大正12）年以降は、農民運動と関東大震災被災地の救済運動に活躍の場を移した。1960（昭和35）年死去。

賀川は、大労校をどのように位置づけていたのだろうか。彼の起草になるとみられる「創立宣言」（1922）には、次のように述べられている。

> 我等は有産階級の独占から教育を解放すべきことを要求する、[…] 我等は、有産階級に奪はれた大学を奪還しなければならない。
> 併し学問は大学の専売でない、去勢された、学問を切売する馬肉屋の如き大学に何の真理が学び得やうか、我等は生きた大学を要求する。[16]

大労校は、「有産階級の」大学と対置する形で、無産階級のための「生きた大学」と位置づけられている。

また開校直前の1922（大正11）年5月には、労働学校が必要な理由として、「金の多少によつて大中小学の区別」があるせいで中等教育以降の教育を受けられない労働者に対する、中等教育の「補習教育」という役割を挙げている。

> 今日の義務教育が延長せられ、中等教育の程度にまで高められねばならぬ。補習教育が完成せられ、自治と自由と生活に必要なる技術に就て完全に教へられねばならぬ。[17]

投稿論文：大阪労働学校における教育目的の変遷——117

創立期の大労校は、概して教育機会に恵まれない労働者に対する、高等教育あるいは中等教育の代替、補完という役割を期待されていたという一面があったことがわかる。

大労校での教育を通して賀川が目指したのは、労働者の「知性」を涵養して「人格」を豊かにするとともに、それによって労働運動を、労働者の「人格」をつくるものへと「健全に」発展させることであった[18]。この目的のもとで賀川は、教育内容として「教養」を重要視する。

またこの目的において、教育の対象として想定されるのは組織労働者に限られない。賀川は、大労校が労働組合員養成機関となることを忌避している。

> 私は労働学校を、ただ戦争の為めの士官学校だけだと考へたくはない。私は、士官を作る前に先づ人間を作ることが真の教育のデモクラシーだと思ふて居る。すなわち人間そのものの外何の外部的の条件によつて人間を区別しないことが、デモクラシーの本質だと私は考える。

総じて、大労校は労働運動の流れのなかで創られた機関だったが、創立期には、教育機会に恵まれない労働者の「教養」を高めるための、中等教育・高等教育の補完・代替という役割を期待されていた側面があると言うことができるだろう。そのため教育内容も、労働組合に関する事項に必ずしも限定されず、「教養」的なものが重視されている（章末表1参照）。

（2）学生運営期－井上良二－

井上は1898（明治31）年高知県に生まれ、尋常小学校卒業後大阪へ移り、住友金属などの職工となる。1918年（大正7）年に友愛会に加入して組合運動に入ると、「野武士組」と呼ばれる戦闘的な労働組合員集団の一員として活動する。1923（大正12）年、第4期生として大労校に入学すると、学生委員会・学校委員会の委員長を経て、第8期から専任の主事になる。1931（昭和6）年に全国労農大衆党から大阪府議会選挙に当選した際に主事を辞任、同時に大労校の経営委員となり、閉校まで委員会に参加した。1975（昭和50）年死去。

学生運営期当時の井上における大労校の教育目的と位置づけを、1924（大正13）年から翌年にかけて発表した、「労働者教育に就て」を主に検討する[19]。

大労校の教育目的は、「非組織労働者」と「組織労働者」（以下、「」を外す）

に対してそれぞれ述べられている。非組織労働者に対する教育目的は、「組織的宣伝教育」である。井上は資本家の「勢力の集中」に危機感を示し、大労校の教育を通して、「大衆」（非組織労働者）の「階級意識」を鮮明にし、労働組合勢力を増大させる意図をもっていた。そこで想定された教育内容は以下のようなものである。

> 現在の支配階級が如何に横暴であり、残虐であるかを、見た時に、この貧と苦と餓との窮乏の中で何物かを、考へざるを得ないのだ。ここに自づから階級意識が生れて来る。

非組織労働者に資本家階級の「横暴」さを見せ、労働組合に呼び込むという行動様式は、労働組合が行った「オルグ」に似たものであると言える。

組織労働者に対しては、大労校は「戦術」を学ばせる機会であると認識されていたと言える。井上における労働者教育の目的は、「労働教育の予備的知識を備えること」であった。これを受けて学生運営期には、「労働組合の組織と統制」など労働組合、労働運動の「戦術」に関する科目が増加する（表1参照）。

井上は大労校を、これら二つの目的を果たすための「労働組合の一機関」「組合員養成機関」と位置づけている。労働者に対する「大学」教育、「中等教育」の機関として位置づけていた創立期の賀川とは、明確な違いが見られる。

学生運営期の井上における大労校像は、「労働者には教育のための教育、智識のための智識を求める必要はないのだ」という文章によく示されている。労働学校は組合の下部機関として組合員の養成と運動の拡大を目指す機関であり、そこで「学問」をすることは否定される。学生運営期は、「大学」「中等教育」機関として「教養」を中心とした教育を行おうとした創立期の大労校が、労働運動の宣伝、組合員養成機関に転換した時期だったと見ることができる。

両時期における学生の属性はどのように変化したのか。賀川、井上はそれぞれの文脈で非組織労働者をも教育の対象としたが、実際には両時期とも、基本的に入学は組合の推薦という形をとっている。それでも創立期には、非組織労働者が入学したという史料が残っているが、その詳細は明らかではない。

4．経営委員会の創立と指導者の多層化
（1）経営委員会の概要

表1　大阪労働学校の主な講義科目（筆者作成）[20]

	創立期	学生運営期	経営委員会運営期
教養	心理学 エスペラント		プロレタリア文化論／ロシア文芸論／民衆娯楽論／文化論
労働運動戦術／運動史・論		労働組合の組織と統制／労働組合論、社会運動史／日本労働運動史／日本農民運動史	社会運動史　労働組合論
社会科学	経済学　社会学	経済学　社会学　労働法制	経済学　政治学　財政学　労働法制　唯物史観／唯物史論／史的唯物論　社会思潮

　学生運営期に、財政難や講師難などで学校運営が不安定になると、山名義鶴や村島帰之ら創立期の中心人物と主事・井上は、1925（大正14）年5月に「大阪労働学校後援会」を、次いで9月に経営委員会を創立した。同委員会は講師と賛助者から委員を選出して組織され、委員長に大原社研所長の高野岩三郎が就き、委員には山名ら創立期の中心人物、河野密など学生運営期の講師に加え、森戸辰男ら大原社研の所員が選出された。主事である井上は加入しなかったが、委員会の会議には参加している（井上は主事辞任後の1931年に加入）。委員は創立当初は10人であり、1927（昭和2）年以降大原社研関係者らが加入して最終的には17人になった（表2参照）。

表2　経営委員一覧（筆者作成）[21]

初期	追加
高野岩三郎（経）森戸辰男（経）	松沢兼人（創 1927）林要（－1927）
後藤貞治（経）　細迫兼光（経）	河上丈太郎（経 1930）
山名義鶴（創）　村島帰之（創）	井上良二（学 1931）斉藤広（経 1936）
賀川豊彦（創）河野密（学）	上条愛一（－1936）笠信太郎（経 1936）
阪本勝（学）　小岩井浄（創）	

　なお、学生運営期には大労校から遠ざかっていた賀川も、経営委員会が組織されると委員会に出席し、また講義を行うようにもなる。創立期、学生運営期の指導者、そして経営委員会運営期に新加入した指導者が乗り合わせ、学校運営の方針を検討したのが経営委員会であった。

（2）経営委員会運営期－森戸辰男－

　森戸は1888（明治21）年広島県に生まれ、東京帝大を1914（大正3）年に卒業後、高野岩三郎研究室の助手を経て、1916（大正5）年に法科大学経済学科助教授。1920（大正9）年、「森戸事件」[22]によって失職し、大原社研に入所する。大労校には経営委員会が組織された第10期以降、講師、経営委員として関わる[23]。1984（昭和59）年死去。以下、1934（昭和9）年の「我国に於ける労働者教育について」[24]を主な史料として、森戸の教育目的を検討する。

　森戸においても労働者教育は、労働運動の一環として位置づけられる。森戸は労働運動を経済（労働組合運動）、政治（無産政党運動）、文化（「プロレタリア文化運動」）の各側面から捉え、労働者教育を経済・政治と文化の「接壌領域」としている。学生運営期の井上との相違点として注目すべきは、教育活動に独自の役割を期待していることである。労働者教育を組合運動に従属させるかたちで位置づけた井上とは、この点で異なる。森戸が労働学校に独自に期待したのは、「抽象的な観念操作の結果としてでも、無反省な自然発生的実際闘争の結果としてでもな」い、「社会科学的」な知識や思考様式の涵養であり、その知識や思考に基づいた、労働者の「意識の改革」であった。この目的のもと、森戸は「社会科学の学問」を重要視し、大労校を「系統的な社会科学を教授する」常設的な教育機関と位置づけている。

　注目されるのは、講義科目に「唯物史論」「社会思潮」といった科目が増設されることである（表1参照）。森戸が「社会科学」的科目を重視したことに加え、この時期に、森戸をはじめとした、いわゆる知識人が講師として急増することで、結果として大学の専門科目に類似した、「社会科学」科目が増加する。経営委員会運営期は、井上が距離を置いた「学問」が、教育内容として復権した時期と言うことができる。

　教育の対象に関しては、森戸は以下のように述べている。

　　労農大衆の社会科学的啓蒙の成否は、その（「健全な」労働運動の：引用者）隆替の岐れるところだ。
　　幹部またはその候補者の系統的な基礎的社会科学教育は、大衆の階級的教育と同様に、いなさし当りより緊切に、必要なのである。

　「大衆」（非組織労働者）と組合幹部を教育対象として想定しながらも、「大

衆」と接することの多い労働組合中小幹部が、「大衆」に対して「社会科学」に関する啓蒙をすることを期待し、組合幹部の教育を重視している。

なおこの時期には、井上の主張にも変化が見られる。1927（昭和2）年には、かつてその必要性を否定した「学問」について、以下のような態度をとる[25]。

> 講義の演り放し、聴き放しにせずに、講義に興味を持つように心がけ、生徒対講師の関係を民主化し、〔…〕（主事の役割は：引用者）講義内容の難解な字句を再度講師より安く解説さしたり、〔…〕実際問題、時事問題と結び付けて説明して貰ったり〔…〕

> （労働者の教育程度、気風を知らない講師に対して：引用者）労働者の生活環境、教育程度、性質等を告げ講義題目又はその講義の方法についても一々注意を申上げ、本当に労働者の究学心を満す様に努力せねばならない。

むしろ井上は、「学問」を教授する講義を労働者に理解させるための方法を考え、そのために講師批判を行う必要まで主張している。依然として「実際問題」に関する教育を重視する姿勢に変わりはないが、少なくとも、「学問」を重視する経営委員会の方向性に対して、否定的な態度を示してはいない。

経営委員会運営期は、「社会科学」を中心に「学問」を教える機関として大労校を位置付けた森戸らによって、「社会科学」的な科目が増加したほか、賀川や井上ら、以前の中心的指導者がこの経営委員会に乗り合わせたことによって、彼らがそれぞれ重視した「教養」「実際運動」に関する科目も教えられ、大労校の講義科目が多様化する（表1参照）。結果として、大労校は組合員養成機関としての講義内容をもつのと同時に、教養科目と専門科目（「社会科学」）を教える、中等教育・高等教育機関に類似した教育内容を持つようになる。

（3）1931－32年という画期

約13年続いた経営委員会運営期だったが、1931－32年に、運営体制や社会情勢に比較的大きな変動があった。一つは主事の交代であり、もう一つは柳条湖事件とその後の労働学校に対する逆風の強化である。

1931（昭和6）年、井上が大阪府議会選挙に当選し、主事を辞任することになった。後任は桑島南海士に決まり、翌年の第29期から着任した。桑島は

1905年（明治38）年大阪府に生まれ、尋常小学校卒業後、大日本麦酒などを経て住友製鋼所へ入所、1923（大正12）年に総同盟に加入し、1931（昭和6）年住友製鋼所争議を指導したことで解雇された人物である。1987（昭和62）年死去。

　この時期の変化としては、まず国家主義・軍国主義的風潮の高まりに応じた、官憲の監視の強化である。桑島が警察の「臨検」をかわしていたという証言や、学生に尾行がつき、逮捕されるものまでがいたという証言が残っている[26]。

　教育内容、講師にも若干の変化が見られる。井上や阪本勝など、学生運営期からの中心的講師が、政治活動に活動の場を移したのに代わって、河上丈太郎、中島重といったクリスチャンの知識人が参加するようになる。しかし、教育内容については、科目名を見る限りでは大きな変化はない。大労校の1年前に創立され、18年にわたって存続した、もう「一方の雄」[27]である日本労働学校が、1933（昭和8）年に「空漠たる社会科学を排し社会経済政治に関する実学を講ずる」[28]と教育内容を転換したのに比べると、目立った変化はないように見える。しかし、例えば大労校に多く関わった社会大衆党関係の知識人のように、この時期には大労校関係者の思想も変容していくのであり、実際には講義の内容に変化があったと推測される。この点は、主要講師の同時期の思想分析などから傍証的に検討する必要があり、今後の課題としたい。

　もう一つ、この時期の最も顕著な変化は、入学者における非組織労働者の割合の増加である。経営委員会運営期がはじまった第10期から、井上が辞任する第27期までの非組織労働者率が約2.7％であるのに対し、桑島が着任した第29期から閉校までの平均は、約43％にも上る[29]。この背景の一つには、井上と桑島の、非組織労働者の入学に関する考え方に相違があったことが推察される。井上が主事を務めていた第25期発行の「校報」には、以下の記述がある[30]。

　　本校第二十四期は去る四月中ごろより生徒の募集に取り掛り四月三十日を以って満員締切った。その間本校への規則書の請求されし者実に三百余名、直接来訪者百四十七名、これ等の方々は実に未組織大衆が大部分であって、殆ど入学を許す事ができなかった。今期の定員は主として組合に政党に今日既に加盟せる者より入学せしめ〔…〕[31]

　ここからは、井上主事時代の大労校が、「未組織」労働者の入学を拒否して

いたことがわかる。しかし主事が桑島に代わると、「未組織」労働者をも視野に入れた積極的な宣伝活動が行われるようになる。例えば1932（昭和7）年の「校報」には、「新学期生徒募集ポスタ張」[32]の打ち合わせの様子が紹介されている。

ほかにも、非組織労働者の「学び」に対する配慮から「一般労働者の勉学に便ならしむるため」の「読書の栞」を作成することが決議されたり[33]、1934（昭和9）年の校舎改装の際には、新校舎・大阪労働教育会館の規定のなかで大労校の目的を「一般無産者及ビ無産階級運動ニ必要ナル知識ノ普及ノ為」[34]と定めるようになる。主事交代後の大労校は、理念、実態ともに、対象を組織労働者に限定しない、非組織労働者に開かれた教育機関になっていったと言える。

5．おわりに

以上検討してきた大労校の教育目的の変遷をまとめると、表3のようになる。

表3　大阪労働学校の教育目的の変遷（筆者作成）

	目的	学校の位置づけ	教育内容	教育対象
創立期	「知性」の涵養「人格」の向上	労働者のための「大学」	教養	労働者一般
学生運営期	組合運動の組織的宣伝	組合員養成機関	戦術	組織労働者／非組織労働者
経営委員会運営期	「社会科学的思考」を通した「意識の改革」	常設的教育機関	社会科学	「中小幹部」→非組織労働者をも重視

創立期には、大労校は、賀川豊彦ら学校設立に関わった指導者によって、労働運動家の養成よりはむしろ、労働者の「知性」「人格」の涵養を目的とした、教育機会に恵まれない労働者たちのための高等・中等教育機会の補完・代替機関としての役割を与えられた。そこでは教育内容として、「教養」が重視された。それに対して学生運営期には、労働運動家・井上良二らによって、大労校は労働運動家の養成を目的とした、労働組合の一機関と位置付けられ、その目的のもとで労働運動の「戦術」の教授が重視されるようになった。そして経営委員会運営期には、経営委員会の中心となった、森戸辰男ら大原社研の所員たちによって、労働者の「意識の改革」を目的に、「社会科学」を教授する常設的教育機関としての教育体制が整備されるとともに、従来の指導者が経営委員

会に参加したために、大労校は「教養」「戦術」をも教授する、多様な目的が並立する教育機関となった。また1931－32年の主事交代以降には、教育対象として労働組合に属さない労働者を重視するようになった。

　大労校の教育目的は、学生運営期においては、「宣伝」と「戦術」の教授を通した労働組合員の養成であり、いわば「労働者階級」に帰属、同化した、労働運動の主体的な担い手を増加させることであった。その一方で、創立期と経営委員会運営期における教育目的は、「教養」「社会科学」の知識を涵養することで、「知性」や「思考」の能力を高めようとするなど、個人の変容を射程に入れたものであったと考えられる。特に、約13年にわたって続いた経営委員会運営期には、労働者に「社会科学的」な知識を提供することで、個々の労働者が社会を捉えるための思考枠組みを獲得することを目指していた一面があると言える。以上を踏まえると、大労校の指導者の教育目的には、「労働組合」「労働者階級」といった集団への帰属や同化、すなわち労働運動に参加する「労働者」としての主体性の形成にとどまらず、個々の労働者が社会や労働について考えるための道具を、教育活動を通して提供し、一人の「個人」としての主体性を形成しようとする側面が含みこまれていたとまとめることができる。労働組合や資本・行政との関係に着目して大労校の性格を検討した先行研究においては、注目されなかった側面が明らかになったと言えるだろう。

　本論においては、大労校の教育目的の変遷をたどることによって、大労校の中心的指導者たちが労働者の主体形成にどのように関わろうとしたのかについて検討してきたが、今後の課題としては、学習者の視点から大労校の意味や可能性を問うことが残されている。大労校での教育／学習活動を通した学生＝労働者の変容や、学生や彼らの学習活動における、指導者の意図や目的の受け止められ方などに関する検討を行ったうえで、本論での考察と合わせて、大労校の教育的役割について総合的に検討したい。

　さらには、大労校以外の機関も含めた歴史的な検討を踏まえた上で、今後の展望としては、生涯を充実したものとしていくことに寄与し得る教育の「場」とはどのようなものか、という課題について考察していきたい。劣悪な労働環境が蔓延し、かつ労働問題の個人化が進む現代社会においては、教育／学習活動を通した、個々の青年労働者の主体形成の論理について考察する必要があるように思われる。特に厳しい労働環境にある、派遣労働や非正規労働、「名ば

かり正社員」などの雇用に従事する青年労働者は、それぞれの文脈で、例えば労働運動の機能不全や労働に関する権利や法についての知識不足、周囲の無理解に起因する問題、すなわち、青年労働者側の権利行使が、周囲の労働者により「常軌を逸した」行動とみなされるとともに、そうしたレッテルを青年労働者自身が内面化してしまうといった、「障壁」に突き当たっていることが想定される。この状況を打開するにあたって、労働を考える／変える主体の形成に資するような教育／学習活動[35]とはどのようなものなのかを考えていきたい。

註
（1）「労働を考える／変える主体」という表現に関して、確かに「考える」ことはすぐに「変える」ことに結びつくとは限らない。しかし一方で、「考える」ことを通じて「変える」必要を認識することなくして「変える」ことも（無意識的におのずと「変わる」という場合を除いて）難しい。その意味で、「考える」ことは「変える」に先行する必要条件となる。自分の人生における労働の意味を熟考する姿勢を身につけていく過程を主体性の形成過程と考えるならば、教育活動／学習活動がその過程にどのように寄与し得るかを、本論では、歴史上の具体的な対象に即して考察していきたい。
（2）本論において「青年労働者」は、10代から20代前半にかけた学校卒業後から、30歳前後までの、賃労働に従事する人々を指して用いている。
（3）法政大学大原社会問題研究所（以下、大原社研）編『大阪労働学校史』法政大学出版部、1982。
（4）朝田泰「労働学校研究－大阪労働学校－」『日本社会教育学会紀要』13、1977、pp.39-46、花香実「大阪労働学校の歴史的意義と性格」前掲大原社研編『大阪労働学校史』、pp.334-373、和田強「賀川豊彦と高野岩三郎－大阪労働学校の労働者教育思想－」住吉一彦・和田強編著『歴史への視線』日本経済評論社、1998、pp.239-270。その他大労校に言及している論考に、「戦前期の労働者教育」を整理するなかで大労校の教育内容に触れた黒崎征佑「戦間期の労働者教育」（『帝京平成大学紀要』11（2）、1999、pp.1-8）や、大労校の講師であった戯曲家・阪本勝の作品に現れた思想の分析にあたって、大労校での彼の活動や「労働教育」に関する思想を検討した柚谷英紀「阪本勝『洛陽飢ゆ』『戯曲資本論』試論」（『日本文芸研究』65（1）、2013、pp.49-71）などがある。
（5）総同盟は労働組合の全国団体であり、正式名称は日本労働総同盟。詳しくは総同盟五十年史刊行委員会編『総同盟五十年史』（同会、1964-1968）を参照。
（6）主事は、学校に常駐して事務を行う役職であった。講師との連絡や備品の確認などは主事が行った。加えて、講義やクラス会に出席するなど、労働者の立場で学校に参加する一方、経営委員会に出席して中心的指導者の

考えを理解するよう努め、いわば中心的指導者と労働者の橋渡し的な役割をも担った。
(7) 前掲大原社研編『大阪労働学校史』、p.243。
(8) 大労校では、3カ月の講義を1学期としていた。この学期は第〇期と数えられ、学生の募集や記録を残すときの単位になっていた。本論で第〇期と記すとき、1つ目の学期から数えて、〇回目の学期であることを示している。
(9)「学生委員会」は、学生の中から委員長・会計など5人を選出して組織され、「学校委員会」は委員長・会計・委員3人の5人を選出して組織された。
(10) 1919（大正8）年2月に大原孫三郎が創立した社会問題の調査・研究機関。初代所長は高野岩三郎で、森戸辰男や後藤貞治など大労校の講師が多く在籍した。詳しくは大原社研『大原社会問題研究所五十年史』（同所、1970）を参照。
(11) 労働教育会は、社会思想社（新人会のOBを中心とした思想研究団体）の内部に設置された、有島武郎の遺産管理を目的の一つとする組織である。同会は有島の遺産の一部を労働教育事業援助に充てることにし、その一環として大労校に対しても寄付が行われた（社会思想社『社会思想』4（2）、1925）。
(12) 山崎宗太郎「聞き取り調査」。この音声史料は1983年に山崎が戦前期の自己を振り返ったものであり、大阪産業労働資料館（通称、エル・ライブラリー）に所蔵されている。以下、この音声史料からの引用については、煩雑さを避けるために引用部分の音声史料全体の中での位置（何分何秒目か）を示さない。
(13)『大阪労働学校史』では、大労校の存続期間の前半10年を、創立期、動揺期、確立期、安定期と区分している。運営体制の変遷と学校運営の状態に着目した区分であると思われるが、第28期以降が時期区分に含まれていない。そこで本稿では、運営体制の変遷を基準として時期区分する視点を受け継ぎつつ、新たに独自の区分を設けた。
(14) 前掲大原社研編『大阪労働学校史』、p.243。
(15) 村上桃二「私の大阪労働学校時代」前掲大原社研『大阪労働学校史』、p.264。村上は大労校の第27期入学者。
(16) 前掲大原社研編『大阪労働学校史』、p.18。
(17) 賀川豊彦「労働組合と教育の改造」『労働者新聞』第六一号、1922。
(18) 賀川は、当時労働運動に影響を及ぼしていた、ストライキや暴力革命を志向するサンジカリズムの思想に対して、このような労働運動観を提示している。
(19) 井上良二「労働者教育に就て」『労働者新聞』第百廿三号、1924.12、同百三十四号、1925.4、同百三十五号、1925.7。
(20) 創立期と学生運営期については複数回講義された科目を、経営委員会運営期は10回以上講義された科目を掲載している。また、内容が類似していると考えられる科目は合算している。

(21) （）内の「創」は創立期から「学」は学生運営期から「経」は経営委員会運営期から主要な指導者になったことを意味する。数字は経営委員会への加入年。
(22) 1920（大正9）年、『経済学研究』に森戸が発表した論文が新聞紙法に抵触するとされ、森戸が退職に追い込まれたうえ、逮捕・起訴された思想弾圧事件。
(23) 森戸の経歴については、森戸辰男『思想の遍歴 下 社会科学者の使命と運命』（春秋社、1975、p.32）を参照した。
(24) 森戸辰男「我国に於ける労働者教育について（上）」『月刊大原社會問題研究所雑誌』（以下、『雑誌』）1（2）、1934、pp.1-27、同「我国に於ける労働者教育について（中）」『雑誌』1（3）、1934、pp.1-13、同「我国に於ける労働者教育について（下）」『雑誌』1（4）、1934、pp.11-19。
(25) 井上良二「労働者の実際教育方法私見」前掲大原社研編『大阪労働学校史』所収、pp.204-209。
(26) 前掲山崎「聞き取り調査」。
(27) 前掲花香「大阪労働学校の歴史的意義と性格」、p.371。
(28) 『労働』、1933.3。
(29) 大原社研編『大阪労働学校史』（pp.2-134）に収録された、各学期の入学者の属性に関する記録をもとに算出した。
(30) この文章は無記名だが、同文書内の別の個所で、森戸を「森戸氏」と呼称する一方で井上を「井上」としていることから、執筆者は井上であると推測する。
(31) 大阪労働学校「校報」第二号、1930.5（大原社研所蔵）。
(32) 大阪労働学校「校報」No.11、1932.12（広島大学文書館所蔵）。
(33) 前掲大原社研編『大阪労働学校史』、p.150。
(34) 「大阪労働教育会館規定」前掲大原社研編『大阪労働学校史』所収、p.153。
(35) 「教育／学習活動」というとらえ方に関連して、「教育」による「啓蒙」ということがら自体が近代的な支配の様式でないかと問うことも可能だろう。また「主体性」という概念も、それ自体が研究テーマとなるものである。「教育する側」「啓蒙する側」の意図が、「教育される側」「啓蒙される側」の意図・意識に関わらず、貫徹されていくならば、それは有形・無形の権力の行使と言わざるを得ない。しかし、「註1」に記したように、「教育される側」が、自己と自己の人生について自ら「考え」、自己自身と自己を取り巻く状況を「変え」ていく過程に寄与するような、即ち、自ら「学ぶことを学ぶ」過程に寄与するような作用・働きかけの存在を全否定することもまた、適切なこととは言えないだろう。

(公教育計画学会員　京都大学大学院・院生)

投稿論文

コミュニティ・スクール指定解除校の動向と指定解除要因に関する一考察

大橋　保明

1．問題の所在

　2004年度4校、2005年度17校でスタートしたコミュニティ・スクール（学校運営協議会を置く学校、以下CS）は、2017年4月1日現在、幼稚園115校、小学校2,300校、中学校1,074校、義務教育学校24校、中等教育学校1校、高等学校65校、特別支援学校21校の計3,600校（前年度比794校増）を数え[1]、第2期教育振興基本計画で示された「2017年度までにコミュニティ・スクールを全公立小中学校の1割（約3,000校）にまで拡大」するという量的目標は達成された。2015年12月の中央教育審議会答申「新しい時代の教育と地方創生の実現に向けた学校と地域の連携・協働の在り方と今後の推進方策について」を踏まえ、学校運営協議会設置の努力義務化等が盛り込まれた改正「地方教育行政の組織及び運営に関する法律」が2017年4月1日より施行されたことにより[2]、引き続き小・中学校を中心としたCS導入校の量的拡大が見込まれる。また、神奈川県教育委員会「県立高校改革実施計画（全体）」（2016年1月）に全ての県立高校にCS指定する計画が盛り込まれたことや熊本県教育委員会が2017年度中に県立高校と特別支援学校の全65校をCS指定し、「防災型コミュニティ・スクール」として災害時の避難者の受け入れなどについて学校と地域住民で話し合う体制を作ろうとしていること等に見られるように、これまでCS指定の進まなかった幼稚園や高等学校、特別支援学校へのCS導入を各教委が積極的に検討するなど質的変化を伴った量的拡大も予想される。

　こうした右肩上がりの量的拡大の陰で、統廃合や何らかの事情によりCS指定校が消除されてきたことはあまり知られていない。こうした学校に早い時期から着目してきた大橋（2016）は、統廃合や休校に伴いCS指定が必然的に解消された学校を「コミュニティ・スクール指定解消校」（以下、CS指定解消校）、学校は存続しているもののコミュニティ・スクールの指定が解除された学校を「コミュニティ・スクール指定解除校」（以下、CS指定解除校）と定義してい

る。前者のCS指定解消校については、同改正法第47条の5第2項で、「二以上の学校の運営に関し相互に密接な連携を図る必要がある場合として文部科学省令で定める場合には、二以上の学校について一の学校運営協議会を置くことができる」と規定されたことにより、複数の小規模校や同一中学校区における小中一貫校や義務教育学校での合同設置等が可能となり、2015年以降の学校適正規模・適正配置政策とも関連して、CS減少促進要因として認識できる。さらに、文科省の学校適正規模・適正配置政策とともに影響を与えているのが、総務省の「公共施設等総合管理計画」である。山本（2017）は、「学校統廃合の方途として小中一貫校制度が用いられている状況、特に、2014年度から総務省がすべての自治体に求めた「公共施設等総合管理計画」によって、全国で公共施設の削減を目的とした小中一貫校計画が出現している」ことを問題視している。この指摘はコミュニティ・スクールに関してのものではないが、学校教育法の改正に伴い2016年4月から設置可能になった義務教育学校の多くがCS指定されている現状を踏まえれば（【表1】2017年度CS義務教育学校一覧）、文科省「小中一貫教育・学校施設の複合化に関する施設計画・設計プロセス構築支援事業[3]」と合わせてその影響を注視していく必要がある。

後者のCS指定解除校については、該当校数も少なく、改正地教行法第47条の6で「対象学校の運営及び当該運営への必要な支援に関する協議の結果に関する情報を積極的に提供するよう努めるものとすること」と情報の提供や公開が法定化されたものの、各校の詳細についてなかなか把握できない状況にある。また、学校運営協議会設置の努力義務化により、今後CS指定解除校は出現しなくなると考えられるが、学校運営協議会制度の改善や充実に向けては、CS指定解除校の動向把握とCS指定解除要因等の分析が不可欠である。

そこで本稿では、2017年度のCS導入・推進状況[4]とCS学校規模、特に学校統廃合の対象になりやすく、先行してCS指定解除・解消が行われると考えられる「極小規模CS（小学校1〜39人程度、中学校1〜14人程度）」（大橋2016）[5]の現況を整理したうえで、CS指定解除校の動向と指定解除要因の一端を示したい。

2．コミュニティ・スクールの学校規模に関する量的把握
（1）校種別CS指定校および極小規模CS校の学校規模

全国の公立小学校数は、2017年度19,794校（前年度比▲217校）で、10年前

の2007年度22,420校から2,626校減少している。また同様に、全国公立中学校数も2007年度10,150校から2017年度9,479校（前年度比▲76校）へと671校減少している。合計すると全国公立小中学校数は、2007年度32,570校から2017年度29,273校へこの10年間で3,297校減少しており、年平均約330校のペースで義務教育段階の学校が減り続けている。『学校の適正規模・適正配置等に関する手引き』（以下、『手引き』）の直接的影響を考えるのは時期尚早かもしれないが、2005～2015年度の10年間の減少幅が3,155校であったことからすると、前述の「公共施設等総合管理計画」とも関係しながら、今後『手引き』の趣旨に沿った学校統廃合政策が全国的に加速することが予想される。

【表1】2017年度CS義務教育学校一覧

都道府県	市町村	学校名	CS設置日	児童・生徒数
北海道	斜里町	知床ウトロ学校	H29.4.1	80
	占冠村	トマム学校	H28.5.1	6
	中標津町	計根別学園	H29.4.1	131
岩手県	大槌町	大槌学園	H28.4.1	627
山形県	新庄市	萩野学園	H28.4.1	400
栃木県	小山市	絹義務教育学校	H29.4.1	297
千葉県	市川市	塩浜学園	H28.5.12	348
神奈川県	横浜市	霧が丘義務教育学校	H28.4.1	950
		西金沢義務教育学校	H29.4.1	625
長野県	信濃町	信濃小中学校	H28.4.1	580
岐阜県	羽島市	桑原学園	H29.4.1	165
	白川村	白川郷学園	H29.4.1	127
広島県	府中市	府中明郷学園	H29.4.1	306
		府中学園	H29.4.1	905
高知県	高知市	行川学園	H28.4.1	41
		土佐山学舎	H28.4.1	141
佐賀県	多久市	東原庠舎西渓校	H28.4.1	291
		東原庠舎東部校	H28.4.1	345
		東原庠舎中央校	H28.4.1	844
	大町町	大町ひじり学園	H28.4.1	456
熊本県	高森町	高森東学園	H29.4.1	40
大分県	大分市	碩田学園	H29.4.1	1,026
鹿児島県	出水市	鶴荘学園	H29.4.1	55
	南さつま市	坊津学園	H29.4.1	140

（文科省「コミュニティ・スクール導入・推進校一覧」（各年）等をもとに著者作成。平成29年4月1日現在）
注）長野県大町市立美麻小中学校については、CS一覧中に義務教育学校として記載されていないため除外した。

次に、2017年度の校種別CS指定校の学校規模および極小規模CS小中学校の割合について整理する。2017年度のCS小学校数は2,300校であり、児童数の平均は315人だった。児童数の範囲は、山口県萩市立木間小学校（H27.4.1）の1人、山口県山口市立串小学校（H23.4.1）および奈良県上北山村立小上北山小学校（H26.4.1）のそれぞれ2人から、岡山県岡山市立西小学校（H24.10.1）1,219人、京都府京都市立御所南小学校（H16.11.26）1,252人であり、CS小学校全体に占める極小規模CS小学校225校の割合は9.8%だった。

　2017年度のCS中学校数は1,074校であり、生徒数の平均は310人だった。生徒数の範囲は、山口県萩市立相島中学校（H26.4.1）の2人、山口県萩市立木間中学校（H27.4.1）の3人から、三重県鈴鹿市立白子中学校（H23.4.1）の1,073人、京都府京都市立神川中学校（H28.4.28）の1,118人であり、CS中学校全体に占める極小規模CS中学校33校の割合は3.1%だった。

　2017年度のCS幼稚園数は115校であり、園児数の平均は60人だった[6]。園児数の範囲は、島根県出雲市立乙立幼稚園（H25.6.28）の2人、岡山県岡山市立角山幼稚園（H24.4.1）の5人から、神奈川県開成町立開成幼稚園（H27.4.1）の180人、岡山県岡山市立吉備東幼稚園（H24.1.1）の191人だった。

　2017年度のCS高等学校数は65校であり、生徒数の平均は578人だった。生徒数の範囲は、山口県立学校萩高等学校奈古分校（H29.4.1）の39人、北海道ニセコ町立ニセコ高等学校（H29.4.1）の72人から、神奈川県立学校相模向陽館高等学校（H29.4.1）の1,100人、神奈川県立学校市ケ尾高等学校（H29.4.1）の1,185人だった。

　2017年度のCS義務教育学校数は24校であり、児童生徒数の平均は294人だった。児童生徒数の範囲は、北海道占冠村立トマム学校（H28.5.1）の6人、熊本県高森町立高森東学園（H29.4.1）の40人から、神奈川県横浜市立霧が丘義務教育学校（H28.4.1）の950人、大分県大分市立碩田学園（H29.4.1）の1,026だった。極小規模CS義務教育学校を2～53人程度と定義した場合[7]のCS義務教育学校全体に占める割合は、12.5%だった。

　2015年度／2016年度／2017年度の極小規模CS小学校数はそれぞれ133校／165校／225校、また同様に、極小規模CS中学校数はそれぞれ25校／28校【表2】2016年度極小規模CS中学校一覧）／33校【表3】2017年度極小規模CS中学校一覧）だった。2015年度の極小規模CS小学校133校および極小規模CS中学校25校のうち、小学校6校、中学校2校の計8校が、また、2016年度の

極小規模CS小学校165校および極小規模CS中学校28校のうち、小学校 8 校、中学校 3 校の計11校が当該年度末までに統廃合により閉校しており、今後もこうした極小規模CS指定解消校は増えていくことが予想される。

（2）CS指定解除・解消校の学校規模

次に、CS指定小・中学校のうち、どれくらいのCS指定校が統廃合等で解除・解消されているかについて具体的に考察する。大橋（2017）は、前述した

【表2】2016年度極小規模CS中学校一覧

都道府県	市町村	中学校名	CS指定日	児童数		
北海道	壮瞥町	久保内中学校	H27.4.14	11	北海道	1
山形県	小国町	叶水中学校	H28.4.1	3	山形県	1
東京都	利島村	利島中学校	H24.4.1	3	東京都	1
滋賀県	長浜市	杉野中学校	H24.4.1	9	滋賀県	1
京都府	京都市	宕陰中学校	H19.11.29	4		
	京都市	花背中学校	H19.10.1	7	京都府	2
奈良県	上北山村	上北山中学校	H26.4.1	8	奈良県	1
山口県	岩国市	美川中学校	H25.7.11	1		
	萩市	相島中学校	H26.4.1	2		
	周南市	中須中学校	H24.4.1	3		
	萩市	木間中学校	H27.4.1	3		
	周防大島町	情島中学校	H25.4.1	5		
	萩市	見島中学校	H26.4.1	5		
	防府市	野島中学校	H24.5.1	6		
	萩市	川上中学校	H26.4.1	12		
	周南市	鼓南中学校	H24.4.1	13		
	萩市	三見中学校	H26.4.1	14		
	萩市	大島中学校	H27.4.1	14	山口県	11
徳島県	美波町	由岐中学校伊座利分校	H19.7.27	9	徳島県	1
高知県	いの町	神谷中学校	H27.4.1	12		
	中土佐町	上ノ加江中学校	H25.4.1	12		
	大川村	大川中学校	H24.4.1	14	高知県	3
熊本県	高森町	高森東中学校	H25.12.1	14	熊本県	1
大分県	豊後高田市	田染中学校	H28.3.31	11		
	別府市	東山中学校	H28.4.1	13	大分県	2
宮崎県	都城市	白雲中学校	H26.4.1	4		
	都城市	夏尾中学校	H25.4.1	11		
	都城市	笛水中学校	H25.4.1	11	宮崎県	3

（文科省「コミュニティ・スクール指定校一覧」（各年）等をもとに著者作成。平成28年4月1日現在）

計 28

CS指定解除校とCS指定解消校の定義にもとづき、2015年度末までに「CS指定解除校が20校（幼稚園1園、小学校7校、中学校12校）、CS指定解消校が69校（幼稚園7園、小学校48校、中学校14校）」存在することを明らかにして

【表3】2017年度極小規模CS中学校一覧

都道府県	市町村	中学校名	CS指定日	児童数		
北海道	富良野市	麓郷中学校	H29.4.1	7	北海道	2
	富良野市	布部中学校	H29.4.1	9		
山形県	小国町	叶水中学校	H28.4.1	7	山形県	1
福島県	天栄村	湯本中学校	H29.4.1	8	福島県	1
東京都	利島村	利島中学校	H24.4.1	4	東京都	1
三重県	御浜町	尾呂志学園中学校	H20.5.1	13	三重県	1
滋賀県	長浜市	杉野中学校	H24.4.1	11	滋賀県	1
京都府	京都市	宕陰中学校	H19.11.29	5	京都府	2
	京都市	花背中学校	H19.10.1	10		
奈良県	上北山村	上北山中学校	H26.4.1	6	奈良県	1
山口県	萩市	相島中学校	H26.4.1	2		
	萩市	木間中学校	H27.4.1	3		
	周防大島町	大島中学校	H25.4.1	5		
	山口市	大内中学校氷上分校	H24.4.1	6		
	萩市	見島中学校	H26.4.1	6		
	防府市	野島中学校	H24.5.1	7		
	山陽小野田市	竜王中学校松原分校	H28.4.1	9		
	萩市	川上中学校	H26.4.1	11		
	美祢市	豊田前中学校	H21.4.1	12		
	周南市	鼓南中学校	H24.4.1	12		
	萩市	大島中学校	H27.4.1	12		
	岩国市	本郷中学校	H25.6.22	14		
	萩市	三見中学校	H26.4.1	14	山口県	13
徳島県	美波町	由岐中学校伊座利分校	H19.7.27	6	徳島県	1
高知県	四万十市	蕨岡中学校	H26.4.1	12		
	大川村	大川中学校	H24.4.1	13		
	中土佐町	上ノ加江中学校	H25.4.1	14	高知県	3
大分県	豊後高田市	田染中学校	H28.3.31	11		
	豊後高田市	河内中学校	H19.5.1	13	大分県	2
宮崎県	都城市	笛水中学校	H25.4.1	5		
	都城市	白雲中学校	H26.4.1	7		
	都城市	西岳中学校	H25.4.1	10		
	都城市	夏尾中学校	H25.4.1	13	宮崎県	4

(文科省「コミュニティ・スクール導入・推進校一覧」（各年）等をもとに著者作成。平成29年4月1日現在)

計 33

【表4】2016年度CS指定解除

	都道府県名 指定都市名	市区町村名	学校名	CS指定日	理由
平成28年度末 （平29.03.31）	栃木県	小山市	梁小学校	H27.4.1	閉校
	千葉県	香取市	栗源小学校	H23.9.1	
			栗源中学校	H23.9.1	
	東京都	世田谷区	花見堂小学校	H21.4.1	閉校
	神奈川県	横浜市	釜利谷西小学校	H20.9.1	
			西金沢中学校	H20.9.1	
			深谷台小学校	H26.4.1	閉校
	新潟県	上越市	下保倉小学校	H24.4.1	閉校
			末広小学校	H24.4.1	
			中保倉小学校	H24.4.1	閉校
	長野県	長和町	和田中学校	H23.4.1	閉校
	岐阜県	岐阜市	徹明小学校	H27.4.1	閉校
			木之本小学校	H27.4.1	閉校
		白川村	白川小学校	H25.10.1	
			白川中学校	H25.10.1	
	三重県	いなべ市	立田小学校	H19.6.1	閉校
	京都府	京都市	開智幼稚園	H25.6.28	閉園
			二の丸北小学校	H19.3.9	閉校
			醍泉小学校	H21.9.18	閉校
			淳風小学校	H26.4.10	閉校
	島根県	出雲市	岐久小学校	H18.12.26	閉校
			田儀小学校	H18.12.26	閉校
	岡山県	岡山市	小串幼稚園	H21.9.1	休園継続
			大宮幼稚園	H21.9.1	休園継続
			朝日幼稚園	H21.9.1	休園継続
			馬屋上幼稚園	H24.9.1	休園継続
	広島県	府中市	府中明郷小学校	H26.4.1	
			府中明郷中学校	H26.4.1	
			府中小学校	H28.4.1	
			府中中学校	H28.4.1	
	山口県	岩国市	玖珂中央小学校	H26.10.28	閉校
			美川中学校	H25.7.11	休校
		下関市	神田小学校	H26.7.1	
		美祢市	東厚小学校	H26.4.1	閉校
			川東小学校	H26.4.1	閉校
		周南市	中須中学校	H24.4.1	休校
		周防大島町	情島小学校	H25.4.1	休校
			情島中学校	H25.4.1	休校
	佐賀県	多久市	中央小学校	H28.4.1	
			中央中学校	H28.4.1	
			東部小学校	H28.4.1	
			東部中学校	H28.4.1	
			西渓小学校	H28.4.1	
			西渓中学校	H28.4.1	
	熊本県	高森町	高森東小学校	H25.12.1	
			高森東中学校	H25.12.1	
	大分県	大分市	碩田中学校	H27.4.1	
	宮崎県	都城市	御池小学校	H25.4.1	休校
	鹿児島県	南さつま市	坊津学園小学校	H25.4.1	
			坊津学園中学校	H25.4.1	
		出水市	荘小学校	H28.4.1	
			荘中学校	H28.4.1	

注）学校名欄の塗りつぶし（※印）は、CS指定解除校を示している。

・解消校一覧

CS指定解消後の学校名	CS再指定日	※	最終年度児童生徒数
小山市立絹義務教育学校	-		66
		※	160
		※	86
世田谷区立代沢小学校	H24.4.1		142
横浜市立義務教育学校西金沢学園		※	441
横浜市立義務教育学校西金沢学園		※	161
横浜市立横浜深谷台小学校	-		316
上越市立浦川原小学校	H29.4.1		103
上越市立浦川原小学校	H29.4.1		47
上越市立浦川原小学校	H29.4.1		25
上田市長和町中学校組合立依田窪南部中学校	-		37
岐阜市立徹明さくら小学校	H29.4.1		110
岐阜市立徹明さくら小学校	H29.4.1		221
義務教育学校白川村立白川郷学園	H29.4.1	※	63
義務教育学校白川村立白川郷学園	H29.4.1	※	51
いなべ市立藤原小学校	-		33
			34
京都市立向島二の丸小学校	H27.2.19		72
京都市立下京雅小学校	-		219
京都市立下京雅小学校	-		113
出雲市立多伎小学校	H29.4.1		132
出雲市立多伎小学校	H29.4.1		49
			-
			-
			-
義務教育学校府中明郷学園	H29.4.1	※	203
義務教育学校府中明郷学園	H29.4.1	※	103
義務教育学校府中学園	H29.4.1	※	602
義務教育学校府中学園	H29.4.1	※	345
玖珂小学校	H26.10.28		159
			1
下関市立桜山小学校	H26.7.1		23
			10
			11
			3
			6
			5
義務教育学校多久市立東原庠舎中央校	H29.4.1	※	548
義務教育学校多久市立東原庠舎中央校	H29.4.1	※	296
義務教育学校多久市立東原庠舎東部校	H29.4.1	※	234
義務教育学校多久市立東原庠舎東部校	H29.4.1	※	111
義務教育学校多久市立東原庠舎西渓校	H29.4.1	※	175
義務教育学校多久市立東原庠舎西渓校	H29.4.1	※	116
高森町立高森東学園義務教育学校	H29.4.1	※	32
高森町立高森東学園義務教育学校	H29.4.1	※	14
義務教育学校大分市立碩田学園	H29.4.1	※	344
			7
義務教育学校南さつま市立坊津学園	H29.4.1	※	92
義務教育学校南さつま市立坊津学園	H29.4.1	※	49
義務教育学校出水市立鶴荘学園	H29.4.1	※	36
義務教育学校出水市立鶴荘学園	H29.4.1	※	19

(文科省「コミュニティ・スクール導入・推進校一覧」(各年) 等をもとに著者作成。平成29年4月1日現在)

いる。これらの知見を踏まえ、その後の状況を整理したのが、【表4】2016年度CS指定解除・解消校一覧である。2016年度末までの1年間に義務教育学校への移行に伴うCS指定解除校23校（小学校11校、中学校12校）およびCS指定解消校29校（幼稚園5園、小学校20校、中学校4校）の計52校が確認できた。これにより、CS指定解除・解消校数の総計は、CS指定解除校43校（幼稚園1園、小学校18校、中学校24校）およびCS指定解消校98校（幼稚園12園、小学校68校、中学校18校）の計141校に及ぶことがわかった。

　【表4】2016年度CS指定解除・解消校一覧の最右欄は、当該学校の最終年度の児童生徒数である。2016年度末のCS指定解消小学校20校における学校規模は、山口県周防大島町立情島小学校（H25.4.1-H29.3.31）の6人、宮崎県都城市立御池小学校（H25.4.1-H29.3.31）の7人から、横浜市立深谷台小学校（H26.4.1-H29.3.31）の316人だった。また、CS指定解消中学校4校における学校規模は、山口県岩国市立美川中学校（H25.7.11-H29.3.31）の1人、山口県周南市立中須中学校（H24.4.1-H29.3.31）の3人から、長野県長和町立和田中学校（H23.4.1-H29.3.31）の37人だった。

　2016年度末のCS指定解除小学校11校における学校規模は、熊本県高森町立高森東小学校（H25.12.1-H29.3.31）の32人、鹿児島県出水市立荘小学校（H28.4.1-H29.3.31）の36人から、広島県府中市立府中小学校（H28.4.1-H29.3.31）の602人だった。また、CS指定解除中学校12校における学校規模は、熊本県高森町立高森東中学校（H25.12.1-H29.3.31）の14人、鹿児島県出水市立荘中学校（H28.4.1-H29.3.31）の19人から、大分県大分市立碩田中学校（H27.4.1-H29.3.31）の344人、広島県府中市立府中中学校（H28.4.1-H29.3.31）の345人だった。

3．CS指定解除校の指定解除要因
（1）CS指定解除要因の類型

　本節では、CS指定解除校を〔Ⅰ〕～〔Ⅴ〕の5つのタイプに分類し、各タイプのCS指定解除要因を考察する。【表5】CS指定解除校一覧は、CS指定解除理由を含む2016年度末までのCS指定解除校43校（幼稚園1園、小学校18校、中学校24校）の一覧である。2016年度以降の義務教育学校への移行に伴うCS指定解除校が31校と最も多く、それ以外のCS指定解除校は12校（幼稚園1園、小学校8校、中学校3校）確認できた。これらCS指定解除校43校のCS指定解除要因を学校規模と学校教育制度の2つの側面から、〔Ⅰ〕義務教育学校移行

型、〔Ⅱ〕教育委員会評価型、〔Ⅲ〕合同実施解消型、〔Ⅳ〕学校運営類似組織体移行型、〔Ⅴ〕その他・不明等に類型化し、分析を試みる。

（2）各類型の分析

〔Ⅰ〕義務教育学校移行型は31校で、CS指定解除校全体の72％を占めていた。一般に、義務教育学校への移行は小規模校存続の方策と大規模校のエリート校化の両面から語られ、CS指定解除校においてもそうした両面が見て取れるが、基本的に開校前からCS再指定の準備を進め、期間を空けずにCS再指定を受け

【表5】CS指定解除校一覧

CS指定解除日（推定）	都道府県名 指定都市名	市区町村名	学校名	CS指定日	解除理由	CS再指定日	最終年度児童生徒数
平22年度末（平23.03.31）	愛知県	東海市	平洲小学校	H19.4.1	〔Ⅳ〕		1,031
			明倫小学校	H19.4.1	〔Ⅳ〕		270
	横浜市	横浜市	藤の木中学校	H21.1.5	〔Ⅴ〕	平23.10.03	368
平23年度末（平24.03.31）	東京都	目黒区	鷹番小学校	H20.4.1	〔Ⅱ〕		498
			田道小学校	H20.4.1	〔Ⅱ〕		268
平26年度末（平27.03.31）	滋賀県	長浜市	とらひめ認定こども園	H23.4.1	〔Ⅴ〕	平23.04.01	72
	熊本県	玉名市	築山小学校	H25.4.1	〔Ⅲ〕		606
			滑石小学校	H25.4.1	〔Ⅲ〕		131
	大分県	豊後大野市	朝地小学校	H26.4.1	〔Ⅴ〕	平26.04.01	111
			朝地中学校	H26.4.1	〔Ⅴ〕	平26.04.01	61
平27年度末（平28.03.31）	神奈川県	横浜市	霧が丘小学校	H21.10.1	〔Ⅰ〕	平28.04.01	660
			霧が丘中学校	H21.10.1	〔Ⅰ〕	平28.04.01	335
	長野県	信濃町	信濃小学校	H24.4.1	〔Ⅰ〕	平28.04.01	377
			信濃中学校	H24.4.1	〔Ⅰ〕	平28.04.01	227
	高知県	高知市	行川小学校	H26.4.1	〔Ⅰ〕	平28.04.01	16
			行川中学校	H26.4.1	〔Ⅰ〕	平28.04.01	19
			土佐山小学校	H26.4.1	〔Ⅰ〕	平28.04.01	61
			土佐山中学校	H26.4.1	〔Ⅰ〕	平28.04.01	37
	佐賀県	大町町	大町小学校	H26.4.1	〔Ⅰ〕	平28.04.01	318
			大町中学校	H26.4.1	〔Ⅰ〕	平28.04.01	183
平28年度末（平29.03.31）	千葉県	香取市	栗源小学校	H23.9.1	〔Ⅴ〕		160
			栗源中学校	H23.9.1	〔Ⅴ〕		86
	神奈川県	横浜市	釜利谷西小学校	H20.9.1	〔Ⅰ〕		441
			西金沢中学校	H20.9.1	〔Ⅰ〕		161
	岐阜県	白川村	白川小学校	H25.10.1	〔Ⅰ〕	平29.04.01	63
			白川中学校	H25.10.1	〔Ⅰ〕	平29.04.01	51
	広島県	府中市	府中明郷小学校	H26.4.1	〔Ⅰ〕	平29.04.01	203
			府中明郷中学校	H26.4.1	〔Ⅰ〕	平29.04.01	103
			府中小学校	H28.4.1	〔Ⅰ〕	平29.04.01	602
			府中中学校	H28.4.1	〔Ⅰ〕	平29.04.01	345
	佐賀県	多久市	中央小学校	H28.4.1	〔Ⅰ〕	平29.04.01	548
			中央中学校	H28.4.1	〔Ⅰ〕	平29.04.01	296
			東部小学校	H28.4.1	〔Ⅰ〕	平29.04.01	234
			東部中学校	H28.4.1	〔Ⅰ〕	平29.04.01	111
			西渓小学校	H28.4.1	〔Ⅰ〕	平29.04.01	175
			西渓中学校	H28.4.1	〔Ⅰ〕	平29.04.01	116
	熊本県	高森町	高森東小学校	H25.12.1	〔Ⅰ〕	平29.04.01	32
			高森東中学校	H25.12.1	〔Ⅰ〕	平29.04.01	14
	大分県	大分市	碩田小学校	H27.4.1	〔Ⅰ〕	平29.04.01	344
	鹿児島県	南さつま市	坊津学園小学校	H25.4.1	〔Ⅰ〕	平29.04.01	92
			坊津学園中学校	H25.4.1	〔Ⅰ〕	平29.04.01	49
		出水市	荘小学校	H28.4.1	〔Ⅰ〕	平29.04.01	36
			荘中学校	H28.4.1	〔Ⅰ〕	平29.04.01	19

理由：〔Ⅰ〕義務教育学校移行型〔Ⅱ〕教育委員会評価型〔Ⅲ〕合同実施解消型〔Ⅳ〕学校運営類似組織体移行型〔Ⅴ〕その他・不明等

ているため、学校運営協議会内の若干の再編を除いては学校関係者のコミュニティ・スクールに対する認識に変化はないと考えられる。【表5】CS指定解除校一覧からもCS指定小学校1校とCS指定中学校1校の計2校が統合されるケースが大半を占めていることがわかるが、義務教育学校大分市立碩田学園だけはCS指定小学校ではなかった荷揚町小学校、中島小学校、住吉小学校の3校とCS指定中学校であった碩田中学校（H27.4.1-H29.3.31）1校とのCS指定経験の有無が混在する3校以上の統合事例という点で特徴的である。また、共にCS指定校であった神奈川県横浜市立の釜利谷西小学校（H20.9.1-H29.3.31）と西金沢中学校（H20.9.1-H29.3.31）が2016年4月から横浜市立義務教育学校西金沢学園へと統合されたが、2017年度現在においてもCS再指定を受けていない唯一のケースである。

〔Ⅱ〕教育委員会評価型には、東京都目黒区立の鷹番小学校(H20.4.1-H24.3.31)と田道小学校（H20.4.1-H24.3.31）の2校が確認できた。コミュニティ・スクールの量的調査研究を主導してきた佐藤（2010）をはじめとするCS研究者が本事例に関心をもって調査分析してきたことに加えて（神定2017他）、目黒区教育委員会がホームページ等でその評価を明確に示してきたことにより、2011（平23）年度末をもって4年間のCS指定を解除した東京都目黒区立鷹番小学校と田道小学校の両校はよく知られている。目黒区教委はモデル校2校の課題として、「1）学校の基本方針である教育課程や学校経営方針、学校組織の編成、学校配布予算の執行等について、十分な知識と理解を有することが困難であったこと、2）教員の人事情報が十分でないため、適切な教職員任用の意見の申し出が困難であったこと」を挙げている。それらを踏まえて佐藤（2017b）は、「目黒区の設置規則は「任用意見」権限を明記していたが、これを含むガバナンスに関わる意見申出がなかなかうまく出されなかったことをむしろ問題視していた」ものの、「学校支援など地域連携の仕組として学校も高く評価し」、「協議会の混乱など警戒感の対象となるような問題が生じたわけではなかった」とし、「目黒区の例は、たとえ権限が確実に付与されていても、委員の資質によっては十分に活用できない実態もあることを提示している」と総括している。さらに目黒区教委は自己評価として、「学校運営協議会でなければできないことについての成果はどうか」と問われた場合、明確にこれだと応えることは困難」であり、「本来、協議会に期待されていた学校経営の強化や特色ある学校経営の推進については、期待された成果を示すことはできなかった」と明快に

総括しており、法律に明記された3つの役割（①学校運営の基本方針の承認、②学校運営に関する意見の申出、③教職員の任用に関する意見の申出）が十分に議論され、理解されることなくCS指定だけが形式的に進む現状へ警鐘を鳴らしているようにも受け取れる。

〔Ⅲ〕合同実施解消型には、熊本県玉名市立の築山小学校（H25.4.1-H27.3.31）と滑石小学校（H25.4.1-H27.3.31）の2校が確認できた。このタイプ〔Ⅲ〕は、学校ごとに設置されている学校運営協議会の会議や運営等を複数校で合同実施したり、人的・物的な教育資源を共有してきた仕組みを解消するケースである。合同実施や拡大運営協議会などは、これまでの法律に照らせばあくまでも任意の形態であり、各校区の事情で合同実施等に何らかの困難が生じた場合には原則どおり学校ごとの運営に戻せばよいことであるが、極小規模CS校や小規模CS校においては人手不足や地理的条件など学校運営協議会の運営等に課題を抱えていることも多く、CS指定解除に至るケースが確認された。前述のとおり、2017年度以降は法改正に伴い複数校での合同設置が可能になり、CS導入の準備段階で十分な議論がなされることが想定されるため、今後、合同設置および合同実施校が増えることはあれ、CS指定解除にまで至るケースは出現しないと考えられる。

〔Ⅳ〕学校運営類似組織体移行型には、愛知県東海市立の平洲小学校（H19.4.1-23.3.31）と明倫小学校（H19.4.1-23.3.31）の2校が確認できた。この学校運営類似組織体には、「学校運営に参画する会議体」[8]や「地教行法第四十七条の五の規定によらず自治体が取り組む学校と地域の連携組織」[9]などが含まれる。文部科学省は、2016年1月、「次世代の学校・地域」創生プラン（いわゆる馳プラン）の中で、コミュニティ・スクールの推進加速をめざして「体制面・財政面の支援の充実（導入に伴う教職員の配置充実、類似の取組からの移行の支援等）」を示し、学校運営類似組織体から学校運営協議会への制度移行を促している。今後は学校運営協議会の設置が努力義務化されたため、このタイプ〔Ⅳ〕の出現も考えにくいが、愛知県東海市立平洲小学校と明倫小学校の2校は7年前の2010（平22）年度末をもって4年間のCS指定を解除し、全市的に展開してきた小学校区単位の「学校支援協議会」へ移行している。教育長の交代や教職員の負担軽減等も一因にあったようだが、学校運営類似組織体を有している教育委員会においては、事務作業の効率化等の観点から学校運営協議会または学校運営類似組織体のどちらかに学校経営方策の一本化が図ら

れる傾向にある。

　〔Ⅴ〕その他・不明等については、横浜市立藤の木中学校（H21.1.5）、滋賀県長浜市立とらひめ認定こども園（H23.4.1）、大分県豊後大野市立の朝地小学校（H26.4.1）と朝地中学校（H26.4.1）、千葉県香取市立の栗源小学校（H23.9.1-H29.3.31）と栗源中学校（H23.9.16-H29.3.31）の計6校が確認できた。このタイプ〔Ⅴ〕は、今後調査が進む中で最終的には〔Ⅱ〕～〔Ⅳ〕に集約されると考えている。これらには、文科省と各市町村教委との認識の違いや事務手続き上のミスによるものが含まれ、記載の修正やCS再指定が随時行われているため、2017年度現在でCS指定校でないのは香取市の2校であった。認識の違いの例としては、教育委員会所管である幼稚園型認定こども園には学校運営協議会を置くことはできるが、「地方公共団体の長が所管する」（地教行法第32条）幼保連携型認定こども園には置くことができないことなどに関する認識不足が挙げられる。また、事務手続き上のミスによるものとしては、このタイプ〔Ⅴ〕に限ったことではないが、すでに閉校や休校しているCS指定校がカウントされていたり、CS指定日の記載が年度によって異なることなども少なくなかった。CS指定解除にあたり、各年度末の教育委員会議事録等で議論の経過が明確に確認できないものや「制度の見直し」という曖昧なものもあり、「学校運営協議会は、（中略）対象学校とこれらの者との連携及び協力の推進に資するため、対象学校の運営及び当該運営への必要な支援に関する協議の結果に関する情報を積極的に提供するよう努めるものとすること」という改正地教行法の趣旨を再確認した上で、文科省及び各市町村教委はあらゆる手続きを迅速かつ丁寧に行う必要がある。

4．小括と今後の課題

　本稿では、《CS指定解除校は、どのような理由で指定解除されたのか？》の問題意識のもと、2017年度のCS導入・推進状況と2016年度までの極小規模CS校を中心としたCS指定校の学校規模の現況を整理したうえで、CS指定解除校の動向と指定解除要因について検討を加えた。2016年度末までのCS指定解除・解消校として、CS指定解除校43校（幼稚園1園、小学校18校、中学校24校）、CS指定解消98校（幼稚園12園、小学校68校、中学校18校）の計141校を確認し、CS指定解除校43校のうち31校（72%）をタイプ〔Ⅰ〕義務教育学校移行型、それ以外の12校（28%）をタイプ〔Ⅱ〕～〔Ⅴ〕として類型化した。

また、学校規模との関係では、2017年度もCS指定解除が継続している10校の中で最も児童生徒数が少ない学校は千葉県香取市立栗源中学校（H23.9.16）の86人であることが判明し、これらCS指定解除校の中に極小規模CS指定校は存在しないことが確認できた。

　タイプ〔Ⅱ〕教育委員会評価型の目黒区教育委員会にみられるように、CS指定を行う教育委員会が学校運営協議会制度の意義を十分に理解し、モデル校の実践を主体的かつ相対的に評価・判断していく姿勢が重要である。そうした評価・判断のもとで、CS指定を継続する、CS指定を解除する、CS指定を解除して学校運営類似組織体へ移行する、CS指定を解除して学校運営の形態を再検討しうえで再設置するなど、各校及び各校区の実情に応じた学校運営のあり方が検討される必要がある。学校運営協議会制度の形骸化を防ぐ意味でも、学校運営のあり方については、学校と地域、教育委員会がある種の緊張関係を保ちながら議論を重ね、各校区が主体的に判断していくべきである。しかし、現状においては、CS指定の決定や委員の任命に関する事項については教育委員会議事録等で確認できても、CS指定解除に関する議論や決定についてはほとんど公にされていない。最終的な決定を行うのは教育委員会であったとしても、各校区の多くの市民がCS指定や解除に関わる議論に参加しているのか、参加できる環境にあるのか疑問である。「標準規模校と小規模校において、最もよく取り上げられる割合が高いのは、「地域の人材活用」であるが、これに対して大規模校においては「学校評価」であ」り、「この二つの議題は、学校規模別の開きが20ポイントもある」と屋敷（2010）が指摘するように、学校規模により学校運営協議会の日常的な関心や課題は異なる。タイプ〔Ⅱ〕～〔Ⅳ〕の生起は、学校運営協議会の多様なあり方をめぐる教育委員会、学校（教職員）、地域住民（保護者）の相互のディスコミュニケーションに起因するとも考えられる。オーストラリアの一部の学校審議会（School Council）では、新たに「コミュニケーションズ・コーディネーター（Communications Coordinator）」を配置して、学校審議会の様子を積極的に発信し、学校と地域をつなぐ試みがなされているが[10]、情報提供が努力義務化された今こそ、学校運営協議会とは何か、そこでは誰が何を議論し、何が問題になっているかを積極的に発信する役割の重要性について、法制化も含めて改めて検討されるべきである。

　制度開始から13年が経過する中で、コミュニティ・スクール（学校運営協議会制度）は、学校支援型（ソーシャル・キャピタル型）と権限重視型（ガバナ

ンス型)、あるいは教育論的視点と政策論的視点のように二分法的に捉えられてきた。当然、このバランスは「地域とともに歩む学校」に関わるすべての市民で考えていくことであるが、ややもすればCS指定ありきで一部の権限を骨抜きにした仕組みがトップダウンで一律に下りてくるだけのCS指定校が増えている感もあり、今後、学校支援地域本部の後継として制度整備されつつある地域学校協働本部[11]との違いや学校運営協議会制度への理解が深まらないまま制度だけが形式的に継続することが危惧される。その意味では、CS指定解除やCS再指定の判断を経験しているCS指定解除校および当該教育委員会の取り組み姿勢は決して消極的なものではなく、主体的なコミュニティ・スクールのあり方を考えるうえでむしろ積極的なものとして捉えることもできる[12]。CS指定解除要因のタイプ〔Ⅰ〕～〔Ⅴ〕については、さらなる調査研究が必要であるが、学校運営協議会設置が努力義務化されたことに伴い、今後CS指定解除校が出現しなくなることが予想される現状において、これまでのCS指定解除校を量的・質的に把握し、詳細な検討を加えることは、これからの学校運営協議会制度の改善や充実に向けて重要な調査研究課題であると考えている。

注
（1）2017年6月9日に公表された文科省「コミュニティ・スクールの導入・推進状況（平成29年4月1日）」によるが、今年度から「コミュニティ・スクール指定校一覧」は公表されていない。筆者は、文科省からデータの任意提供を受け、許可を得て名古屋外国語大学教職センター大橋保明研究室ホームページ（http://ohashiyasuaki.jp/index.html）で公開している。本稿における分析は、この最新の非公表データに基づくものである。
（2）「教育委員会は、教育委員会規則で定めるところにより、その所管に属する学校のうちその指定する学校（以下この条において「指定学校」という。）の運営に関して協議する機関として、当該指定学校ごとに、学校運営協議会を置くことができる」（第47条の5）から「教育委員会は、教育委員会規則で定めるところにより、その所管に属する学校ごとに、当該学校の運営及び当該運営への必要な支援に関して協議する機関として、学校運営協議会を置くように努めなければならない」（第47条の6）へ改正された。（下線、筆者）
（3）2015年度3ヵ所（栃木県高根沢町、東京都八王子市、鳥取県鳥取市）、2016年度2ヵ所（愛知県瀬戸市、静岡県磐田市）で、小中一貫校施設整備基本構想が策定された。
（4）学校運営協議会設置が努力義務化されたことに伴い、2017年度から文科

省は「指定状況」ではなく、「導入・推進状況」との表現を用いるようになり、CS導入校各校よりもCS未導入教育委員会の状況を重視するようになった。
（5）文科省『学校の適正規模・適正配置等に関する手引き』には、各学年単学級の児童生徒数が小学校40〜235人程度、中学校15〜120人程度と示されているため、その下限以下の学校を極小規模校とした。
（6）この中には休園中の幼稚園が複数含まれており、文科省は各自治体に対して本調査における休校の取り扱いを徹底する必要がある。
（7）注（5）の極小規模CS小学校1〜39人と極小規模CS中学校1〜14人を合計した2〜53人を極小規模CS義務教育学校の児童生徒数と暫定的に定義した。
（8）文科省は、一貫・連携推進協議会（熊本県八代市や北海道沼田町等）や学校支援地域教育協議会（奈良市や夕張市等）等を一例として挙げている。
（9）文科省は、地域・学校協議会（福井県）や学校運営協議会（愛知県豊川市）、運営協議会（三重県四日市市）等を一例として挙げている。
（10）例えば、ビクトリア州のニューポート・レイクス小学校の学校審議会。http://www.newportlakesps.edu.au/page/217/School-Council-（最終アクセス：2018年1月10日参照）
（11）平成29年3月の改正社会教育法第5条2では、「地域住民等と学校との連携協力体制の整備、地域学校協働活動に関する普及啓発その他の必要な措置を講ずるものとする」とされ、地域学校協働本部の立ち上げ支援もその取組のひとつと解されている。
（12）2017年度現在、東海市、目黒区、香取市にCS指定校は確認できないが、玉名市にはCS指定解除校2校の他に横島小学校（H18.9.1）、玉名町小学校（H21.5.20）、玉陵中学校（H22.4.1）、天水中学校（H24.4.1）、玉名中学校（H24.4.1）、玉南中学校（H26.4.1）、岱明中学校（H27.4.1）、有明中学校（H27.4.1）の計8校のCS指定校が存在している。CS指定日もそれぞれ異なり、各校や各校区の実情に応じた判断がなされていると推測される。

主要参考文献・資料

伊藤りさ「運営協議会制度における評価と支援のあり方を巡って―ニュージーランドの制度を参考に」国立国会図書館調査及び立法考査局『レファレンス』56（3）、pp.84-98、2006年

神定舞「学校支援活動における学校運営協議会の役割に関する検討―学校運営協議会の継続停止事例に着目して―」日本学習社会学会第14回大会自由研究発表、2017年9月

葛西耕介「学校と教育行政への父母参加制度の日英比較:イギリスの学校理事会と学校フォーラムの観察を通じて」『東京大学大学院教育学研究科付属学校

教育高度化センター研究紀要』（1）、pp.71-84、2015年

目黒区教育委員会ホームページ（学校運営協議会（コミュニティスクール））
　　http://www.city.meguro.tokyo.jp/kyoiku/gakko_kyoiku/hoshin_unei/gakko_unnei_kyogikai.html（最終アクセス：2017年11月10日参照）

元井一郎「地域づくりと公教育－新たな学校論と〈共〉の生成装置試論」教育政策2020研究会編『公教育の市場化・産業化を超えて』八月書館、2016年、pp.137-154

名古屋外国語大学教職センター大橋保明研究室ホームページ
　　http://ohashiyasuaki.jp/（最終アクセス：2017年12月31日参照）

大橋保明「コミュニティ・スクール指定解消校における学校統廃合プロセスの検討」公教育計画学会編『公教育計画研究7』八月書館、2016年、pp.105-119

―――「コミュニティ・スクールの学校規模に関する基礎的研究」『名古屋外国語大学論集』（1）、2017年8月、pp.45-60

佐藤晴雄編『コミュニティ・スクールの研究』風間書房、2010年

佐藤晴雄 a「コミュニティ・スクールのタイプ特性とその有効性に関する調査研究：学校運営協議会の権限規程から見たコミュニティ・スクールの有効性の検証」『大阪大学大学院人間科学研究科紀要』（43）、pp.103-120、2017年2月

―――b『コミュニティ・スクールの成果と展望』ミネルヴァ書房、2017年4月

関芽「学校教育における民衆統制の正統性に関する一考察－熟議民主主義における私的利益の取り扱いをめぐる議論を参考に－」日本大学教育学会編『教育學雑誌』50（0）、pp.33-46、2014年

山本由美ほか「小中一貫校の総合的研究－一貫校・非一貫校の子どもアンケート調査及び学校統廃合の動向から－」『日本教育学会第76回大会発表要旨集録』（桜美林大学）、pp.102-103

屋敷和佳「第4章　学校運営協議会の組織と会議」佐藤晴雄編『コミュニティ・スクールの研究』風間書房、pp.55-74、2010年

付記

　本稿は、平成28-30年度科学研究費補助金基盤研究（C）「学校運営協議会と学校統廃合：コミュニティ・スクール指定解除・解消校の事例分析」（JSPS科研費JP16K04576、研究代表者：大橋保明）の研究成果の一部として公表するものである。

（公教育計画学会会員　名古屋外国語大学）

投稿論文

ロースクールにおける法曹倫理教育の現状と課題
―イギリスでの取り組みを踏まえて

種村　文孝

1．問題の所在と背景

　本稿は、日本及びイギリス[1]のロースクールにおいて法曹倫理教育がどのように行われており、いかなる課題を有するのかを明らかにすることにより、日本のロースクールにおける法曹倫理教育に対する示唆を得ることを目指すものである。

　日本では2004年にロースクールが導入され、法曹の養成が進められてきたが、その運営は岐路に立たされている。ロースクールは、学生の定員割れ、修了生の司法試験合格率の低さ、臨床科目の展開の停滞など様々な課題を抱えている。そのような中で、ロースクールの志願者は年々減り続け、設立当時は約40,000人であった受験者が2016年には3,000人程度にまで減少しており、2016年度に定員を100％以上充足しているロースクールは2校しかなく、半数近くのロースクールは定員充足率を50％も満たしていない状況である[2]。設立当初はロースクール修了生の70～80％が司法試験に合格することを想定していたものの、2016年の司法試験合格率は22.95％であり、想定とは大きく異なっている。そのような状況の中、2011年以降に35校のロースクールが学生の募集停止の状態に陥っている。これは最大で74校あったロースクールの約半数にあたる割合である。

　国民のための法曹を目指して司法改革及び法曹養成改革を進め、ロースクールを導入してきたが、法曹人口が想定していたほど伸びていないのが現状である。司法試験合格者数を毎年3,000人程度にするという当初の構想も破綻し、近年では1,500人程度になっている。想定していたほど弁護士の需要が伸びていない状況である。

　これらの課題が生じている背景には、拙速にロースクールの乱立を認めたこと、企業内弁護士などの活用が進んでいないことなどを含め、構造的な問題が存在している。市民から頼られる法曹を育て、法曹人口を増やし、司法の社会

的基盤を強化し、リーガルサービスを拡大していくという想定が崩れているのが現状である。そして、それらの法曹やロースクールを取り巻く課題を引き起こしている一因には、ロースクールにおける教育上の課題も挙げられ、ロースクールにおける教育内容も問い直される必要があると考えられる。

　司法改革では、国民のための法曹が求められ、そのような法曹養成の中核にロースクールを位置付けてきた。より公共的な精神を持った法曹の養成を目指してロースクールでの授業を整備し、理論と実務の架橋を模索してきた。法律基本科目として「憲法」「民法」「刑法」「商法」「行政法」「民事訴訟法」「刑事訴訟法」、実務基礎科目として「法曹倫理」「民事訴訟実務基礎」「刑事訴訟実務基礎」などが挙げられ、新たに法曹倫理教育が導入された。ここで注目したいのは、実務基礎科目として「法曹倫理」が位置付けられていることである。法的な知識と実務で生じる倫理的な問題を統合して理解し、法曹のあり方についての理解を深める科目として、理論と実務の架橋を目指した科目であるといえる。それまでの司法試験による選抜に基づく法的な知識重視の法曹養成を見直し、国民に求められる法曹のあり方を考えるものとして法曹倫理が導入されたのである。

　しかし、法曹倫理教育をどのように行うかは、事前に十分に想定されてはいなかった。法曹倫理は、道徳・政治・法の哲学と密接に関わるものであり、政治道徳や公共的価値などの理論と実務上で生じる問題などをふまえて構成される必要があるが、それをいかに教えるかという教育方法の蓄積は十分になされておらず、教員による模索がされてきたのである[3]。法曹のあり方、法曹のプロフェッショナリズム、法曹倫理を問い直し、国民から求められる法曹や市民に身近な法曹を養成することを目指して司法改革を行ってきたにも関わらず、肝心の法曹倫理教育に関しての検討は十分であったとは言えない。つまり、法曹需要が伸びず、ロースクールの運営が課題を抱える一因には、ロースクールにおいて法曹倫理教育や法曹のあり方に関する教育が十分に機能していない可能性が挙げられる。国民に求められる法曹がいかなる存在かを学生が深められていないと考えられるのである。

　日本がロースクールの導入をモデルにしたアメリカにおいても、その経営や教育は岐路に立たされている。アメリカでは、クリニックと呼ばれる無償の法律相談所をロースクールに設置して、実務的な教育を学生に提供する臨床法学教育を導入してきたが、ロースクールの運営費用が増加している。少人数制の

臨床法学教育を実現するために教員数が増加し、教員獲得競争の激化による教員給与の高騰が生じ、ロースクールの運営費を賄うために授業料が高騰し、学生が多額の奨学金を抱えなければならず、弁護士の飽和による学生の就職難などの問題が生じている。例えば、イエール大学の授業料は、1987年の1万2450ドルから次第に上昇し、2010年には5万750ドルになり、2010年においてはロースクール卒業生が平均10万ドルを超える借金を抱えている[4]。そして卒業後は借金返済のために、大手ローファーム及び企業法務への就職を余儀なくされるのである。つまり、国民のための法律専門職としてのあり方、社会正義を目指す弁護士を実現するのが困難な経済的環境になってしまっている。入学時には、社会正義の実現や社会的弱者のための仕事をしようという志を持ってロースクールに進学したとしても、自身の借金を返済するための仕事を探すだけで大変な状況である。さらに、法曹倫理教育においても、正義を教えることができるのかという疑問が教員側からも学生側からも指摘されている。価値観を押し付けることになるのではないか、正義などの価値観は大学入学以前に形成されるのではないかといった疑問が挙げられており、法曹倫理や法律専門職の社会的責任に関する教育は課題を抱えている状況である。

　以上のように、日本においてもアメリカにおいても法曹倫理をどのように教えるかについて課題を抱えているが、ロースクールを導入して実務と理論の架橋を目指してきたイギリスがいかなる状況なのかを本稿では検討する。イギリスに注目するのは、日本と同様にロースクールを導入しながら法律専門職の養成改革を行ってきた点、古典的な特権を見直して急速に法律専門職のあり方を変化させてきた点、プロボノと呼ばれる専門的な社会貢献活動を取り入れて法曹倫理や専門職責任の教育を模索してきている点が参考になると考えるためである。イギリスでは、1971年に「オームロッド報告」[5]が出されて法律専門職の養成が見直され、職能団体中心の養成から大学と職能団体の連携が模索されてきた。そして大学にロースクールが設けられ、バリスター(barrister)[6]の養成課程として1989年からBar Professional Training Course(BPTC)が導入され、ソリシター(solicitor)の養成課程として1993年からLegal Practice Course（LPC）が導入された。法律専門職の専門職倫理教育もそのロースクール内に位置付け、講義とプロボノ活動を取り入れることで学生に教えている状況である。アメリカのロースクールをモデルにしながらも、日本よりも早く法曹倫理教育に取り組み、法曹のあり方や法曹倫理に関する議論を重ねながらロースクールにおけ

る教育を模索してきたイギリスの取り組みを踏まえることで、日本にも示唆を得られると考えられる。

　これまで法曹倫理教育を扱った研究には、日本国内においても一定の蓄積があるが、法曹倫理の内容検討及び法曹倫理に関する教科書としてまとめられたものが多く[7]、海外の法曹倫理教育の実態と照らし合わせながら講義を批判的に検討するものは少ない。特にイギリスにおいては、弁護士自治の危機や法律専門職の倫理について吉川精一が詳しいが[8]、ロースクールの講義内容に触れながら倫理教育を検討することは行われていない。イギリスでも法律専門職の倫理教育について、コールバーグの道徳性発達理論をもとに心理学の観点から研究されているものはあるが、イギリスの法律専門職を取り巻く状況とともにロースクールの講義及び実践的な教育に何が求められるかまで考察しているとは言えない[9]。そこで、本稿では日本及びイギリスの法律専門職を取り巻く状況と専門職としてのあり方の変化を踏まえながら、法曹倫理教育の実態と課題についての検討を行うものとする。

2．日本の法曹のあり方と法曹倫理教育を取り巻く議論
2-1　日本の法曹のあり方に関する議論

　裁判官、検察官、弁護士の法曹三者それぞれに法律専門職としてのあり方が模索されてきた。その法曹三者の中でも、最もあり方や倫理をめぐる議論が盛んに行われてきたのが、市民に直接接する弁護士である。日本の弁護士法第1条は、弁護士の使命として、基本的人権を擁護し、社会正義を実現することをあげ、弁護士はその使命に基づき、誠実にその職務を行い、社会秩序の維持および法律制度の改善に努力しなければならないとしているが、スローガン的でもあり受け止められ方は様々である。

　日本の弁護士を統合する理念としては、戦前から「在野精神」というものが考えられてきた。国民の自由と人権を権力に抗しつつ擁護するという弁護士像が「在野精神」である[10]。弁護士制度が天皇制絶対主義国家の下で、見せかけの近代化のために設置されたということや、余計な存在としてしかみられて来なかったという不幸な歴史の反映としての側面をもっていることは否定できないが、他方、自由民権運動以来、日本の弁護士が民衆の側にあり続けようと努力しながら培ってきたものであるとの指摘がなされている[11]。そして、戦後においても、この理念の下で、弁護士会や数多くの弁護士が、多彩な人権擁

護活動を展開し、公害・環境問題、消費者問題など社会構造の歪みというべき現象にも積極的に取り組んできた[12]。戦後の弁護士の主な業務形態は、個人個人が事務所を構えて、独立した弁護士として、個人をクライアントとする仕事が中心的であり、裁判中心、法廷中心の仕事を行う専門職であった。

しかし、1970年代には、都市化や工業化などの産業構造の変化やビジネス環境の大きな変化の中で、プロフェッションとしての弁護士が注目されるようになる。石村善助によるプロフェッションの定義が弁護士に浸透した時期であった。その石村によるプロフェッションの定義とは、「学識（科学または高度の知識）に裏付けられ、それ自身一定の基礎理論を持った特殊な技能を、特殊な教育または訓練によって習得し、それに基づいて不特定多数の市民の中から任意に提示された個々の依頼者の具体的要求に応じて具体的奉仕活動をおこない、よって社会全体の利益のために尽くす職業である」というものである[13]。そして、理想形としてのプロフェッションの特性として、高度の学識に裏づけられた専門的技術を有すること、一般理論（専門職科学）をもつこと、公共への奉仕を目的とすること、営利を追求するものであってはならないこと、依頼者の主観的・私的情況から中立的でなければならないこと、職業倫理をもち自己規制すること、団体を形成し、メンバーを統合し、教育、訓練することなどが挙げられた[14]。高度経済成長下の日本で、ビジネスを取り巻く状況も変化する中で、権力と対抗する「在野精神」モデルとは異なるモデルとして、このプロフェッションモデルが受け入れられたのである。

しかし、1980年代後半には、このプロフェッションモデルを疑問視する動きも見られるようになる。産業化がさらに進み、アメリカで大手ローファームが企業を顧客に発展してきた流れを受けて、日本でも弁護士のサービスを自由市場化する方が良いという考えが見られた。プロフェッションであるという考え方によって、営利性を否定し、競争原理を排除し、消費者（依頼者）のニーズを志向した業務の革新を遅らせているため、脱プロフェッションが求められているという指摘がなされる[15]。プロフェッションとしての権威や特権、過度の公共への奉仕の強調が時代遅れになっており、経済界や企業のニーズ、消費者のニーズに応えるべきだというものである。弁護士の広告解禁の議論なども行われるようになる。

このように法律専門職のあり方が問われる中で、司法改革が進められ、国民のための法曹の育成が検討されてきたのである。2001年の司法制度審議会意見

書の中では、司法制度を支える法曹のあり方として、「高度の専門的な法的知識を有することはもとより、幅広い教養と豊かな人間性を基礎に十分な職業倫理を身に付け、社会の様々な分野において厚い層をなして活躍する法曹を獲得する」[16]ことが言及されている。特に弁護士においては、「社会のニーズを踏まえ、法律相談活動の充実、弁護士報酬の透明化・合理化、専門性強化を含む弁護士の執務態勢の強化等により、国民の弁護士へのアクセスを拡充するほか、綱紀・懲戒手続の透明化・迅速化・実効化など弁護士倫理の徹底・向上を図るための方策を講じる」[17]とされ、職業倫理や弁護士倫理への指摘が見られる。企業を顧客として利益追及を目指す大手法律事務所の発展、企業内で雇用されて働く企業内弁護士という形態の登場などによって、弁護士のあり方や働き方の多様化が進む中で、弁護士としての単一のプロフェッショナリズムを保つことが難しくなっている。競争原理の導入による脱プロフェッション化の進展と弁護士自治及び専門職の責任を果たそうとする議論の中で、日本弁護士連合会（以下、日弁連）は、2004年に、従来の「弁護士倫理」を廃止し、会規としての「弁護士職務基本規程」を制定するなど、プロフェッションとして独立性を模索してきている。弁護士職務基本規程では、規律内容の詳細化・多角化を行い、依頼者関係の規律を増加させている[18]。依頼者の自己決定権の尊重、インフォームド・コンセントの確保などが強く主張されるようになり、依頼者との関係を詳細に見直して今日に至っている。

　ここまで見てきたように、法曹倫理は法曹のあり方、法曹のプロフェッショナリズムと強く関わるものである。専門職としての権威や特権が批判される中で、国民に求められる法曹としての専門職のあり方を模索して定めてきたものであり、社会から問われ続けているものでもある。専門職をめぐるこれらの歴史的な議論を踏まえた上で、現代社会に求められる法曹のあり方や法曹倫理教育についても検討していくことにする。

2-2　日本のロースクールにおける法曹倫理教育

　2004年4月からスタートした法科大学院のカリキュラムにおいては、実務基礎科目として、法曹倫理についての科目が設けられた。「法曹の役割と倫理について、現在の日本の法制や実態を検討するとともに、歴史的・比較的視点をも盛り込んで、批判的に分析させ、法曹としての責任感・倫理観を養う。弁護士法・弁護士倫理等の規定をめぐる事例分析も行う」[19]ことが必要であると

され、ロースクールで2単位相当の必修科目とされた。

　それまで、日本の法曹養成課程（大学法学教育・司法試験・司法修習）では、法曹倫理教育が体系的に行われたことはなく、司法修習課程における教育も、前期・後期修習、実務修習のいずれにおいても費やされる時間は限られており、その内容は断片的で不十分なものであった[20]。そのため、ロースクールの導入とともに、法曹倫理教育のための教科書が検討されたのである[21]。これらの教科書の多くは、弁護士職務基本規程とその解説、倫理的な問題にどのように対処するかといったケーススタディが掲載されている。弁護士が実際に遭遇しやすい事例や問題を元に、弁護士のように考えることで、専門職倫理について考えさせるというものである。アメリカのロースクールでの教育が、「問題と資料」（Problems and Materials）と呼ばれる教材を用いてプロブレム・メソッドで行われるのが一般的であり、日本もこれを踏襲した形となる。

　例えば、京都大学のロースクールの2017年度の法曹倫理の科目では、事前に班分けをして担当する演習問題を指定し、担当班が発表するのを受けて、担当教員が双方向・多方向形式となるように解説、質疑応答を進めることが基本とされている[22]。その授業の目的は、「法曹としての責任感と倫理観を涵養するために、弁護士活動を中心に、法曹の専門職責任の在り方について、わが国の現行制度の説明だけでなく、比較史的にその問題点を批判的に考察するとともに、法曹に期待される活動や役割の変貌を視野に入れて、法曹倫理の改革の意義をも議論する」[23]とされ、弁護士法・弁護士職務基本規程等の規定に関する事例分析について、討議検討する授業となっている。扱われる内容は、依頼者の利益擁護と倫理との葛藤、依頼者への説明責任、守秘義務、利益相反、誠実義務、真実義務、弁護士報酬をめぐる問題、国選弁護人の倫理、弁護士の宣伝や広告などである。また、検察官の倫理と裁判官の倫理についても扱われるものとなっている。実際の事例や問題を討議しながら、どのような対応や行動が求められるかを考えるという内容が中心である。

　弁護士職務基本規程に定められている内容を元に、何を守る必要があり、どのように対応や行動をしていくのがよいのかを事例を元に検討していく内容になっている[24]。専門職としての規律を理解して、適切に対応していくことは当然重要なことである。しかし、国民や市民から法曹がどのようなあり方を求められているのか、どのような役割を果たしていく必要があるのかという歴史的議論や法律専門職の社会的責任についてはわずかに触れられるのみである。

司法改革で求められてきた国民のための法曹を養成するためには、そのような弁護士のあり方に対する議論を積極的に設けていくことが課題として挙げられるだろう。

3．イギリスの法曹倫理を取り巻く状況
3-1　イギリスの法律専門職の変容

イギリスの法律専門職は、法廷弁護士に相当するバリスターと事務弁護士に相当するソリシターの二元制を採用してきた。そして、それぞれに固有の職域と権限があり、様々な規制が設けられていたが、1970年代以降は規制を撤廃する方向に大きく変化してきた。

権限と規制の重要なものとしては、バリスターによる高級裁判所における弁論権の独占、ソリシターによる訴訟遂行権の独占、ソリシターによる不動産譲渡取引の独占、バリスターがソリシターを介さずに依頼者から直接受任することの禁止などが挙げられる[25]。これらの権限と規制により、依頼者はバリスターとソリシターの両者に依頼せねば訴訟ができず、費用が高騰し、非効率だとの批判がなされ、競争原理を導入して規制を撤廃してきたのである。以前は厳格な広告規制があり、バリスターは自分が使用する用箋や名刺にもバリスターである旨を書くこともできないほどであったが、広告掲載が許されるようになった[26]。消費者のための改革が進められてきたのである。

イギリスは世界で最も充実した法律扶助制度を有してきたが、法律扶助コストの激増に対し、サッチャー政権は大幅に効率化を行い、その予算を削減させた。これにより、法律扶助業務を収入の糧としてきたバリスターとソリシターの間で、仕事獲得の競争も激化してきた。産業構造の変化も大きく、かつては独立自営で個人を対象としていたソリシターが多かったが、次第に大企業をクライアントにする大手ローファームが発展した。

以上のような流れの中で、法律専門職は公共性や司法制度の一翼を担う「プロフェッション」から、ビジネスを重視する「企業家的」「市場主義的」な存在へと脱プロフェッション化が進んでいる。大手ローファームや企業内弁護士が登場することによって、個人を対象とする法律専門職と大企業を対象とする法律専門職の二極化が進み、弁護士自治やプロフェッションとしての役割に関心を持たない層も増えている[27]。サッチャー・ブレア政権下では消費者主権の元に制度改革が進められたが、その延長線上で2004年には「イングランド及

びウェールズにおける法律サービス規律体制の検討」と題する報告書（「クレメンティ報告書」）が出され、弁護士自治に大きな衝撃を与えた。バリスターとソリシター間のパートナーシップ等の禁止を解除して法律専門職間の共同組織を全面的に認め、法律専門職以外の者が弁護士事務所に出資することを可能にする「代替的業務組織」（Alternative Business Structure, ABS）を認めたのである。多様な資本を取り入れて、より大規模な事業展開と消費者へのサービス提供が可能になったと言える。ただし、法律専門職ではない出資者の資本上の利益のみに誘導される可能性があり、法律専門職が本当に独立して行動できるのかに関して、プロフェッションとしての独立性が揺らいでいる。

このようにイギリスは、最も急進的にリーガルサービスモデルを導入して市場競争を促してきた国である。そのため、旧来のプロフェッションとしての存在が問い直され、市場の要請に応えるビジネスパーソンとしての法律専門職へと大きく変化させられてきた経緯を持つ。そして弁護士自治が危ぶまれる中で、バリスター、ソリシター双方が職務規範を整え、法律専門職のあり方を見直すようになっているのである。

バリスターの職能団体であるバー・カウンシル（The General Council of the Bar of England and Wales）は、1990年に弁護士行為規範（Code of Conduct of the Bar of England and Wales）という職業倫理規範を制定し、以後数回の修正を経て現在に至る。ソリシターの職能団体であるロー・ソサイエティは、ソリシター行為規範（Professional Conduct of Solicitors）を定め、2011年にも改正を行なって現在に至る。弁護士の産業化・商業化が進み、独立した法律専門職と大手ローファームの法律専門職の間で、プロフェッションとしての意識が拡散している中、ロースクールにおいて法律専門職の倫理教育が行われている。

3-2 イギリスの法律専門職養成

イギリスでは、バリスターとソリシターそれぞれが養成制度を有している。いずれの場合にも、大学の法学部で3年間学んで学位を取得した後、職業教育段階としてロースクールで学ぶことになる。バリスターの養成コースはBar Professional Training Course（BPTC）、ソリシターの養成コースはLegal Practice Course（LPC）であり、どちらも期間は1年間である。BPTCは、ニューユニバーシティを中心に全部で13校に設置されている。LPCも全部で36校に設置されているが、ニューユニバーシティ中心である。このロースクール

でのBPTC及びLPCを終えた後で、学生は弁護士事務所と訓練契約を結び、実習期間を経た上で資格が付与されるのである。BPTCを修了する者は、毎年1,500名前後であるが、実際に実務修習を行える者は500名程度であり、この実務修習の訓練契約の獲得が最大の難関となっている[28]。実務修習の受け入れ先をめぐる競争が激化しており、学生の段階から実践力や高い問題意識を身につけることが、受け入れ先の事務所から求められているのである。ソリシターにおいても同様の状況であり、ロースクールのLPCの段階からエンプロイアビリティを高めることが求められている。

4．イギリスのロースクールにおける法曹倫理教育の取り組み

ロースクールであるBPTC及びLPCで扱われている法律専門職の倫理に関する科目は以下の通りである。BPTCには「専門職倫理」の科目があり、LPCには「専門職の行為規範と規則」の科目がある。これらはいずれも必須科目であり、バリスターとソリシターそれぞれの職能団体の承認のもとでロースクールに位置付けられている。ここでは具体的に、カーディフロースクールのカリキュラムを検討することとする（表1）。カーディフロースクールに注目するのは、BPTCとLPCの両コースを設置している大学であり、近年、カリキュラム外の活動に実践的な教育機会を積極的に設けながら教育に力を入れているロースクールであるためである。例えば、プロボノ活動として法学生が法律専門職とともに専門性を活用した社会貢献活動を行い、市民に対して無償の法律相談を提供したり、冤罪の疑いのある事件の調査協力を行なっている[29]。

4-1　BPTCにおける「専門職倫理」

BPTCにおける「専門職倫理」では、法廷活動に求められる専門職の中核的価値が教えられる。バリスターの専門職行為規範で定められている知識や手続きに加えて、法廷活動での倫理的な行動について広範にわたって学生に教えるというものである。その中には、クライアントと法ルール双方に対しての専門職の義務といった観点も含まれる。BPTCの倫理教育で求められているのは、以下の5点である[30]。

1. 専門職の主要な価値について理解し用いることができる。特に、法廷活動における主要な規則、機能、権威の政策決定に専門職としての義務を

表1 カーディフロースクールのカリキュラム（ウェブサイトを参照して筆者作成）

	1年目	2年目	3年目	カリキュラム外の活動
法学部 (LLM)	<コアカリキュラム> 計120単位 公法 30単位 契約 30単位 法的根拠 30単位 刑法 30単位	<選択科目> 計120単位 大陸法[20] 20単位 不法行為[20] 20単位 差別と法[20] 20単位 法と宗教[20] 20単位 大陸法[30] 30単位 不法行為[30] 30単位 差別と法[30] 30単位 証拠 30単位 法と宗教[30] 30単位 法社会学 30単位 人権法 30単位 土地法[20] 20単位 不法行為[20] 20単位 土地法[30] 30単位 不法行為[30] 30単位 メディア法[30] 30単位 刑法[20] 20単位 刑法[30] 30単位 フランス法Ⅰ 20単位 フランス法Ⅱ 20単位 ウェールズの権限委譲 20単位 ウェールズの地方分権 20単位 法研究 30単位 環境法と正義 30単位 行政法[30] 30単位 法と文学 30単位 グローバル問題と法理論 30単位 変化する世界での国際法 20単位	<選択科目> 計120単位 EU法[20] 20単位 信託[20] 20単位 会社法[20] 20単位 学位論文[20] 20単位 EU法[30] 30単位 信託[30] 30単位 会社法[30] 30単位 学位論文[30] 30単位 家族法 30単位 人権法 30単位 知的財産 30単位 商法 30単位 EU法[20] 20単位 ※ウェールズ語 信託[20] 20単位 ※ウェールズ語 EU法[30] 30単位 ※ウェールズ語	プロボノ活動 模擬裁判 クライアントへのインタビューコンテスト ※1年目の学生はプロボノ活動に参加することはできない。
LPC	<主要な実践領域> ビジネス法と実践 財産法と実践 訴訟 専門職の行動規範と規則 ソリシターの会計 遺言と執行 課税 ※5つの技術科目 弁護 起草 インタビューと助言 実践的な法調査 文章作成 <選択科目>（以下から3つ選択） 商法上の訴訟 商法上の財産 M&A 知的財産 雇用法 プライベートクライアント 人身傷害訴訟 家族法 育児法 住居法			プロボノ活動 ※すべての学生に法律事務所での実践機会を提供している。
BPTC	<知識領域> 民事訴訟、証拠、救済策 刑事訴訟、証拠、判決 <主要技術> 弁護1,2,3 協議 鑑定書 起草 専門職倫理 法定外の紛争解決 <選択科目>（以下から2つ選択） 会社法 雇用法 高度な刑法上の実践 家族法 育児法 商法			プロボノ活動 ※法律事務所での活動が2週間保障されている。

負うという道徳的責任を有していること。
2. バリスターの実践で生じる可能性がある専門職倫理と規則の問題を正しく自己同一化できること。
3. 平等及び多様性の規則を含む、法廷での行為規範に関する実務的な知識を説明できる。また、既存及び将来のこの規範を遵守する。
4. 依頼者に対して専門職的で責任ある方法で接することができる。そして、依頼者に対して専門職としての基本的な信頼を与えることができる。
5. 依頼者の不当な搾取を防止し、専門職としての誠実さを保ち、人々の信頼を維持し、サービス提供の継続を保つために、スタッフ及び他の学生に対して専門的で責任ある対応を行い、規範を遵守する。

この科目は、4回の講義と6回の小グループセッション（最大12名まで）によって行われる。4回の講義では、バリスターの専門職行為規範に定められている内容を確認し、それに関する質問などに答えていく形式である。そして法廷、倫理的な行動、依頼者、規制当局、実践についてなどの専門職倫理を扱う。この授業の評価は、試験によってされ、専門職行為規範に関する選択式の試験と倫理的な問題を含む状況への対処についての記述式の試験が行われる。バリスターに求められる行為規範について、守秘義務や利益相反の問題を講義及びグループワークで検討するのが中心的である。

4-2　LPCにおける「専門職の行為規範と規則」

カーディフロースクールのLPCにおける「専門職の行為規範と規則」では、2011年に制定されたSRA原則とソリシター行為規範についての知識を提供し、それに基づいた行動をとることができることを目的とする科目である。これは、LPCにおいて倫理教育のアウトカムとして求められているのは、学生が専門職規範と専門職倫理の中核的な義務について自己同一化し、それに従って行動できるようになるべきである[31]というものに基づいている。行為規範の義務及び専門職倫理について、10の主要な原則が扱われる。

①法の支配と正義の実現を支持する
②誠実でなければならない
③独立性を保持する

④依頼者の最善の利益を図る
⑤良質のサービスを提供する
⑥公衆の信頼を保ち、法サービスを提供するように行動する
⑦法規制上の義務を遵守し、規制当局及びオンブズマンとオープンかつタイムリーに対処する
⑧適切なガバナンス、健全な財務及びリスク管理の原則に従ってビジネスを実行し、役割を果たす
⑨機会均等及び多様性の尊重の元にビジネスを実行し、役割を果たす
⑩依頼者の金銭及び財産を守る

　また、行為規範として、依頼者保護、利益相反、守秘義務、仕事のマネジメント、規制当局、第三者と仲裁人の関係などを扱う。行為規範以外には、マネーロンダリング、金融サービス規制も扱われる。
　この「専門職の行為規範と規則」の科目は、1時間の講義が8回と2時間の小グループ（最大18名まで）でのグループワーク1回によって構成されている。小グループのグループワークの参加は単位取得に必須である。講義においては、オンラインで予習動画を見られるようにする学習環境も整えている。特定の倫理的な問題が生じるケースを元に、どのような問題が生じるか、いかに問題解決を行なっていくかを考えさせる講義とグループワークになる。これは、日本で行われている法曹倫理教育の講義と同様である。学生の評価は、選択式の筆記試験による評価がされている。

4-3　イギリスにおける法曹倫理教育の課題

　イギリスにおける法律専門職の倫理教育に対しては、学部段階では正規のカリキュラムとして専門職倫理及び法曹倫理が扱われず、職業教育段階のロースクールで扱われることについて、あまりに授業時間として少なく、扱うのも遅すぎるという批判がなされている[32]。学部段階における授業では、正義や法曹倫理とは何かという中心的な問いが避けられ、法が人々の生活に与える影響や人々が抱える感情的な問題を扱わずに、法の背後にある価値を中立的で客観的なものとして無批判に受け入れることにつながっているとの指摘である。本来、法そのものが正義であり道徳的行動であり、価値を内在している側面があるが、学生を抽象的な法理由に集中させることによって法の人間的で感情的な

側面から注意をそらすことになるというのである。リベラル法学教育として、法とは何か、正義とは何か、法律専門職はどのような存在かを考える機会が不足しているのである。法曹倫理を支える法哲学の知識や機会がさらに求められるであろう。

　また、職業教育段階における講義でも、定められた職務規範について扱うことや実務で生じやすい倫理的葛藤場面を取り上げることがほとんどであり、市民に求められている法律専門職のあり方を深める時間は十分ではない。プロフェッションとしてのあり方が、消費者中心、商業主義へと大きく変化してきている状況を批判的に考察し、どのような法律専門職が求められているかを考える機会がさらに必要だと考えられる。旧来のプロフェッションモデルに立ち返るというのではなく、消費者中心、商業主義で抜け落ちる弱者への司法アクセスやマイノリティの支援をいかに行なっていくかを考えつつ、市民にとっての法律専門職像を模索していくということである。法曹倫理として、何をしてはいけないか、何を守らなければいけないかという規則やルールについて学ぶのは当然のことながら、より積極的に法律専門職が何をしていかなければならないかについて専門職責任を考えていかなければならない。弁護士自治が弱まり、法律専門職内でプロフェショナリズムが希薄化する中、養成段階から専門職に何が求められているのかという役割を考えていくことが、今日の法律専門職に求められているだろう。

　法律専門職の役割を考える機会としては、カリキュラム外の活動ではあるが、プロボノ活動も実践的な教育機会として設けられている。これは法学部の段階においても、職業教育段階においても、市民の法律相談や法的な問題解決の活動を実施する中で、市民に求められている法律専門職像を考える機会になっている。生の事例を通して、実務で生じる倫理的な葛藤を扱うことにもなる。学生が実際に法律専門職と協働しながら市民に接していることからも、このような法学部のプロボノ活動の実践前に専門職倫理について扱うことが望ましいだろう。カリキュラム内の講義とこれらの実践が十分に結び付けられていないことが課題であるが、理論と実務を組み合わせながら法律専門職としてのあり方を効果的に考える余地が残されている。これらのプロボノ活動の実践では、目の前の倫理的課題については考えやすいが、マクロな視点で法律専門職の倫理を批判的に検討することが難しいため、やはり講義と実践の双方の機会を活用する必要があると考えられる。

5．おわりに

　日本、アメリカ、イギリスの各国で法律専門職のあり方は揺らいできた。その大きな流れは、古典的なプロフェッションモデルから、消費者重視で商業主義的な流れを取り入れたサービス中心のビジネスモデルへの変容である。規制の撤廃、広告の解禁、大手ローファームの台頭、ITや生命倫理などの複雑化する問題への対応など、法律専門職が活躍する場が増え、働き方もニーズも多様化する一方で、プロフェッショナリズムは希薄化してきている。市場のニーズに合わせる形で脱プロフェッショナル化が進む中で、貧困層やマイノリティへの対応、弁護士過疎地域の司法アクセスの問題などに目を向け、理念として掲げられる社会正義の実現を果たしていく法曹のあり方も模索され続けている。

　本稿では日本及びイギリスの法曹倫理が模索されてきた流れに焦点を当てつつ、ロースクールの法曹倫理教育に注目してきた。イギリスにおいては特に競争原理が導入され、古典的な法律専門職像が急速に揺らいできており、法曹倫理として行為規範を定め、ロースクールにおいてもその内容に関する講義やケーススタディが行われている。しかし、何を守るべきか、何をしてはいけないかという規則や規範の知識を得ることが中心であり、倫理的な葛藤場面においてどのように対応するかを考えることが主な内容となっている。法律専門職として何をしていくべきかを考え、社会正義の実現や理念につながる行動を考えていく内容が足りていないと考えられる。また、法とは何か、正義とは何かという法哲学やリベラル法学教育を充実させ、プロフェッショナリズムについて考える機会がロースクールに必要だと考えられる。

　日本においてもイギリスと同様の課題を抱えている。理念として国民のための法曹養成を掲げ、ロースクールに法曹倫理教育を導入してきたが、そこで行われているのは行為規範そのものを学び、ケーススタディによって議論することが中心的である。そこで、イギリスの法律専門職の倫理教育の課題と同様に、法とは何か、正義とは何かということを探究する法哲学やリベラル法学教育が必要であると考えられる。定められた行為規範について実例を元に検討するだけではなく、積極的に法や法曹の価値を問い直し、プロフェッショナリズムについても考える機会とすることが求められるのである。そのためには、日本の法律専門職のプロフェッショナリズムをめぐる歴史について、もっと時間を割いて議論をすることも効果的であろう。また、適正な市場をいかにしてつくり、リーガルサービスを社会により広げていけるのか、また、プロフェッションと

して社会的弱者やマイノリティの人権を守っていけるのかについて考える時間を増やすことである。法曹が守るべき行為規範や倫理について学ぶだけでは、国民にとって身近な存在となり、弁護士需要を社会に広げていくことは困難であろう。なぜ法曹が社会に必要なのか、国民が何を求めているのか、現代社会に求められている専門職のあり方がいかなるものなのかについて、専門職が果たす責任を考えてサービス領域を拡大していくことについて問い続けるような法曹養成が必要であると考える。

そのような法律専門職の役割や社会から求められてきたことについて、講義と実践的な教育機会の双方を充実して統合させることも、今日の専門職養成に不可欠であると考える。イギリスでは、専門職倫理の講義とは連動していないものの、プロボノ活動として学生が地域のNPOで活動を行ったり、無償の法律相談をしたり、チャリティ活動を行うことを通して、市民と協働しながら法律専門職に求められるものを考える実践的な機会が発展してきている。そのような実践を通して、弁護士のあり方を模索し、市民から求められる存在がいかなることかを考えることにつながっている。日本においてはローヤリングとして、法律事務所などのエクスターンシップを通して実務を学ぶ機会があるが、法曹の社会的責任を学び、法曹のあり方を考える機会としてプロボノ活動を導入して法曹倫理教育と接合することも検討の余地があると言える。

日本のロースクールの経営や法曹人口をめぐる問題はまだ改善される見通しはなく、模索が続けられている。しかし、そのような中でも、ロースクールによる法曹養成は続けられているのであり、どのような法曹が社会から求められているのかということは、法曹三者も法曹を目指す学生も問い続けていく必要がある。変化する現代社会の中で、プロフェッションモデルも問い直され、最低限の規律として倫理規程が設けられているに過ぎないのである。国民や市民から頼られ、様々な社会問題の解決時に必要とされる存在となるためには、専門職が社会で果たす責任についてもより積極的に議論していく必要があると考えられる。

注
（1）イングランド及びウェールズのことを指す。スコットランドと北アイルランドは異なる弁護士制度を有しているためである。
（2）ロースクールの受験のためには前年に実施する全国統一性試験を受験す

る必要があり、その受験者数を把握することでおおよそのロースクール受験者数を把握することができる。また、定員充足率100%以上を果たしているのは一橋大学と甲南大学のみであり、定員充足率が50%以下のロースクールは18校に上がっている。半数近くのロースクールが、定員の半分も学生を集められていない状況にある。森山文昭『変貌する法科大学院と弁護士過剰社会』花伝社、2017年、pp.12-16。

（３）森際康友『法曹の倫理［2.1版］』名古屋大学出版会、2015年、pp.ⅰ-ⅵ。

（４）ブライアン・タマナハ『アメリカ・ロースクールの凋落』樋口和彦、大河原眞美訳、花伝社、2013年、pp.139-141。

（５）正式名称は、Report of the Committee on Legal Educationであり、「オームロッド報告」は通称である。

（６）イギリスの法律専門職は二元制を有しており、従来の法廷弁護士に相当するバリスター、従来の事務弁護士に相当するソリシターが存在する。

（７）日本の法曹倫理の教科書としては、小島武司『法曹倫理』（有斐閣、2004年、［第2版］2006年）、森際康友『法曹の倫理』（名古屋大学出版会、2005年）、高中正彦『法曹倫理講義』（民事法研究会、2005年）、飯村佳夫他『弁護士倫理』（慈学社出版、2006年）などがある。また、参考資料として塚原英治・宮川光治・宮澤節生編『プロブレムブック　法曹の倫理と責任』（現代人文社、2004年、［第2版］、2007年）などがある。

（８）吉川精一『英国の弁護士制度』日本評論社、2011年。

（９）Nicolson, Donald "'Education, education, education': Legal, moral and clinical." The Law Teacher, 42（2）, 2008, pp.145-172。

（10）宮川光治「あすの弁護士――その理念・人口・養成のシステム」宮川光治他編『変革の中の弁護士――その理念と実践（上）』有斐閣、1992年、pp.3-10。

（11）同上、pp.3-10。

（12）同上、pp.3-10。

（13）石村善助『現代のプロフェッション』至誠堂、1969年、pp.25-26。

（14）同上、pp.26-37。

（15）棚瀬孝雄「脱プロフェッション化と弁護士像の変容」『自由と正義』47（10）、1996年、pp.84-87。

（16）司法制度審議会意見書　Ⅰ　今般の司法制度改革の基本理念と方向
（https://www.kantei.go.jp/jp/sihouseido/report/ikensyo/iken-1.html
　最終参照日：2018年3月25日）

（17）同上
（https://www.kantei.go.jp/jp/sihouseido/report/ikensyo/iken-1.html
　最終参照日：2018年3月25日）

（18）森際康友『職域拡大時代の法曹倫理』商事法務、2017年、p.72。

（19）法科大学院の教育内容・方法等に関する研究会「法科大学院の教育内容・

方法に関する中間まとめ」2 法科大学院の教育内容・方法（2）カリキュラム
（http://www.mext.go.jp/b_menu/shingi/chousa/koutou/003/toushin/020201/020201d.htm#5、最終参照日、2018年3月25日）
(20) 塚原英治・宮川光治・宮澤節生編『プロブレムブック　法曹の倫理と責任［第2版］』現代人文社、2004年、p.ⅳ。
(21) 日本の法曹倫理の教科書については脚注7を参照。
(22) 京都大学シラバス集（2017年度）「法曹倫理」［Professional Responsibility］
（http://ocw.kyoto-u.ac.jp/syllabuses/276/1/2420033
　最終参照日：2018年1月20日）
(23) 同上
（http://ocw.kyoto-u.ac.jp/syllabuses/276/1/2420033
　最終参照日：2018年1月20日）
(24) 早稲田、中央、慶応、神戸、千葉、北海道、東北など、司法試験合格者の多いロースクールのシラバスを検討すると、ほとんどが弁護士職務基本規程の内容に関するケーススタディ中心の構成となっている。法曹や専門職のあり方に関する歴史的経緯、専門職が果たす責任について触れているのは多くても1～2時間程度である。
(25) 吉川精一「近時における英国弁護士制度変容とABS制度」森際康友編『職域拡大時代の法曹倫理』商事法務、2017年、p.195。
(26) 同上、pp.196-197。
(27) 同上、pp.198-199。
(28) 日本弁護士連合会法科大学院センターローヤリング研究会『法科大学院におけるローヤリング教育の理論と実践』民事法研究会、2013年、pp.336-338。
(29) カーディフロースクールにおけるプロボノ活動の実態とその評価については、拙稿「専門職養成におけるプロボノ活動の導入と実践評価　―カーディフロースクールの事例から―」『京都大学大学院教育学研究科紀要』、京都大学大学院教育学研究科、第63号、2017年、pp.393-405を参照。
(30) Setting Standards the Future of Regal Services Education and Training Regulation in England and Wales June 2013（http://letr.org.uk/wp-content/uploads/LETR-Report.pdf、最終参照日：2018年1月20日）
(31) Ibid., (http://letr.org.uk/wp-content/uploads/LETR-Report.pdf
　最終参照日：2018年1月20日）
(32) Nicolson, Donald Ibid., pp.145-172。

（公教育計画学会員　京都大学）

公教育計画研究レポート

公教育計画研究レポート

戦後初期教職員組合運動の実相
—— 日教組結成前史Ⅲ

染谷　幹夫

はじめに

　戦後初期の教職員組合の全国的な統一に向けた動きは、二つの全国組織、教全連、日教労結成の契機となった1946年6月1日の全国大会[1]の後も、待遇改善を求める教職員組合運動の高まりとともに叫ばれる。

　教員は1946年4月に待遇官吏から官吏となり「官吏俸給令」の適用を受け、また給与の半額は国庫負担として国家予算の縛りを受けていたことから地方毎の待遇改善・賃金引上げ要求運動が、全国的結集に向うのは自然な流れであった。

　しかし、教全連は独自の運動を進め、10月18日の日教労を中心とした最低生活権獲得全国教員組合大会（全教組）、12月22日結成の全日本教員組合協議会（全教協）にも参加していない。

　教職員の待遇改善・賃金引上げ要求運動は10月闘争、2・1ゼネストと混然となって進み、それと共に教職員組合の全国的結集運動が錯綜して進行することになる。全教協結成までの動きを検証する。

1．敗戦後の官吏の待遇改善・賃金引上げ

　労働者は毎日の生活を支えるため、換金できる物は売り払う「むけば細る筍生活」「むけば涙の出る玉葱生活」を強いられていた。インフレーションの進行と食糧難による生活危機を打開しようとする官公庁職員の運動の高揚によって、戦時中抑圧されていた官吏の賃金も改善されることになる[2]。

　①1945年12月＝臨時物価手当の新設、臨時家族手当の増額、②1946年2月＝俸給、給料の2ヶ月半分以内の臨時賞与を支給、③1946年4月＝臨時手当支給、同時に俸給令が改正されるが実質的な増額は無い、④1946年6月＝平均1ヶ月分の賞与支給、4月実施の臨時手当を倍増。

　戦時中から本俸はいっさい改訂されることなく、諸手当、賞与の新設・増額

によって給与の引上げが行われ、1946年6月までそれが踏襲された。

敗戦直後の官吏の実収は推定で本俸の2倍から若干下回るほどであろうと言う。「日教組十年史」でも「諸種の手当ての増加により、基本給たる俸給は、賃金総額の半ばより少ない」ものとなっていたとしている[3]。

しかし、この場当たり的な賃金改善では労働者の生活が改善されなかったことは言うまでもない。

2．7月給与改訂

全国官公職員労働組合連絡協議会（全官労協・1946年3月17日結成）[4]は5月26日、本人および家族一人当たり100円支給の賃金引上げ要求を政府に提出し、7月16日に改訂案を受け入れ闘争を終了している。この闘争の過程で全官労協との交渉に当たる為、大蔵省に給与局が新設されている。

政府としても、諸手当の新設・増額で糊塗してきた賃金引上では、その事務が煩雑化し、実態の把握も難しい状況を打開する必要が生じていた。そこで政府が全官労協の要求に応えて出したのが、7月給与改訂案であった。

7月給与改訂案は賞与を含む諸手当を廃止し、本俸と扶養家族手当（6大都市100円、その他の市80円、その他の地域60円）の二本立てに整理するもので、本俸の切替は諸手当の合算金額の直近上位にすること、物価水準の地域格差が考慮され6大都市には臨時勤務地手当として本俸の一割が支給されることになった。本俸は最高（30号俸）2,000円、最低（1号俸）300円と較差は7倍弱となり4月の俸給令の較差15倍より縮小している。

9月19日に「官吏俸給令の一部を改正する等の勅令」（勅令第435号）が公布されたが、7月1日に遡及しての新給与への切替支給は手続きの関係で実質的に11月にずれたという[5]。

なお、改正手続きは相当複雑多岐にわたる為、大蔵省給与局主催で各官庁より担当者を集めて地区別説明会（8月の中下旬）が開かれることになり、文部省も各校に担当者が出席するよう通知をしている[6]。

3．教員給与改善

戦後の教職員の困窮について触れた一例に日教組五年史とも言うべき本に次の様な記述がある。「教職員の生活も文字通り困窮欠乏に陥り、……教職を捨てる教員は増加し、……学校では欠食児童の休みや弁当の盗みが盛行し、郡部地帯の非農家出身の教師は、子供たちから食糧をめぐんで」[7]もらっていた。各県教職員組合の運動史を読むと敗戦後の教職員の生活が苦しく、その中でも

教育再建のために如何に苦労したかが記述されている[8]。

教員の生活を安定させる必要は政府でも認識していて、1945年11月の帝国議会で前田多聞文相が教員の待遇改善に前向きな答弁をしている[9]。

7月給与改訂が課題となっていた最中の7月24日、政府は1946年度改訂予算案を国会へ上程し、その中に国民学校・青年学校教員の待遇改善費を計上し、9月に成立している。更に10月1日には追加予算として中等学校等の待遇改善費が計上され10月に成立している。

勤続年数等で一般官吏と較差（当時教員の昇給率は一般官吏の10年間で2・1倍にくらべ1・8倍であった等）が生じていたものを昇給させて改善するもので、7月給与改訂に先行する教員給与の特別措置となっていた。

離職者の増大等為政者として看過できない状況、盛り上る教職員組合運動におされての予算化であるが、田中耕太郎文相は「報われた黙々たる節度」、「大蔵当局及び連合国司令部の理解と同情の賜物」とコメントしている。

教員の待遇を一般官吏並にすることを建前にしていたが、各都道府県の平均俸給月額にはげしいで凸凹のあったものを水準化することなしに、1945年11月現在の平均額を基礎として、全国をAクラス（100円）、Bクラス（90円）、Cクラス（80円）の三段階にわけ、その凸凹に応じた比率で改訂しようとするものであった。また、既に「一斉増俸」を勝ち取っていた府県にとっては切り下げになってしまうこともあり、当然各都道府県に強い不満がおこった。当時の全国状況は、国民学校教員の平均俸給月額が最高—東京（89円48銭）、最低—静岡（53円78銭）、全国平均—64円3銭という凸凹のはげしさであった[10]。

文部省は各都道府県へ10月22日に改訂実施の報告[11]を求めているが12月19日になっても報告が来ていないことを認めている[12]。このため7月以降のインフレにより引上げのメリットはなくなっていた。

官吏の7月給与改訂と教員給与改善が同時並行的に進行し待遇改善・賃金引上げ要求闘争は複雑な様相を示すことになる。

4．東京に於ける教員給与改善の運動経過

教全連・都教協は結成大会で俸給令改正前の臨時増俸による地方差、男女別、学閥等による待遇差、在職年数による待遇差、加俸の不合理是正を求めることを決定し、文部省交渉、政党要請等を行っていた。

俸給令改正前の臨時増俸要求は7月に教員給与改善案が出たので、以後、主として東京都教育局に対する調整増俸（凸凹是正）の交渉に移行した。

都教協は7月から二ヶ月にわたって、教育局に対し調整増俸の交渉をつづけ、

具体案の回答は10月10日とされた。都教育局との間に次の2大原則を確認していた。①東京都の経済情勢に鑑み最高線の必要を認む、②あらゆる主観を排し客観的基準に基き機械的に行う[13]。

闘争中に都教協内部に都教労との共闘を行う気運がたかまり、江藤都教協副委員長が9月3日に都教労・日教労本部を訪ね、懇談会開催を申入れている。10月5日に国教・都教労代表8名ずつが国教事務所で会談し、10日発表予定の新給与令都案への対策を話しあっている。日教労・都教労のこうした対応について「教員組合運動史」では「都教としては別途全国案をもって日教労を中心に対政府闘争を考えていたため、対都要求に主をおかず、専ら都教協案によって調整を行うこと」になったと記している[14]。

10日発表の都案に組合は満足せず調整増俸の闘争は、都教協案を統一要求とする都教協・都教労の共同闘争という形になり、11月10日に組合側の要求が全面的に承認され妥結している[15]。特徴的な点としては、①出身学校・地域等にかかわりなく、同一年数・同一賃金の原則がつらぬかれ、かつ経験年数の加算額が年平均5円（当初の都案は4円から4円20銭）となった、②住宅手当が、これまで独身者、世帯主、校長等によって差別があったのが、一律に最高額として各人の基本給にくりいれたため、基本給が他府県より高くなった、③戦時中から場当たり的に乱発されてきた諸手当が勤務地手当一本になった、等の成果があった。しかし、昇給が中等学校7円、国民学校5円と較差があり、さらに男女間の1号差等不合理な点が残った。なお、中教組の運動は10月の追加予算成立後に本格化し、12月2日に妥結をしている[16]。

この時点では賃金要求の運動・理論では都教協が都教労よりも優位に立っていたことが窺える[17]。また、組織運動、イデオロギーの対立はあっても待遇改善、賃金引上げ要求では共闘が可能であったことがわかる。

5．産別会議10月闘争と日本共産党

6月13日に発せられた「社会秩序保持に関する政府声明」以降、労働運動は沈滞気味になっていた。しかし、7月に入り主食の遅配欠配がひどくなり、また物価が高騰するなかで、国鉄、海員の首切り反対の争議が始まり再び勢いをましていく。

9月18、19日の産別会議臨時執行委員会は「あくまでゼネスト[18]を基礎にして闘争の構えを固める。ゼネストを解くときは産別内の最高闘争委員会にはかり単位組合が勝手に行動しないこと」[19]を確認し、指導部としての地位を明らかにしている。

10月12日の弾圧反対労働者大会で、聴濤産別会議議長は10月闘争の状況報告をし、「日教労（11万5千）は18日全国教員組合大会を開き政府の新俸給令7月案の撤廃、文部省に対する団体協約の締結を迫る予定」[20]と報告している。
　そもそも産別会議の10月闘争は日本共産党の指導で行われたが、党再建一周年を記念して企てられたとの証言がある[21]。
　日本共産党の指令第36号（9月21日付）「十月闘争の一般方針」[22]では、国鉄闘争後の各産別の状況に触れ「教育労働者も賃銀問題について全国的に動揺しつつあり」とされている。そして反政府闘争を組織し、「基本線の各指導部はフラクションを確実に集中して指導を行うこと」「われわれは大衆行動を組織する大胆積極的な行動力が必要である。ただこれによってのみ……革命を推進することができる。」とされていた。
　教職員組合運動へは、指令第47号（10月31日付け）」[23]で「教員争議に市民を動員せよ」として具体的内容を示して、「学童生徒の父兄を中心とする広範な市民層の支持を獲得」するよう指示していた。
　指令第54号（11月21日付）「無条件合同運動について労働戦線の統一方針」も発出されている。「無条件合同を推進しかつ完成せしめる起動力は、また実に強力なストライキ運動であり、共同闘争である」として、組合内の党フラクション・細胞の精力的な活動を促していた。
　全教組の運動を主導した日教労の運動の流れを見ていくと、この日本共産党の指令によって動いていたことが如実に現れている。

6．教全連、日教労・全教組の賃金引上げ要求運動

　東京で都教協と都教労が共同闘争をしている最中に、7月給与改正と教員給与改善の両者に対する全国統一の強力な闘争をおこすべきだ、という機運が各地に強まった。
　（1）教全連の運動
　教全連は10月11日、12日に代議員大会を開催して要求事項を整理し、文部省、大蔵省への交渉を開始している。
　11月4日に代議員会を開催して、要求貫徹について協議する。7日には闘争委員会を組織し要求事項を以下のように整理するとともに、日本教育者組合連盟（日教連）の加盟が承認されている。
　①最低実収入600円を支給すること、但勤務地手当を含まず、②地方差を撤廃すること、本俸を全国最高基準に統一すること、③男女の差別を撤廃すること、④減首絶対反対、⑤勤務地手当を増額しその適正化を計ること、⑥家族手

当を最高額に引上げよ、⑦所得税の免税点を引上げること、ア甲種勤労所得税免税点600円に引上げ、イ綜合所得税免税点3万円に引上げ、ウ家族控除額を一人30円に引上げ、⑧教育予算を大幅に引上げること、ア在職年数による俸給最低基準の確立、イ教育施設費並に研究費等の増額、ウ私立学校助成費の増額、エ被服等の現物支給、⑨勤務条件の改善を急速に実現せよ、ア最高勤務時間制並に授業時数の確立、イ学級定員の減員＝年次計画を樹立すること、ウ学級数当り教員数の増加＝年次計画を樹立すること、エ国民学校に於ける事務管制の設置（来年度より）[24]。

なお、10月15日の文部省交渉に提出された要求書には以下の項目が含まれていた[25]。○教育刷新委員会への教全連代表者の参加、○教官の級別撤廃、○私学勤続年数を勤続年数に加算、○昇給期間の確立（最長、最短期間の確立）。

11月11日には文相から概ね以下のような回答を得ている[26]。

①については一般官庁職員と切り離しての措置は難しいが、何等かの名目で追加予算に計上するよう大蔵省と折衝している。②基本給統一は原則賛成、全国最高に統一出来るかは疑問、③資格、能力、勤務年数以外の差別は既に撤廃、④要求は正当、現教員数は過剰では無い筈、⑤、⑥政府として努力、僻陬地加俸も考慮、⑦財政当局の決定事項であるが連絡のうえ研究してもらう、⑧、⑨既に予算化、今後実現したい事項もあるが年次を追って努力する。

11月12日には文相より教全連に対し「最低実収6百円閣議決定」の旨回答があったが、教全連中闘委員会は「手取り6百円を最低とし、全教員を目標とする」最終案を検討、文部省と再交渉に入ることを決定している。

11月26日に第91回帝国議会が開会され予算案が上程されることから、各党代表、教育関係議員への要請、文部省交渉をしている。

12月14日、要求貫徹教全連大会を開催し最低実収600円他八項目、並びに越年資金本人1,500円、家族一人当たり300円の要求を決定し、文部、大蔵、各政党へ要請行動を行っている。

12月18日、文相と会見し概ね満足すべき回答を得たが、閣議正式決定の後に文部省との間に覚書を交換することを確約させ23日に文部大臣と仮覚書を締結している[27]。

「最低実収入6百円支給に関する仮覚書
一、最低実収入6百円支給の件は予算操作の技術面において一本ではないが毎月所要金額を支給することは衆議院予算総会附帯決議によって確認された。
　（註）予算総会附帯決議

現下の教育の重要性と教育者の任務の特殊性にかんがみ教育者の生活を確保するためすみやかにその最低月収6百円基準を実現することし、さしあたり今次の特別給与金の他に月収6百円となるよう特別の緊急の措置をおこなうべし。
二、右の処置は国民学校の教員のみならず一般教員にも適用される。
三、なお右の支給は現在実収入6百円以上のものにも平行的に実施される。
四、この支給は12月から新給与制度実施のときまで月割で継続される。
五、最低実収入6百円と越年手当とは別個のものである。越年手当は官吏と同率に支給される。
　　　　12月23日

　　　　　　　　　　　　　　　　文部大臣　田中耕太郎
　　　　　　　　　　　　　　教全連中央委員長　山本節次」

なお、この仮覚書は教職員組合と文部省がとり交した最初の確認文書である。
この最低実収入600円の要求は研究費の名目で、1947年5月に実現することになる。

（2）日教労、全教組の運動
　日教労は7月10日開催の第一回執行委員会で単一組織結成の母体として地方協議会を重視し、利用していくことを決めている[28]。産別会議結成大会に合わせて8月20日に中央委員会を開催することにしていたが、参加者が少なくこれを懇談会にしている。この会で7月給与改訂と教員給与改善の問題は全国共通であるとし国鉄等の減首反対闘争と結びつけ、全国単一組織結成を目指すことが論議されている[29]。
　9月10日に中央委員会を開催し平均給を全国一律にする等の基本要求をもとに中立組合を含む地方ブロック会議を開催、それをもって10月に全国の教組の協議会を持つことを決めている[31]。
　日教労は9月26日に開かれた近畿地方協議会の決議を受けた形をとり、10月18日に共闘組織として最低生活権獲得全国教員組合大会（全教組）を組織する。
　大会では中立組合の闘争方法に考慮してほしいという意見と、都教労などの日教労系組合のストライキも辞せずとの対立があった。なお、都教協との共同闘争について動議があり、全教組と都教協の間には意見の相違がないことが確認されていた。10月16日、17日の大会準備会には都教協の薄井書記長も出席しているが都教協は大会に参加していない[32]。

要求項目は以下のとおりである⁽³³⁾。

①最低俸給600円を支給すること（国民・青年・中学・高専・大学教職員）等を含む、②地方差を撤廃すること、③男女の差別待遇を撤廃すること、④特別地域に特別勤務地手当5割を支給すること、⑤かく首を絶対に為さざること、⑥500円の枠を撤廃すること⁽³⁴⁾、⑦勤労所得税基礎控除額を1,500円に引上げること。

全教組は文相に会見を要求したが、田中文相は5月に文部省を不法占拠したメンバーがいることを理由として面会を拒否し続けた。

これ以降、都教労を中心に青年行動隊の街頭宣伝、闘争資金獲得の為の「週刊教育新聞」の販売等が行われているが、その行動に児童も参加させている。10月22日には文相に面会を要求し、警官隊と衝突している。

11月1日に穏やかに話をする条件で文相会見は実現するが、その背景には「赤旗を押立てたり、労働歌を高唱するが如き行為は或る一派の指導によるデモに似たりとして多数の意思によって之を斥けられた」という⁽³⁵⁾。

都教労を中心とする青年行動隊による過激な運動スタイルに対する拒否反応がはっきりと示されていた。

11月6日に全教組第二回大会が開催され「要求貫徹まで最後まで闘い、最悪の場合は一斉罷業決行」を決定している⁽³⁶⁾。「日教組十年史」には「北海道・岩手・石川・大阪などの代表の意見により、産別会議の秋季闘争と一線を画する点が強調され、政治的闘争のスローガンをはぶいて全国の歩調を合わせたのは重大なことだった。」とされている⁽³⁷⁾。

この大会で、新たに50名の中央闘争委員を選び、17名の最高闘争委員会を設置、岩間正男が委員長となっている⁽³⁸⁾。

続いて11月7日の中央闘争委員会は20日までの罷業態勢の完成を決定し、書記局を編成し組織部、調査部、宣伝部を設けている⁽³⁹⁾。

11月26日、全官公庁共同闘争委員会（共闘）が単一の組合、連合体の組織も含めた形で⁽⁴⁰⁾、全逓、国鉄、全教組、全官公労協（7月闘争以降全逓、国鉄は脱退していた。＝筆者注）、全公連によって結成され、共闘委員として各3名が選ばれている。また構成組織の委員長（全教組は岩間正男）を含めて拡大共闘委員会が設置されている⁽⁴¹⁾。規約には「組合の個別的闘争終了は、同委員会の承認を得なければならない」とされていた⁽⁴²⁾。

これによって、全教組は闘争にあたって「共闘」の縛りを受けることになり、12月の中労委斡旋の合同にあたって問題となる。

12月2日、全教組は全国代議員会で「共闘」と歩調を合わせる為以下の要求

を追加している。①越年資金本人手取1,200円、家族一人当300円を15日迄に支給、②家族手当一人200円に増額、③綜合所得税免税点を3万円に引上げ、④学制改革に伴う青校教員の地位保全、⑤団体協約を締結。

12月3日には全教組支持の全国父兄大会代表が、各党議員に要望書を提出している。

12月5日に全教組代表は文相と再交渉、新たに①組合代表参加による給与体系審議機関を10日迄に設置のこと、②臨時議会提出の実収基準線を明示のこと、③教組の現勢確認のため全教組、教全連、文部省3者立合会見を行なうこと、④その結果絶対多数と認められるものを今後正式交渉相手とすること、⑤越年資金、家族手当の交渉経過を今後逐一説明のこと、の五項目を要求している。全教組は交渉の度に新たな要求を出して対立点を際立たせ、最後は自分たちのみを交渉相手とするよう迫っている。田中文相は記者会見で現勢確認をしなければ回答を認めないという態度は不可解であるとコメントしている[43]。そもそも全教組は各単位組合の臨時的集合体で法的な単一の労働組合ではなかった。

7．全国的な組織合同への動き

（ア）全教組の共闘打ち切り宣言

教全連は11月4日に代議員会を開催し全教組に参加するかどうかを論議し、経済闘争に限れば共闘は可能として「教全連・全教組及び其の他の各教組の結集による真に全国一体の共同闘争を展開」すると決めている[44]。

教全連は、9日に全教組から「共同闘争本部」設置の呼びかけ[45]があったため、12日に近日中に代議員会を開催して回答することを伝え、「目標貫徹の為にも相互に連絡交渉を持つことは我々としても強く希望する」としていた[46]。しかし、全教組は12日に「教全連に対する声明書」で、「分派的行動」「僅々2、3万に足らざる少数派」「労働組合としての資格を完全に喪失」と誹謗中傷して交渉を一方的に打切っている[47]。

（イ）教全連代議員会と合同会議

11月20日の教全連代議員会では、山口、北海道、福島、新潟の仲介申出を受け入れ、全教組との交渉が再開されることになる。

21日、23日、27日と傍聴者も含めた交渉が行われ、29日に代表者各5名だけによる連絡会が開催されている。

日教労・全教組の機関紙「週刊教育新聞」には21日、23日の交渉の速記録が掲載されているが、27日の会議についての記事は無く、29日は闘争日報に項目は有るが会議の内容には触れていない[48]。教全連発行の「教員組合新聞」[49]

では交渉の全体を知ることが出来る。「教育新聞」[50]には21日、23日、27日の速記録が掲載されているが29日の記事は無い。「日本教育新聞」[51]には10月11日以降の闘争日誌が掲載され、時系列的に整理されている。

11月21日に交渉を持ったが、全教組は「全教組及び教全連を解体、新たに各道府県単位の組合を結集した、単一組合を設けたい」と提案、教全連は「現在の組織をそのままに、中立系を加えた一本の共同体とする合同体案」を提出、両者の意見は一致せず、会議を打ち切る。翌22日の教全連代議員会では「全教組案は共同闘争に非ず合体闘争であるから共同闘争の立場を先方に理解さすべし」「我々は表面的な共闘論不可、実質的な600円獲得は議会の開催期を重視せよ」との意見が出る。仲介者は「全教組内部にも教全連的行き方を支持し、日教労排撃に努力している地方が多いのだから教全連の大きな力を入れる事によって全教組の行き過ぎを是正したい」又「20日代議員会の決定の方向にて始めた事が解体問題に飛躍してしまって申訳ない。然し我々は飽くまで共闘実現に努力する」[52]との意向を表明している。

11月23日の第二次交渉で教全連代表は「双方両立のまま共通事項のみを統一し、最高本部（仮名）を設ける」共闘方式を説明、全教組のスト態勢宣言は時期尚早と述べるが、全教組は「ストは教育の切開手術である」と反駁する。教全連から「教全連を以って分派行動とする声明を取り消しされたい」と要求し、交渉は再び持越しとなる。

この日、全教組主催のもとに開かれていた全国父兄大会準備会代表が交渉会場を訪れ、合同を望む要望書を読み上げている[53]。

11月27日の第三次交渉で全教組は「両者を解体、府県別単一組織の結成」を再提案、さらに「ストの最終的決意なしには問題は解決せずこの取消しは全教育戦線に対する反発である」と主張する、一時混乱状態となったが、中立系代表より「教育戦線の即時大同団結が必要である」と熱望があり両者は共闘への熱意を認め、闘争の具体的方式については連絡会で協議することになる。

11月29日の連絡会で全教組は12月2日開催の全国大会でスト宣言取消問題を討議した上、改めて共闘の具体的方法を協議することになる。

全教組ではこの交渉の最中に、日教労の中心部隊である都教労が20日にスト態勢確立大会を開き、30日に全教組中闘委員会はスト問題を討議の結果「取消は行わず、スト態勢続行」を決議している。そして、12月2日の全国代議員会でスト態勢を進めることを確認している。

（ウ）西日本地区教組協議会（西日本協議会）の斡旋

11月29日に西日本協議会が山口市で開かれ共同闘争についての申し入れを採

択する。3者の交渉は12月8日、9日と続けられたがスト問題や組織問題で合意に達せず12月11日に教全連が交渉打ち切りの声明を出すことになる。

西日本協議会の提案は、「組織にふれず経済面に於いてのみ共闘を望む、でその方法として12月5日を期限として共闘委員会をもち後大会を開く（第一案）この方法が入れられぬ時は、各地区共同提唱による全国大会をもつ（第二案）で」あったが、全教組が「共闘委員会を廃し、全国単一組織」結成の意図を示したため、教全連は交渉を拒否する(54)。

教全連としては、共同闘争の交渉中に「両派の現勢確認を申出た。しかも多数派のみを交渉相手とするように」、「闘争方式の交渉中にスト態勢強化の指令を発したり……全教組側の信義の欠如と行動の過激と相互敬愛の念に乏しいという諸点より、彼らの側より全くその意志なしと断定」(55)せざるを得ないとしていた。

（エ）中央労働委員会（中労委）の斡旋

全教組は12月7日に文部省との現勢確認を求める交渉が決裂したため中労委に提訴し、中労委は末弘会長代理が紛争解決に乗り出す。10日に教全連、全教組、西日本協議会代表から非公式に各組合の立場を聴取する。しかし、この調停も失敗に終るが、教全連の言い分は次のようになる。

「12月10日中央労働委員会にて作られた共同声明書の①基本給確立のための闘争はあくまで継続する、②教全連案による暫定的措置としての最低実収入600円の要求闘争は依然継続する、③越年資金の要求闘争は以前継続する、④全国一本の組織を12月22日迄に結成するの①，②，③は当然のことで問題は④にある。全教組が宣伝的闘争をしても交渉は些かも進捗せず、……五項目追加再度文相要求も中労委提訴も、同大会が組織体ならざる脆弱性を露呈し、惨たる敗北に終ったのである。ここに於て、全教組は中労委によって強引なる結成をはかろうとしたのである。……末弘氏の説は『教員組合を一本にするということは困難で、組織の問題は遅れてもよい、取りあえず仮執行部を設け新給与体系の為の政府との交渉部をつくり、他は各府県の連合体をつくる組織部をつくり、全国的に出来た暁、仮執行部を解散し、新たに民主的に選ばれた委員によって結成する』というのであって結成の拙速を全教組に警めている。然るに12月22日に結成大会をもつことが、末弘案なるかの如く宣伝し23日全国大会を開催したのである」(56)。

中労委が教組の合同を急いだ背景には、「共闘」加盟の各単組が中労委に提訴していたため、全ての官公庁職員組合を同時に審議し、政府との間に立って存在感を高めたいとの中労委の思惑もあったと思われる。

日教労・全教組は執拗に教全連の解体を策し、教全連は一貫して拒否しつづけていく。その底流には、「要求提出に行く際の『デモ』行進それに児童を参加せしめ、拒否されれば学校人民管理、与えなければ『スト』だ要求貫徹の『スト』ならまだしも他に重大な意義を持つ『スト』だ経済闘争から政治闘争にまで発展した甚だ先鋭的活動を続けている。尚青年行動隊の街頭宣伝『パンフレット』貼付等すべて中央よりの指令一本により行動する専政的独裁的である」[57]と、日本共産党に指導される日教労への不信感が根強かった。

8．全教協の結成と中央闘争委員会の成立

　7月給与改訂と教員給与改善への不満と不安を煽り、地方ブロック会議を活用した日教労の中立組合獲得戦術は効を奏した形になり、全教協結成へと向かうことになる。しかし、12月22日の全教協結成大会で役員選挙をめぐって中央執行委員会（荒木正三郎委員長）と中央闘争委員会（岩間正男委員長）が並立することで、日教労と中立組合の対立が鮮明となる。

　「日教組十年史」では「役員としては、中央執行委員長荒木正三郎、副委員長小笠原二三男、今橋裕、書記長横路節雄が選ばれた。しかし、同時に目下の闘争中は岩間正男を委員長とする中央闘争委員会が全面的に執行機能をもつかたちがとられ、せっかく選ばれた中央執行員会は名目的なものであった。」と簡潔に記述されている[58]。

　「日教組二十年史」の草稿を執筆した望月宗明執筆の「日教組の歴史」[59]には大会の前段に双方が役員選挙の対策会議をもっていたことをやや詳しく書いている。開票結果は三分の二の票が荒木に集まり当選し、岩間は副委員長、書記長にも立候補したが敗れる。そして、大会でのやり取りは以下のようになる。「この選挙の結果が大会に報告されると、まず東京の小林徹が立って『この選挙は陰謀によって行われたものだ。その首謀者は名を名のれ』と絶叫し、混乱がはじまった。『陰謀とは何事だ。民主的な選挙の結果を認めないというのか。』『お前たちは信濃町の旅館で何を話しあったのだ。』『お前たちこそフラクション会議で何を決めたのだ。』会場は喧騒の場となった。お互いがもっている相手方の情報をぶつけあう泥仕合の様相が濃くなった。そのとき、荒木正三郎が発言を求めて登場した。

　『私は多くの諸君におされて委員長になったが、適任であると思っていない。しかし全国の教員組織を一本にするためには一党一派に偏した委員長を選ぶことはよくない。私は陰謀で委員長になったのではない。教員の大同団結を真剣に考えている人々によって選出されたのだ。』

絶叫調ではない静かな訴えに、会場はしばし静まりかえった。

ついで岩間正男が登壇した。岩間はポケットから宮城県牡鹿支部、鹿又国民学校の鹿野松治から闘争本部におくられた『諸氏連日のご奮闘を謝し、併せて要求の全国的な達成を期待し御完闘を祈る』という血書[60]を掲げながら、『大同団結のため選挙の結果は認めよう。当面の闘争を推進させるために闘争委員会をつくろうではないか』と提案した」。

その結果深夜に中央闘争委員会が選出されたとしている。

後年小林は、荒木が大金を用意して役員選挙に立候補したとのデマが流されていたことを証言している[61]。

この混乱を静めたのは岩間正男であると記述したものが教育運動史関係の書物等に多いが果たしてそうなのであろうか、そして混乱は簡単に収まったのであろうか。

中央執行委員会の書記次長となった木南金太郎（石川）の証言が残されている[62]。

「岩間君を表面にする共産党の一騎当千の諸君のために闘争委員会が執行部と別にもたれてしまいました。あの大会に出席された方々も多数おられるわけですが、全く役員選挙の時は殺気さえみなぎり、廊下や便所ではきょう迫がましい行動まであり、私などは無事に宿舎に帰れないかとさえ思いました」。

かなり不穏な空気となっていたことが分る。殺気だった大会がどうして深夜に規約に無い中央闘争委員会の選出に向かったのだろうか。

秋田県教組20年史には次の記述がある。「この時鈴木義雄は、殆ど中央に常駐して大阪、山口の未参加組合にオルグとして活躍し、その参加を実現させた。しかし選出された執行部ではこの全労働者を含めた闘争に伍していけるかどうかが甚だ不安に思い、かつて鈴木義雄が成城学園教師時代の父兄である、中労委会長末広（ママ）厳太郎を花岡奏雲と二人でその私邸にたずねて、闘争体制を別につくることの合法性の保障を得て帰り、全教協闘争委員長岩間正男、副闘争委員長鈴木義雄が選出される」[63]。

しかし、末弘の権威だけでことは納まったのだろうか。

不思議なことに、荒木、岩間もこの時のことについて表面的なこと以外後年になっても語っていない。また、全教協結成を日教労の衣替えに過ぎないと批判した教全連は機関紙で大会の混乱に触れることはなく、ただ「大会のあの『嵐を内に宿した』」と隠喩的に書いているだけである[64]。さらに全教協結成を報じた「週刊教育新聞」[65]は役員選挙には全く触れず、中央執行委員、中央闘争委員の名前も出ていない。商業新聞も緊迫した大会の様子には触れていな

い。

　GHQが労組の集会・大会に担当者を臨席させていたことは、都教協の6月21日大会準備関係文書に通訳係が置かれていたことからも窺える[66]。
　当時の出版物に大会の様子が一切書かれないなどの対応は、末弘の「合法性の保障」[67]だけでは説明が着かず、GHQの関与があったことを推測させる。

おわりに

　木南は先の文章に続けて、以下のように記している。「その後、闘争委員会は2・1闘争に向って直進したわけです。しかし、中立系は何とかゼネスト突入を避けたいと毎晩協議して最後の土壇場の態度は打合わせが固く出来ていました。全官公の幹部が完全に共産党の指導下にあり、その決定が私たちの中闘で強引に可決されていく有様で、当時の私は、反共の旗頭として一人歩きは絶対に出来ない情報を毎日得ていました。闘争が深刻になるにつれて教全連との関係が途絶えましたが、個人的には先方の幹部も、私達の執行部に信頼せられるようになり、二、三の個人的交渉を持ったこともありました」。
　2・1スト後に全教協闘争委員会は解散し、教全連の呼びかけもあって日教組結成へと向かうことになる。

　　注
（1）拙稿「戦後初期教職員組合運動の実相―日教組結成前史Ⅰ」公教育計画学会年報7号所収　参照
（2）「昭和財政史―終戦から講話まで」第10巻「国庫制度国庫支出・物価・給与・資金運用部資金」大蔵省財政室　東洋経済新報社　1980年　p.601
（3）「日教組十年史」日教組　1958年　p.437
（4）「国教ニュース」（発行年月日判読不能）に以下の記述がある。「今まで協議会準備会として共同闘争して来た全官労は過日全通の脱退を機に正式に準備会として発足する為、農林省職組を中心に協議した結果9月9日に左の規約案を決定した。都教協としては9月13日の常任委員会で審議した結果参加する事に決定した。」都教組十年史参考資料（国教）その1所収
（5）前掲　「国庫制度国庫支出・物価・給与・資金」　p.620
（6）「官庁職員給与制度改正に就いての協議会の開催」復刻版文部行政資料（終戦教育事務処理提要）第3集　1997年・文部省　国書刊行会　p.334
（7）「日教組運動史」新井恒易　日本出版協同組合　1953年 p.13以降
　　　日教組五年史との解釈は小林武日教組委員長の序を参照。
（8）教員は単に恵んで貰っていたのではなく、1946年4月に文部省は教職員が生徒、児童に食糧提供を強要するのを禁止する通達「学校教職員ノ生徒、

児童ヨリスル食糧収受強要禁止ニ関スル件」（前掲復刻版文部行政資料第3集 p370）を出すほどであった。この文書の末尾にはこの件は追ってGHQより注意がある旨の但し書きがある。

食糧の隠匿、枯渇は激しく餓死する者もでる状況で、政府は食糧危機突破のため食糧増産の国民運動を提唱し、労働組合は隠匿物資の摘発等に大衆運動を盛り上げていった。政府は1945年12月に決定した食糧増産の国策に学校も利用していく。戦時中の勤労奉仕の延長線上に「学徒ノ食糧増産ニ関スル件」が政府決定され、文部省は実施に当たっての詳細な通達を出している。さらに中等学校においては「作業の成績を学籍簿に明記」して評定の対象としている。（「近代日本教育制度史料第二十六巻」近代日本教育制度史料編纂会編纂　大日本雄弁会講談社　1958年　p.142以下）

1946年5月には食糧メーデーが開催されるなどしたが、6月に食糧危機を切り抜けるための政府方針に則り文部省が「学徒ノ未利用資源蒐集運動ニ関スル件」を発出している。そこには「学徒もまたその特性を活かし、進んでこれに力を協せ、国難を切り開くため努力する」とし、理由付けとして学校給食の徹底、学徒の科学心を養うことが目的とされていた。芋類の茎や葉、ドングリ、海草、ヨモギや山野草、バッタ、果実の皮や種などの品目が具体的に挙げられている。（復刻版文部行政資料（終戦教育事務処理提要）第3集　1997年　文部省　国書刊行会 p.655）

なお、各地方でどのように具体化されたかを知ることの出来る資料は少ないが、茨城県では政府より早く5月の段階で上記未利用資源の回収と活用が提起され、「終戦前に於ける生徒児童の増産への総協力態勢復帰を強調指示すること」との文言がある。また、「食糧危機突破蓮採集運動実施ノ件」が出され、「全学徒ト非農家ノ協力ニ依り」運動を実施するとの戦中の総動員体制と変らない記述もある。（「茨城県旧制中等学校教育史料　公文拾遺（一）」編集発行　海老原恒久　2005年　p.174）

管見であるが各県教組史等には教職員の生活困窮、離職の記述はあるが食糧強要禁止、学校の食糧増産への協力に触れた記述は見当たらない。

（9）第89回帝国議会衆議院議事速記録第二号　1945年11月28日
（10）「都教組十年史」都教組　1958年　p.77
（11）発学499地方長官宛て「国民学校及び公立青年学校教職員の俸給切替状況調について」（文部時報1947年1月）
（12）第91回帝国議会衆議院予算委員会議事録第八回　1946年12月19日
（13）「国教情報」（号数等判読不能）都教組十年史参考資料（国教）その1
（14）「教員組合運動史」全教協闘争委員会　1948年　p.75
（15）都教協案と都案の対比は「都教組十年史」p.87、88参照
（16）「中教情報」「日教組十年史参考資料　日教組結成以前諸資料その1」所収

(17)「都教組十年史参考資料（都教労委員会）その11」所収の記録には9月4日執行委員会で、闘争組織になっていないとの意見がでて役員改選が行われている。何等かの混乱があり組織的に対応できない状況だったことも窺える。
(18) この時点でのゼネストは産業別の全国的なストライキを指していた。
(19)「資料労働運動史 昭和20年─21年」労働省 昭和26年12月 p.244
(20) 同上 p.248
(21) 元産別会議事務局次長・細谷松太の証言 「証言産別会議の誕生」大原社会問題研究所偏 総合労研究所 1996年 p.120
(22)「戦後日本共産党関係資料」不二出版 2007年 以下指令は同書による。
(23) この指令は1946年12月10日の衆議院本会議でも取上げられている。第91回帝国議会衆議院議事速記録第八号 1946年12月10日
(24)「教員組合新聞」1946年11月20日 発行教員組合全国連盟 「都教組十年史」参考資料 その11 以下「教員組合新聞」は同資料集による。
(25)「日本教育新聞」第25号 1946年10月23日
(26)「教員組合新聞」1946年11月20日 回答内容については筆者が要約
(27)「教員組合新聞」（発行年月日は判読不能）
(28)「Ｋｙｏｕｉｋｕ-Ｒｏｄｏ」第6号 1946年7月10日
(29)「Ｋｙｏｕｉｋｕ-Ｒｏｄｏ」第11号 1946年8月21日
(30) 都教労では「平均給」は文部省の減首案であるとして「基本給」を要求した。前掲「教員組合運動史」p76
(31)「週刊教育新聞」第15号 1946年9月16日
(32)「週刊教育新聞」第21号 1946年10月21日
(33) 前掲「教員組合運動史」 p.100
(34) 500円の枠とは、1946年2月に戦後のインフレを抑えるために取られた政府の措置。2月17日、旧紙幣は3月20日限りで流通を停止し、旧紙幣はいっさい銀行に預け入れて封鎖する。封鎖された預金は新紙幣をもって支払われるが、俸給生活者の給与は一人月額500円以上は封鎖するというもの。
(35)「日本教育新聞」 第27号 1946年11月6日
(36)「日本教育新聞」 第28号 1946年11月13日
(37) 前掲「日教組十年史」p.38
(38)「週刊教育新聞」第24号 1946年11月11日
(39) 闘争委員会とは何か。「国鉄の中央執行委員会は大きすぎて小回りがきかず、共産党以外の構成員が多すぎる。そこで、共産党員は闘争委員会の設置を呼びかけた。承認されると、彼らは公然、非公然を問わず、自分たちの仲間を闘争委に送り込んだ。……新しい闘争委員会や、この後の他の闘争で共産党が組織した委員会は欧米の"スト委員会"とはかなり違っていた。欧米の委員会は常に通常の組合中央機関の下位にある。ところが日本

では、争議の続く間組合の通常の機関の権限を闘争委員会が代行し、宣伝、資金集め、ピケ要員の選別、集会の準備などの争議運営だけでなく、団体交渉も行い、つまりは争議の決行も中止も指令した。闘争委員でない組合役員は闘争委員会が闘う間、日常の雑事をやらされた。それに、闘争委員には共産党員でない委員など雨夜の星のように少なかった。共産党は組合員に策略を見抜かれないで彼等ら出し抜き、過去の役員選挙を無視した。」セオドア・コウエン著「日本占領革命―GHQからの証言」下　TBSブリタニカ　1983年　p.48

(40)　全官公労協が全逓に参加を求めたのに対して全逓は連合体もその他の組合も含めた組織にすべきと提案し受け入れられている。その結果全教組も参加できることになった。「全逓労働運動史」第3巻　新泉社　1971年　p.299

(41)「共産党員以外の者には、共闘委員会の五組合のうち四組合は共産党の指導から独立しており、党員であることが分っている岩間正男が委員長で、小林徹が事務局長だった全教組だけが共産党主導である、ようにみえた。……全逓委員長の土橋はそのときまでに共産党の非公然党員候補になっており、……国鉄総連の委員長は名目上の存在にすぎなかった。……組合中央執行委員会の多くも、いまや隠れ共産党員だった。国鉄と全逓の二重の隠れみのは成果を収めた。委員会の名称は共同"闘争方針"委員会から"闘争"委員会にかわり、それ以降運営権を握った。」前掲「日本占領革命―GHQからの証言」下　p.78

(42)　前掲「資料労働運動史　昭和20年―21年」p.244

(43)「時事通信・内外教育」第10号　1946年12月11日

(44)「教全連中闘情報」第7号　1946年11月21日「日教組十年史参考資料　日教組結成以前諸資料その2」所収

(45)「教全連中闘情報」号数判読不能　1946年11月12日「日教組十年史参考資料　日教組結成以前諸資料その2」所収

(46)　同上

(47)「教全連に対する声明書」全教組中闘委員会　1946年11月12日「日教組十年史参考資料　日教組結成以前諸資料その2」所収

(48)「週刊教育新聞」第28号　1946年12月5日

(49)「教員組合新聞」（発行年月日判読不能）

(50)「教育新聞」第50号　1946年11月31日

(51)「日本教育新聞」1946年11月13日　No.28以降

(52)「教全連中闘情報」第8号　1946年11月23日「日教組十年史参考資料　日教組結成以前諸資料その2」所収

(53)「教全連・全教組共同闘争第二回交渉」「日教組十年史参考資料　日教組結成以前諸資料その2」所収

(54)「教員組合新聞」（発行日判読不能）

(55) 「教員組合新聞」（発行日判読不能）
(56) 「教員組合新聞」（発行日判読不能）
(57) 「日教組十年史参考資料　日教組結成以前諸資料　その2」所収文書
(58) 前掲「日教組十年史」p.46
(59) 「日教組の歴史」上巻　望月宗明　合同出版　1966年　p.169
(60) この血書は「週刊教育新聞」第26号　1946年11月25日に写真が掲載されている。
　　また、この芝居じみた行動はGHQに対しても行われ、コウエン労働課長に叱責されている。1947年1月21日にGHQマーカット少将が組合側にゼネスト中止命令を伝達した時に岩間が血判状を取り出したことをコウエン労働課長が書き残している。「私は立ち上がって、血盟団のような戦前の反労働者的な国家主義暗殺団と同じ威嚇戦術をとっている、と感情的に岩間をなじった。……日本の組合指導者がそんな安っぽい芝居じみたファシストの手口を使うのを見て恥ずかしく思う、と語気を強めて非難した。」岩間は黙って血判状を取り下げたという。前掲「日本占領革命—GHQからの証言」下p.91
(61) 「教育のあゆみ」読売新聞　1982年　p.397
(62) 「県教組十年の歩み」石川県教組　1956年　p.35
(63) 「秋教組二十年史」秋田県教組　1967年　p.30
(64) 「教員組合新聞」（発行年月日は判読不能）
(65) 「週刊教育新聞」第30号　1946年12月23日
(66) 全逓の第一回中央執行委員会（1946年11月13日）にはGHQから担当者が臨席したと書かれている。前掲「全逓労働運動史第3巻」p.89
(67) 末弘が合法性の保障を簡単に与えたとは考えられない。末弘は船員中央労働委員会会長として、海員組合が執行部と闘争委員会で対立し、分裂したときに苦労している。教全連、全教組の調停の時には仮執行部の下での組織部と交渉部の設置を提案しているのもそのためであろう。翌年海員争議を振り返り（「改造」1947年5月号）、闘争委員会の権限を規約に明記する必要を強調し、執行部を威圧する青年行動隊を批判している。

（公教育計画学会員）

統計資料と解題

統計資料と解題

非正規教職員の実態とその考察（4）
―― 2017年度文部科学省教職員実数調から実態を考察する

武波　謙三

はじめに

　2017年12月26日に発表された総務省統計局労働力調査（基本集計）平成29年11月分（速報）によると、役員を除く雇用者数5,518万人のうち、非正規職員は2,061万人で労働者の37.35％と前年を0.35ポイント下回ってはいるが、2014年37.4％、2015年37.9％、2016年37.7％と、依然として37％台にあり3人に1人の割合で非正規職員が支えている状態にある。非正規職員は、男性雇用者2,977万人のうち636万人（21.4％）、女性雇用者2,540万人のうち1,425万人（56.1％）と男女とも2016年度より低下しているが、非正規職員に占める女性の割合は69.14％と2016年度（67.94％）より1.2％増加しており、女性の非正規職員化がすすんでいるようにみえる[1]。

　国税庁の平成28年分民間給与実態統計調査によれば、年間平均給与は正規職員487万円（対前年比0.4％増、20千円増）、非正規職員172万円（同0.9％増、16千円増）と、非正規職員のうち男性2,278千円（同0.9％増）、女性は1,481千円（同0.6％増）と若干ながら増加している[2]。しかし、依然として非正規の形態にある多くの女性職員が年収150万円未満という低賃金に置かれている状況に変わりはない。

　総務省が2016年9月に公表した「地方公務員の臨時・非常勤職員に関する実態調査（速報版）」では、臨時・非常勤職員は全国で約64万人、平成24年から約4万5千人増加したとし、代表的な職種のうちの一つとして、教員・講師が約9万人としている。民間職場にとどまらず、公務職場における非正規職員の処遇改善も喫緊の課題である。

　自治労学校事務協議会は、文科省へ教職員実数調の情報開示請求を行い、教職員定数における臨時的任用、非常勤講師の実態について研究を行っている。

　今年度、道府県から政令市に教職員人件費が移譲されたことも受けて、2017年教職員実数調の分析をもとに昨年度までのデータとの比較も行いながら現状を考察した。学校職場における非正規職員配置の常態化の実態と、とくに義務

制学校の本務者減少と非正規職員の増加がさらにすすんでいることがわかる。

1. 非正規教員とは

　本稿では、「非正規教員」を、①「産休代替等」（産前・産後休暇や育児休業、病気休暇、一般休職など休暇や休業を補う代替者として臨時的に任用される教員、②「欠員補充」（正式採用者が不足のため欠員として臨時的に任用される者と③「非常勤講師」に区別する。
　非正規教員が拡大してきた背景については、第 7 次教職員定数改善計画（2001～2005年）以降、定数改善計画が策定されていないこと、また、「義務教育諸学校の学級編制及び教職員定数の標準に関する法律（以下、「義務標準法」という）」第 7 条を改正し、第17条第 1 項で再任用短時間勤務職員、第2項で教諭等の定数を非常勤講師に換算することを可能としたことが大きく影響している（「非正規教職員の実態とその考察」（「公教育計画研究 6 号」））。

2. 教職員実数調における義務制学校の非正規教員の実態

　―都道府県義務制の非正規割合は、18.03％と18％台に拡大―
　2017年、道府県から政令市へ人件費が移譲されたことにより、教職員実数調について、都道府県、政令市別で分析を行った。
　【都道府県】
　公立小・中学校教職員実数調（（2017（平成29）年 5 月 1 日現在）以下、「教職員実数調」という。）によると、小中学校教員の実配置数は、正規職員464,833人、臨時的任用56,423人、非常勤講師46,521人、その他（再任用短時間勤務）3,140人の合計570,917人となっている。前年より105,668人減少しているが政令市が分離したことによる[3]。
　正規職員の内訳は、本務者456,043人（全体570,917人に対して79.88％）、再任用8,790人（同1.54％）である。本務者数割合は2013年82.27％、2014年81.95％、2015年81.29％、2016年80.89％と2013年以降毎年減少し、2017年2017年79.88％と80％を下回り、再任用者数割合は2013年0.57％、2014年0.75％、2015年0.98％、2016年1.27％、2017年1.54％と毎年 2 ％程度増加している。本務者数の減少を再任用者数の増加で正規職員の割合がようやく81％程度で維持されている。
　非正規教員としては、臨時的任用（常勤講師）が56,423人（同9.88％）（前年9.62％）で、内訳は「欠員補充」として37,043人（同6.49％）（前年6.25％）、「産休代替等」が19,380人（同3.39％）（前年度3.37％）となっており、「欠員補充」が0.24％増加している。

臨時的任用の割合は、2014年9.12%、2015年9.51%、2016年9.62%、2017年9.88%と上昇しており、早晩10%に達しようとしている。

　非常勤講師(実数)は46,521人で全体に占める割合は8.15%(前年度7.7%)、県費と市町村費に区別される。県費負担は国庫負担21,325人(同3.74%)(前年

《別表1》義務制教員等定数小中計 (2017年5月1日)

		教職員総数	差引実数	配置割合	本務者数	本務者割合	再任用数	再任用割合	本務+再任用 正規計	正規・実数 割合	正規/総数 割合
47	沖縄	9,722	9,206	94.7%	7,735	84.0%	61	0.7%	7,796	84.7%	80.2%
40	福岡	14,979	14,453	96.5%	12,124	83.9%	293	2.0%	12,417	85.9%	82.9%
29	奈良	7,237	6,895	95.3%	5,925	85.9%	100	1.5%	6,025	87.4%	83.3%
45	宮崎	6,820	6,560	96.2%	5,671	86.4%	91	1.4%	5,762	87.8%	84.5%
24	三重	10,739	10,133	94.4%	8,842	87.3%	102	1.0%	8,944	88.3%	83.3%
11	埼玉	26,956	25,683	95.3%	21,932	85.4%	898	3.5%	22,830	88.9%	84.7%
20	長野	11,781	11,171	94.8%	9,723	87.0%	317	2.8%	10,040	89.9%	85.2%
27	大阪	27,013	25,495	94.4%	22,206	87.1%	723	2.8%	22,929	89.9%	84.9%
43	熊本	7,229	6,869	95.0%	6,145	89.5%	66	1.0%	6,211	90.4%	85.9%
30	和歌山	5,923	5,599	94.5%	4,944	88.3%	131	2.3%	5,075	90.6%	85.7%
46	鹿児島	11,505	10,991	95.5%	9,781	89.0%	183	1.7%	9,964	90.7%	86.6%
7	福島	11,243	10,916	97.1%	9,767	89.5%	130	1.2%	9,897	90.7%	88.0%
26	京都	6,874	6,392	93.0%	5,710	89.3%	102	1.6%	5,812	90.9%	84.6%
44	大分	6,834	6,601	96.6%	5,887	89.2%	136	2.1%	6,023	91.2%	88.1%
8	茨城	15,672	14,960	95.5%	13,489	90.2%	202	1.4%	13,691	91.5%	87.4%
41	佐賀	5,295	5,066	95.7%	4,598	90.8%	49	1.0%	4,647	91.7%	87.8%
28	兵庫	21,359	19,967	93.5%	17,999	90.1%	334	1.7%	18,333	91.8%	85.8%
5	秋田	5,585	5,421	97.1%	4,949	91.3%	30	0.6%	4,979	91.8%	89.1%
33	岡山	7,759	7,352	94.8%	6,623	90.1%	142	1.9%	6,765	92.0%	87.2%
14	神奈川	14,439	13,629	94.4%	12,116	88.9%	431	3.2%	12,547	92.1%	86.9%
4	宮城	7,756	7,500	96.7%	6,808	90.8%	110	1.5%	6,918	92.2%	89.2%
31	鳥取	3,902	3,723	95.4%	3,420	91.9%	18	0.5%	3,438	92.3%	88.1%
39	高知	4,837	4,538	93.8%	4,093	90.2%	101	2.2%	4,194	92.4%	86.7%
3	岩手	7,847	7,652	97.5%	7,060	92.3%	14	0.2%	7,074	92.4%	90.1%
32	島根	5,028	4,844	96.3%	4,417	91.2%	72	1.5%	4,489	92.7%	89.3%
23	愛知	27,117	25,231	93.0%	23,274	92.2%	181	0.7%	23,455	93.0%	86.5%
25	滋賀	8,371	7,873	94.1%	7,225	91.8%	103	1.3%	7,328	93.1%	87.5%
10	群馬	10,817	10,282	95.1%	9,414	91.6%	168	1.6%	9,582	93.2%	88.6%
2	青森	7,775	7,582	97.5%	6,934	91.5%	141	1.9%	7,075	93.3%	91.0%
34	広島	9,038	8,557	94.7%	7,822	91.4%	168	2.0%	7,990	93.4%	88.4%
19	山梨	4,785	4,553	95.2%	4,233	93.0%	25	0.5%	4,258	93.5%	89.0%
35	山口	8,093	7,787	96.2%	7,180	92.2%	115	1.5%	7,295	93.7%	90.1%
21	岐阜	11,487	10,874	94.7%	10,090	92.8%	123	1.1%	10,213	93.9%	88.9%
17	石川	6,263	5,886	94.0%	5,430	92.3%	100	1.7%	5,530	94.0%	88.3%
6	山形	6,387	6,163	96.5%	5,740	93.1%	56	0.9%	5,796	94.0%	90.7%
9	栃木	10,983	10,490	95.5%	9,806	93.5%	67	0.6%	9,873	94.1%	89.9%
36	徳島	4,786	4,554	95.2%	4,290	94.2%	0	0.0%	4,290	94.2%	89.6%
37	香川	5,605	5,294	94.5%	4,956	93.6%	36	0.7%	4,992	94.3%	89.1%
12	千葉	24,199	23,027	95.2%	21,163	91.9%	596	2.6%	21,759	94.5%	89.9%
42	長崎	8,535	8,290	97.1%	7,806	94.2%	91	1.1%	7,897	95.3%	92.5%
38	愛媛	7,826	7,571	96.7%	7,149	94.4%	83	1.1%	7,232	95.5%	92.4%
22	静岡	11,103	10,475	94.3%	9,862	94.1%	153	1.5%	10,015	95.6%	90.2%
1	北海道	22,898	22,033	96.2%	20,806	94.4%	294	1.3%	21,100	95.8%	92.1%
16	富山	5,652	5,292	93.6%	5,026	95.0%	42	0.8%	5,068	95.8%	89.7%
15	新潟	9,340	8,966	96.0%	8,518	95.0%	87	1.0%	8,605	96.0%	92.1%
18	福井	4,925	4,681	95.0%	4,504	96.2%	11	0.2%	4,515	96.5%	91.7%
13	東京	47,600	44,799	94.1%	42,851	95.7%	1314	2.9%	44,165	98.6%	92.8%
		527,919	501,876	95.1%	456,043	90.9%	8,790	1.8%	464,833		

度3.41%）と国庫負担外9,660人（同1.69%）（前年度1.40%）に分かれ、市町村費は15,536人（同2.72%）（前年度2.89%）にのぼる。

その他に再任用短時間勤務職員が3,140人（同0.55%）（前年度0.52%）となっており再任用（フルタイム）と同様に微増傾向にある。《別表１》

欠補臨採数	欠補割合	産代等	臨採計	臨採割合	休職等	非常勤講師 県費(負)	県費(外)	市町村費	合計	再任用短時間勤務
1,410	15.3%	335	1,745	17.9%	1.9%	105	184	180	469	23
2,036	14.1%	343	2,379	15.9%	1.2%	329	409	435	1,173	52
870	12.6%	290	1,160	16.0%	0.7%	221	46	422	689	1
798	12.2%	161	959	14.1%	1.5%	190	108	150	448	4
1,189	11.7%	429	1,618	15.1%	1.6%	761	342	520	1,623	104
2,853	11.1%	1,037	3,890	14.4%	1.6%	293	161	188	642	185
1,131	10.1%	404	1,535	13.0%	1.7%	500	0	439	939	96
2,566	10.1%	1,305	3,871	14.3%	0.8%	911	119	0	1,030	186
658	9.6%	178	836	11.6%	2.5%	115	95	126	336	10
524	9.4%	245	769	13.0%	1.3%	366	81	177	624	3
1,027	9.3%	278	1,305	11.3%	2.1%	192	21	0	213	11
1,019	9.3%	199	1,218	10.8%	1.1%	165	42	22	229	25
580	9.1%	335	915	13.3%	2.1%	601	0	217	818	4
578	8.8%	150	728	10.7%	1.2%	48	51	133	232	0
1,269	8.5%	521	1,790	11.4%	1.2%	437	484	0	921	101
419	8.3%	165	584	11.0%	1.2%	201	72	501	774	17
1,634	8.2%	1,086	2,720	12.7%	1.4%	646	393	935	1,974	213
442	8.2%	35	477	8.5%	2.3%	181	51	0	232	0
587	8.0%	336	923	11.9%	0.9%	927	1,158	380	2,465	14
1,082	7.9%	683	1,765	12.2%	0.9%	615	89	318	1,022	66
582	7.8%	155	737	9.5%	1.3%	194	137	76	407	11
285	7.7%	106	391	10.0%	1.9%	76	168	89	333	3
344	7.6%	113	457	9.4%	3.8%	2	4	0	6	5
578	7.6%	95	673	8.6%	1.3%	124	124	264	512	95
355	7.3%	104	459	9.1%	1.6%	203	134	164	501	0
1,776	7.0%	1,679	3,455	12.7%	0.8%	1,490	1,066	991	3,547	723
545	6.9%	424	969	11.6%	0.9%	519	328	1,449	2,296	2
700	6.8%	448	1,148	10.6%	0.8%	167	270	309	746	11
507	6.7%	123	630	8.1%	0.9%	48	183	26	257	0
567	6.6%	338	905	10.0%	1.6%	770	260	302	1,332	70
295	6.5%	188	483	10.1%	0.9%	246	119	61	426	22
492	6.3%	229	721	8.9%	1.0%	248	154	222	624	32
661	6.1%	504	1,165	10.1%	0.9%	688	418	339	1,445	1
356	6.0%	252	608	9.7%	2.0%	67	53	36	156	51
367	6.0%	125	492	7.7%	1.6%	207	194	0	401	12
617	5.9%	400	1,017	9.3%	0.8%	294	285	1,705	2,284	57
264	5.8%	157	421	8.8%	1.6%	68	10	0	78	28
302	5.7%	248	550	9.8%	1.1%	287	85	79	451	23
1,268	5.5%	976	2,244	9.3%	0.8%	380	262	856	1,498	326
393	4.7%	131	524	6.1%	1.3%	204	0	40	244	108
339	4.5%	190	529	6.8%	0.9%	346	40	0	386	26
460	4.4%	529	989	8.9%	0.9%	533	406	645	1,584	15
933	4.2%	565	1,498	6.5%	1.3%	390	25	249	664	85
224	4.2%	193	417	7.4%	3.0%	120	144	164	428	13
361	4.0%	276	637	6.8%	1.0%	187	3	174	364	14
166	3.5%	166	332	6.7%	1.6%	2	230	38	270	21
634	1.4%	2,151	2,785	5.9%	1.4%	5,661	652	2,115	8,428	271
37,043	7.4%	19,380	56,423			21,325	9,660	15,536	46,521	3,140

（文部科学省　公立小・中学校教職員実数調を参考に作成）

こうした臨時的任用（常勤講師）と非常勤講師を合計した非正規教員の人数は合計102,944人で、2012年度以降増加しつづけ、2017年度18.03％と今年度18％台に拡大した。(2017年度18.03％、2016年度17.32％、2015年度17.25％)

正規職員（本務者と再任用）割合が90％を割るのは 8 自治体で、上位から、沖縄（84.7％）福岡（85.9％）奈良（87.4％）宮崎（87.8％）三重（88.3％）埼玉（88.9％）長野（89.9％）大阪（89.9％）で、欠員補充も沖縄15.3％（1,410人）、福岡14.1％（2,036人）、埼玉11.1％（2,853人）、大阪10.1％（2,566人）など多数となっている。《別表 2 》

【政令市】

公立小・中学校教職員実数調（(2017（平成29）年 5 月 1 日現在）以下、「教職員実数調」という。）によると、政令市の義務制小中学校教員の実配置数は、正規職員103,663人、臨時的任用13,127人、非常勤講師9,008人、その他（再任用短時間勤務）868人の合計126,666人となっている。正規職員の内訳は、本務者100,850人（全体126,666人に対し79.62％）と再任用2,813人（同2.22％）となっている。

臨時的任用（常勤講師）の内訳は、「欠員補充」として8,324人（同6.57％）、「産休代替等」が4,803人（同3.79％）で合計10.36％となっている。

非常勤講師（実数）は9,008人で全体に占める割合は7.11％、市費負担は国庫負担4,552人（同3.59％）と国庫負担外4,456人（同3.52％）に分けられる。

その他に再任用短時間勤務職員が868人（同0.69％）となっている。

（1）義務制学校の臨時的任用教員の状況

教員の職については、次のように規定されている。

①教諭は、児童の教育をつかさどる。（学校教育法第37条第11項）
②助教諭は、教諭の職務を助ける。（同法第37条第15項）
③講師は、教諭又は助教諭に準ずる職務に従事する。（同法第37条第16項）

臨時的任用には、定数内の本務者を欠いたことにより、その欠員を補充する「欠員補充」、産前産後期間や育児休業期間の代替としての「産休代替」「育休代替」などがある。この場合に、欠員を教諭で配置するか助教諭又は講師で配置するか、産休や育休で休業に入る教諭の後補充を教諭で配置するか、助教諭又は講師で配置するかは、都道府県教育委員会の判断によっている。

「講師」は教員免許状保有者であるが、雇用期間は原則 1 年間であり、また、「助教諭」は、原則 3 年間の有効期間の臨時免許状を有することを要件としているが、雇用期間も限定され、講師と同様に不安定な状態であることは「公教

《別表２》教員の正規・非正規割合

年度	正規職員 本務者	割合	再任用	割合	臨時的任用 欠員補充等	割合	産休代替等	割合	非常勤講師 県費(国庫)	割合	市町村費	割合	その他	割合	合計数
2013	572,329	82.27%	3,933	0.57%	44,272	6.36%	19,423	2.79%	24,809	3.57%	19,624	2.82%	2,964	0.43%	695,656
2014	569,642	81.95%	5,199	0.75%	43,014	6.19%	20,388	2.93%	24,253	3.49%	21,363	3.07%	3,155	0.45%	695,124
2015	565,970	81.29%	6,854	0.98%	44,050	6.33%	22,122	3.18%	24,246	3.48%	19,768	2.84%	3,292	0.47%	696,250
2016	561,694	80.89%	8,807	1.27%	43,402	6.25%	23,404	3.37%	23,677	3.41%	20,078	2.89%	3,620	0.52%	694,375
2017	456,043	79.88%	8,790	1.54%	37,043	6.49%	19,380	3.39%	21,325	3.74%	15,536	2.72%	3,140	0.55%	570,917

年度	正規(本務者＋再任用) 合計数	割合	非正規(臨時・非常勤) 欠員補充等	割合	産休代替等	割合	県費(国庫)	割合	市費(単独)	割合	その他 再任用短時間	割合	合計数
2013	576,262	82.84%	116,430	16.74%	2,964	0.43%						
2014	574,841	82.70%	117,128	16.85%	3,155	0.45%						
2015	572,824	82.27%	120,134	17.25%	3,292	0.47%						
2016	570,501	82.16%	120,254	17.32%	3,620	0.52%						
2017	464,833	81.42%	102,944	18.03%	3,140	0.55%						

政令市義務制教員配置割合

年度	正規職員 本務者	割合	再任用	割合	臨時的任用 欠員補充等	割合	産休代替等	割合	非常勤講師 県費(国庫)	割合	市費(単独)	割合	その他 再任用短時間	割合	合計数
2017	100,850	79.62%	2,813	2.22%	8,324	6.57%	4,803	3.79%	4,552	3.59%	4,456	3.52%	868	0.69%	126,666

政令市高等学校教員配置割合

年度	正規職員 本務者	割合	再任用	割合	臨時的任用 欠員補充等	割合	産休代替等	割合	非常勤講師 県費(国庫)	割合	市費(単独)	割合	その他 再任用短時間	割合	合計数
2017	5,712	68.83%	324	3.90%	808	9.74%	98	1.18%	1,259	15.17%			98	1.18%	8,299

高校教員配置割合

年度	正規職員 本務者	割合	再任用	割合	臨時的任用 欠員補充等	割合	産休代替等	割合	非常勤講師 県費(国庫)	割合	市費(単独)	割合	その他 再任用短時間	割合	合計数
2013	164,788	75.61%	2,326	1.07%	15,088	6.92%	2,752	1.26%	29,349	13.47%	3,653	1.68%			217,956
2014	161,744	74.67%	3,714	1.71%	14,902	6.88%	2,767	1.28%	29,218	13.49%	4,262	1.97%			216,607
2015	159,638	74.42%	4,461	2.08%	14,186	6.61%	2,828	1.32%	28,990	13.51%	4,409	2.06%			214,512
2016	158,815	73.83%	6,003	2.79%	13,691	6.37%	2,926	1.36%	29,236	13.59%	4,427	2.06%			215,098
2017	151,271	73.46%	7,200	3.50%	12,206	5.93%	2,830	1.37%	28,269	13.73%	4,152	2.02%			205,928

年度	正規(本務者＋再任用) 合計数	割合	非正規(臨時・非常勤) 欠員補充等	割合	産休代替等	割合	県費(国庫)	割合	市費(単独)	割合	その他 再任用短時間	割合	合計数
2013	167,114	76.67%	47,189	21.65%	3,653	1.68%							217,956
2014	165,458	76.39%	46,887	21.65%	4,262	1.97%							216,607
2015	164,099	76.50%	46,004	21.45%	4,409	2.06%							214,512
2016	164,818	76.62%	45,853	21.32%	4,427	2.06%							215,098
2017	158,471	76.95%	43,305	21.03%	4,152	2.02%							205,928

育計画研究6号」で指摘したところである。

2017年度教職員実数調（義務制）による政令市を除く都道府県の教諭、助教諭・講師の小中学校総数は、教諭397,097人、助教諭・講師36,497人の合計433,594人。教諭の内数として「育児休業」は14,428人となっている。育児休業代替14,347人、欠員補充34,876人で臨時的任用は49,223人、総数の11.3％（2016年11％、2015年10.9％、2014年10.5％）となり増加している。

政令市における教諭、助教諭・講師の小中学校総数は、教諭90,153人、助教諭・講師7,768人の合計97,921人。教諭の内数として「育児休業」は3,574人となっている。育児休業代替3,553人、欠員補充7,830人で臨時的任用は11,383人、総数の11.6％となっている。

（2）教職員実数調（義務制）における代替教員の任用状況
ア）「育児休業」代替教員の任用状況
【都道府県】
2017年度教職員実数調（義務制）では、47都道府県における14,428人の「教諭」の育児休業に対して、多くの自治体が「講師」の採用で対応している。

育児休業の際の育児休業代替を「教諭」としている自治体は、北海道、群馬、東京、神奈川の4都道県、「教諭」「助教諭」「講師」の併用の自治体は、埼玉、山口の2県、「教諭」と「助教諭」併用の自治体は、広島、沖縄の2県、「教諭」と「講師」併用の自治体は、山梨、愛知、京都、兵庫の4府県。「助教諭」と「講師」併用は、山形、栃木、新潟、福岡の4県。「助教諭」のみの自治体は徳島。

残る30府県は「講師」に限定している。

育児休業代替の総数14,343人、その内訳は「教諭」5,296人（36.9％）、「助教諭」362人（2.5％）、「講師」8,685人（60.6％）と「講師」が育児休業代替者の60％となっている。「講師」に「助教諭」を加えた割合は、63.1％と2016年に対して1.4％伸びている。（2016年61.7％、2015年61.2％、2014年57.6％）《別表3》

【政令市】
育児休業の際の育児休業代替を「教諭」としている自治体は、札幌市、川崎市、横浜市、相模原市の4市、「教諭」と「助教諭」の併用は、さいたま市、広島市の2市、「教諭」と「講師」の併用は、名古屋市、京都市、神戸市の3市、「助教諭」と「講師」の併用は新潟市。10市は「講師」としている。

育児休業代替の総数3,574人、内訳は「教諭」1,579人（44.2％）、「助教諭」

《別表３》 臨時的任用教員等の代替者の職名 (2017年5月1日)

		教諭				臨時的又は期限付任用 助教諭・講師								
		(総数)	育休	育代	欠補	(総数)	助教諭	講師	育代	助教諭	講師	欠補	助教諭	講師
1	北海道	18,429	456	448	871	11	10	1	1	1		9	9	
2	青森	5,793	80			569		569	80		80	468		468
3	岩手	5,515	59			641		641	59		59	553		553
4	宮城	5,563	109			681		681	107		107	549		549
5	秋田	4,098	17			446		446	17		17	417		417
6	山形	4,793	90			460	45	415	90	5	85	342	38	304
7	福島	8,038	146			1,140		1,140	145		145	971		971
8	茨城	11,584	386		1	1,636		1,636	381		381	1,186		1,186
9	栃木	8,297	295			931	175	756	294	53	241	577	108	469
10	群馬	9,285	340	339	660	3		3						
11	埼玉	22,376	754	694	2,259	596	554	42	59	54	5	518	484	34
12	千葉	18,588	718			2,106		2,106	718		718	1,190		1,190
13	東京	37,217	1,586	1,586	614									
14	神奈川	10,773	525	528	1,044	3		3	1		1	1		1
15	新潟	6,942	201			590	91	499	200	29	171	344	56	288
16	富山	4,382	134			370		370	134		134	209		209
17	石川	4,651	178			573		573	178		178	347		347
18	福井	3,773	126			307		307	126		126	153		153
19	山梨	3,841	123	111	255	59		59	12		12	21		21
20	長野	8,536	307			1,431		1,431	307		307	1,061		1,061
21	岐阜	8,481	399			1,069		1,069	399		399	607		607
22	静岡	8,472	414			908		908	414		414	430		430
23	愛知	22,329	1,262	886	856	1,265		1,265	372		372	783		783
24	三重	7,390	324			1,510		1,510	324		324	1,120		1,120
25	滋賀	6,321	323			900		900	323		323	502		502
26	京都	4,947	259	7	24	801		801	252		252	491		491
27	大阪	19,205	964			3,615		3,615	963		963	2,405		2,405
28	兵庫	14,500	867	128	121	2,295		2,295	740		740	1,424		1,424
29	奈良	5,155	204			1,104		1,104	204		204	830		830
30	和歌山	4,126	184			710		710	184		180	477		477
31	鳥取	2,949	119			363		363	79		79	265		265
32	島根	3,565	63			421		421	63		63	334		334
33	岡山	5,255	250			859		859	250		250	555		555
34	広島	7,190	259	239	409	140	134	6	19	19		111	111	
35	山口	6,470	160	130	379	106	76	30	30	24	6	67	47	20
36	徳島	3,409	106			372	372		106	106		242	242	
37	香川	4,143	185			507		507	185		185	291		291
38	愛媛	5,933	133			481		475	135		135	309		309
39	高知	3,437	81			399		399	81		81	300		300
40	福岡	9,636	270			2,236	375	1,861	252	45	207	1,942	322	1,620
41	佐賀	3,753	121			535		535	121		121	391		391
42	長崎	6,366	87			488	1	487	87		87	367		367
43	熊本	5,115	121			736		736	121		121	581		581
44	大分	4,786	112			678		678	111		111	543		543
45	宮崎	4,596	101			900		900	100		100	770		770
46	鹿児島	8,859	204		870	333	7	326	201		201	91		91
47	沖縄	8,235	226	200	1,187	213	213		26	26		182	182	
	計	397,097	14,428	5,296	9,550	36,497	2,053	34,438	9,051	362	8,685	25,326	1,599	23,727

58人（1.6％）、「講師」1,916人（53.6％）と都道府県より「教諭」の割合が高いのがわかる。

　イ）「欠員補充」の際の教員の任用状況
【都道府県】
　欠員補充として「教諭」を配置している自治体は、北海道、群馬、東京、神奈川の4都道県、「教諭」「助教諭」「講師」の併用の自治体は、埼玉、山口の2県、「教諭」「助教諭」併用は、広島、沖縄の2県、「教諭」と「講師」併用は、山梨、愛知、京都、兵庫、鹿児島の5府県、「助教諭」と「講師」併用は、山形、栃木、新潟、福岡の4県、「助教諭」のみは徳島。残る29府県は「講師」としている。欠員補充の総数は34,876人、内訳は、「教諭」9,550人（27.4％）、「助教諭」1,599人（4.6％）、「講師」23,727人（68％）で、「講師」に「助教諭」を加えた割合は72.6％と前年度より1.3％増加している。（2016年71.3％、2015年度71,7％、2014年度68.2％）小学校の担任などにあたっている場合、学級経営に不安は拭えない。《別表3》

【政令市】
　欠員補充として「教諭」を配置している自治体は、川崎市、横浜市、相模原市の3市、「教諭」「助教諭」「講師」の併用は、さいたま市、広島市の2市、「助教諭」と「講師」の併用は、新潟市。「教諭」と「講師」併用は、札幌市、名古屋市、京都市、神戸市の4市、10市は「講師」となっている。
　欠員補充の総数は7,830人、内訳は、「教諭」2,593人（33.1％）、「助教諭」119人（1.5％）、「講師」5,118人（65.4％）、育児休業と同じく都道府県に比較して「教諭」の割合が高くなっている。

　ウ）養護教諭、栄養教諭の場合
【都道府県】
　養護教諭の育児休業1,349人に対して、育児休業代替1,343人。内訳は、「養護教諭」528人（39.3％）、「養護助教諭」815人（60.7％）となっている。
　欠員補充については、欠員補充者総数2,073人、内訳は「養護教諭」651人（31.4％）、「養護助教諭」1,422人（68.6％）となっている。
　栄養教諭の育児休業279人に対する代替者は、「栄養教諭」58人（20.8％）、「学校栄養職員」221人（79.2％）で、8割に近い高い数値となっている。

【政令市】
　養護教諭の育児休業281人に対して、育児休業代替255人、内訳は、「養護教諭」149人（58.4％）、「養護助教諭」106人（41.6％）となっている。
　欠員補充については、欠員補充者総数447人、内訳は「養護教諭」155人

(34.7％)、「養護助教諭」292人（65.3％）となっている。

栄養教諭の育児休業代替69人に対する代替者は、「栄養教諭」16人（23.2％）、「学校栄養職員」53人（76.8％）で、都道府県に似た数値となっている。

エ）臨時的任用にみられる傾向

上記の分析から、欠員補充、育児休業代替における臨時的任用の場合、「講師」「養護助教諭」「学校栄養職員」が充てられる傾向が依然として強いことがわかる。教員については、育児休業代替、欠員補充とも「講師」採用が多くの自治体で行われている。

養護教諭では、教員の代替に「講師」を充当する自治体では、「養護助教諭」が充てられている。栄養教諭の育児休業代替では、多くの自治体で「学校栄養職員」採用となっている。

オ）教職員実数調における非常勤講師の任用状況

都道府県費（以下、県費）と市町村費に、また国庫負担のあるなしで、県費非常勤講師（国庫負担）、県費非常勤講師（国庫負担対象外）、市町村費非常勤講師（国庫負担対象外）の三種類に大別される。

県費非常勤講師（国庫負担）21,325人、県費非常勤講師（国庫負担対象外）9,660人、市町村費非常勤講師（国庫負担対象外）15,536人の総数46,521人で教職員総数570,917人の8.15％を占め、前年度より0.45％増加し初めて8％台となった。

県費非常勤講師（国庫負担）は、2014年度3.49％（24,253人）、2015年度3.48％（24,246人）、2016年度3.41％（23,677人）と減少傾向にあったが、今年度3.74％と増加した。県費非常勤講師（国庫負担対象外）は、2015年度1.43％（9,948人）、2016年度1.40％（9,693人）と低下していたが、今年度1.69％と増加した。市町村費非常勤講師は政令市の分離からか前年度2.89％から2.72％と0.17％減少している。

三種の形態についてそれぞれに前年度と比較してみる。

県費非常勤講師（国庫負担）は、小・中学校とも47都道府県で配置され、全国で21,325人、教職員総数の3.74％（前年度3.41％）となっている。

昨年度までは、目的別の人員等内訳が調査対象となっていたが、今年度は調査項目にあげられていない。

2016年度の目的別内訳では、小学校では「指導方法改善」「専科教育」「特別支援教育」など、中学校では「免許外教員解消」「指導方法改善」「特別支援教育」に主に配置されている。

県費非常勤講師（国庫負担）は、義務標準法に基づく「指導方法工夫改善」や「児童生徒支援」「特別支援教育」「主幹教諭配置」に沿った加配教員政策であるが、一年ごとの任用・安価な報酬という雇用条件のもとで不安定な状況に置かれている状況について、依然として大きな改善は見られない。

　二番目が県費非常勤講師（国庫負担対象外）である。小学校、中学校とも長野、京都、長崎を除く44都道府県で配置され、小学校6,970人、中学校2,690人の合計で9,660人、教職員総数の1.69％（2016年1.40％、2015年1.43％）となっている。小・中ともに主に初任者研修に多く配置されており、小学校で77.33％（2016年78.81％、2015年80.86％、2014年84.75％）、中学校では60.3％（2016年69.7％、2015年75.4％、2014年78.5％）と小中ともに低下してきているが依然として高い数値を示している。

　また、補習等指導員派遣事業として、小学校では青森・富山・石川・福井・静岡・愛知・鳥取・島根・山口・福岡・宮崎で配置されており、13.26％（2016年18.89％、2015年15.07％、2014年10.91％）、中学校では青森・茨城・富山・石川・福井・静岡・愛知・鳥取・島根・福岡で配置され、19.6％（2016年26.0％、2015年17.8％、2014年14.2％）と小中とも前年度を大きく下回っている。

　三番目の市町村費非常勤講師（国庫負担対象外）は、小学校10,449人（2016年13,295人）、中学校5,087人（2016年6,783人）の合計15,536人で教職員総数の2.72％（2016年2.89％、2015年2.84％、2014年3.07％）となっている。

　小学校では、秋田・山形・茨城・栃木・群馬・大阪・徳島・愛媛・高知・長崎・鹿児島を除く36都道府県、中学校では、秋田・山形・茨城・栃木・群馬・大阪・和歌山・徳島・愛媛・高知・長崎・鹿児島を除く35都道府県で配置されている。

　小学校、中学校とも主として補修等指導員派遣や特別支援教育指導・TT・少人数指導などに充てられている。

3．教職員実数調における高等学校の非正規教員の実態
　―非正規率21.03％、5人に1人の割合で非正規教員―

　公立高等学校課程別・職種別教職員実数調（(2017（平成29）年5月1日現在）以下、「高等学校教職員実数調」という。）によれば、2017年度の政令市高等学校教員を除く都道府県高等学校教員の構成は次のようになっている。総数205,928人のうち本務者151,271人（73.46％）、再任用7,200人（3.50％）合計158,471人（76.95％）、非正規職員となる臨時的任用（欠員補充等）15,036人（7.3％）、非常勤講師（都道府県費）28,269人（13.73％）の43,305人（21.03％）、

その他再任用短時間勤務4,152人（2.02％）である[4]。

2016年度は、総数215,098人で本務者158,815人（73.83％）、再任用6,003人（2.79％）の164,818人（76.62％）、臨時的任用（欠員補充等）16,617人（7.73％）、非常勤講師（都道府県費）29,236人（13.59％）の45,853人21.32％、その他再任用短時間勤務4,427人（2.06％）であった。このようにほぼ前年度と同程度となっている。

高等学校では非正規教員のうち、非常勤講師の割合が高く、2013年度13.47％、2014年度13.49％、2015年度13.51％、2016年度13.59％と年々、増加傾向にあり、2017年度13.73％となっている。臨時的任用を加えた非正規教員割合（臨時・非常勤）は、2017年度21.03％（43,305人）と依然と5人に1人の割合となっている。

ただし、臨時的任用（常勤講師）と非常勤講師を合計した非正規教員の人数を経年比較すれば次のとおりである。2013年度21.65％、2014年度21.65％、2015年度21.45％、2016年度21.32％、2017年21.03％と2013年度以降減少傾向がみられる。

正規職員（本務者と再任用）割合が90％を割るのは11自治体で上位から、福岡（83.1％）宮崎（85.7％）栃木（86.1％）熊本（87.5％）島根（88.2％）佐賀（88.8％）鹿児島（89.2％）奈良（89.3％）岩手（89.5％）福島（89.5％）兵庫（89.5％）である。

これを補う臨時的任用は福岡（16.9％）宮崎（14.3％）栃木（13.9％）熊本（12.5％）など高い数値となっている。《別表4》

4．教職員実数調から読む事務職員の非正規職員の実態

（1）義務制事務職員定数分析から見える特徴

政令市を除く都道府県の義務標準法上の実行定数は26,931人。実配置数は25,841人で配置割合は96.0％、2016年度を0.2％下回っている。（2016年96.2％、2015年96.1％、2014年95.8％）。

本務者数は21,928人で実配置数に占める割合は84.86％と前年度を0.66％下回り、減少傾向にある。（2016年85.5％、2015年86.2％、2014年86.4％、2013年86.6％、2012年87.0％）

臨時的任用（欠員補充）は2,777人で、実配置数のうち10.75％で依然として10％を上回っている（2016年10.74％、2015年11.0％、2014年11.2％、2013年11.8％、2012年11.4％）。10％を上回る自治体は30府県。京都（25.2％）熊本（24.3％）奈良（24.1％）宮崎（24.0％）岩手（23.5％）の5府県では20％以上

となっている。4、5人に1人の割合である。

臨時的任用(欠員補充)が100人を超える自治体は、大阪(210人)兵庫(133人)岩手(114人)神奈川(112人)北海道(112人)福岡(110人)三重(102人)熊本(101人)宮崎(100人)となっている。

欠員(実行定数と実配置数との差)を生じている自治体は、38都道府県で1,090人(2016年1,242人、2015年1,276人、2,014年1,408人、2013年1,594人)で

《別表4》高校教員等定数計　　(2017年5月1日)

		教職員総数	差引実数	配置割合	本務者数	本務用割合	再任用数	再任用割合	正規計	割合	割合/数数	欠補臨採数	欠補割合	産代等	臨採計	臨採割合	休職等	県費	短時間勤務
40	福岡	5,508	5,339	96.9%	4,176	78.2%	261	4.9%	4,437	83.1%	80.6%	902	16.9%	49	951	17.3%	2.2%	689	94
45	宮崎	2,127	2,072	97.4%	1,680	81.1%	96	4.6%	1,776	85.7%	83.5%	296	14.3%	29	325	15.3%	1.2%	164	0
9	栃木	2,996	2,936	98.0%	2,383	81.2%	146	5.0%	2,529	86.1%	84.4%	407	13.9%	42	449	15.0%	0.6%	527	10
43	熊本	2,906	2,753	94.7%	2,373	86.2%	37	1.3%	2,410	87.5%	82.9%	343	12.5%	71	414	14.2%	2.2%	238	1
32	島根	1,550	1,502	96.9%	1,284	85.5%	41	2.7%	1,325	88.2%	85.5%	177	11.8%	27	204	13.2%	1.4%	269	2
41	佐賀	1,831	1,782	97.3%	1,513	84.9%	69	3.9%	1,582	88.8%	86.4%	200	11.2%	29	229	12.5%	1.1%	180	0
46	鹿児島	3,410	3,122	91.6%	2,705	86.6%	80	2.6%	2,785	89.2%	81.7%	337	10.8%	62	399	11.7%	6.6%	409	0
29	奈良	1,970	1,902	96.5%	1,607	84.5%	92	4.8%	1,699	89.3%	86.2%	203	10.7%	23	226	11.5%	2.3%	249	0
3	岩手	2,825	2,765	97.9%	2,376	85.9%	98	3.5%	2,474	89.5%	87.6%	291	10.5%	34	325	11.5%	0.9%	133	0
7	福島	3,811	3,710	97.3%	3,276	88.3%	45	1.2%	3,321	89.5%	87.1%	389	10.5%	50	439	11.5%	1.3%	218	0
28	兵庫	7,731	7,488	96.9%	6,335	84.6%	370	4.9%	6,705	89.5%	86.7%	783	10.5%	130	913	11.8%	1.5%	815	110
8	茨城	4,791	4,648	97.0%	4,045	87.0%	142	3.1%	4,187	90.1%	87.4%	461	9.9%	81	542	11.3%	1.3%	388	179
44	大分	2,141	2,091	97.7%	1,825	87.3%	59	2.8%	1,884	90.1%	88.0%	207	9.9%	17	224	10.5%	1.5%	289	0
47	沖縄	3,766	3,586	95.2%	3,198	89.2%	38	1.1%	3,236	90.2%	85.9%	350	9.8%	116	466	12.4%	1.7%	425	0
24	三重	3,194	3,091	96.8%	2,676	86.6%	116	3.8%	2,792	90.3%	87.4%	299	9.7%	59	358	11.2%	1.4%	904	80
5	秋田	2,097	2,027	96.7%	1,820	89.8%	20	1.0%	1,840	90.8%	87.7%	187	9.2%	16	203	9.7%	2.6%	156	0
35	山口	2,510	2,474	98.6%	2,089	84.4%	158	6.4%	2,247	90.8%	89.5%	227	9.2%	29	256	10.2%	0.3%	463	4
6	山形	2,108	2,021	95.9%	1,771	87.6%	65	3.2%	1,836	90.8%	87.1%	185	9.2%	27	212	10.1%	2.8%	210	4
21	岐阜	3,663	3,544	96.8%	3,121	88.1%	102	2.9%	3,223	90.9%	88.0%	321	9.1%	95	416	11.4%	0.7%	530	35
33	岡山	3,233	3,155	97.6%	2,766	87.7%	105	3.3%	2,871	91.0%	88.8%	284	9.0%	52	336	10.4%	0.8%	724	30
39	高知	1,747	1,668	95.5%	1,494	89.6%	25	1.5%	1,519	91.1%	86.9%	149	8.9%	29	178	10.2%	2.9%	205	0
34	広島	3,614	3,482	96.3%	3,068	88.1%	104	3.0%	3,172	91.1%	87.8%	310	8.9%	67	377	10.4%	1.8%	878	117
31	鳥取	1,156	1,126	97.4%	1,010	89.7%	19	1.7%	1,029	91.4%	89.0%	97	8.6%	7	104	9.0%	2.0%	210	13
25	滋賀	2,415	2,345	97.1%	2,023	86.3%	131	5.6%	2,154	91.9%	89.2%	191	8.1%	42	233	9.6%	1.2%	303	0
19	山梨	1,657	1,611	97.2%	1,439	89.3%	41	2.5%	1,480	91.9%	89.3%	131	8.1%	35	166	10.0%	0.7%	372	5
10	群馬	3,414	3,314	97.1%	2,967	89.5%	93	2.8%	3,060	92.3%	89.6%	254	7.7%	72	326	9.5%	0.8%	450	1
17	石川	2,086	1,992	95.5%	1,790	89.9%	52	2.6%	1,842	92.5%	88.3%	150	7.5%	27	177	8.5%	3.2%	203	40
36	徳島	1,671	1,603	95.9%	1,483	92.5%	0	0.0%	1,483	92.5%	88.7%	120	7.5%	28	148	8.9%	2.4%	268	3
30	和歌山	1,964	1,881	95.8%	1,663	88.4%	81	4.3%	1,744	92.7%	88.8%	137	7.3%	45	182	9.3%	1.9%	368	0
26	京都	2,928	2,797	95.5%	2,475	88.5%	122	4.4%	2,597	92.8%	88.7%	200	7.2%	49	249	8.5%	2.8%	488	0
11	埼玉	8,454	8,250	97.6%	7,221	87.5%	448	5.4%	7,669	93.0%	90.7%	581	7.0%	108	689	8.1%	1.1%	1,221	461
27	大阪	8,840	8,612	97.4%	7,622	88.5%	438	5.1%	8,060	93.6%	91.2%	552	6.4%	186	738	8.3%	0.5%	2,218	784
42	長崎	2,602	2,485	95.5%	2,256	90.8%	72	2.9%	2,328	93.7%	89.5%	157	6.3%	33	190	7.3%	3.2%	181	71
23	愛知	8,644	8,352	96.6%	7,593	90.9%	245	2.9%	7,838	93.8%	90.7%	514	6.2%	217	731	8.5%	0.9%	2,822	714
15	新潟	3,855	3,689	95.7%	3,415	92.6%	64	1.7%	3,479	94.3%	90.2%	210	5.7%	59	269	7.0%	2.8%	732	24
38	愛媛	2,454	2,363	96.3%	2,188	92.6%	42	1.8%	2,230	94.4%	90.9%	133	5.6%	45	178	7.3%	1.9%	164	83
16	富山	2,089	2,018	96.6%	1,876	93.0%	29	1.4%	1,905	94.4%	91.2%	113	5.6%	36	149	7.1%	1.7%	198	30
14	神奈川	8,513	8,347	98.1%	6,981	83.6%	914	11.0%	7,895	94.6%	92.7%	452	5.4%	121	573	6.7%	0.5%	2,169	409
37	香川	1,802	1,751	97.2%	1,629	93.0%	44	2.5%	1,673	95.5%	92.8%	78	4.5%	34	112	6.2%	0.9%	333	12
2	青森	2,583	2,541	98.4%	2,074	81.6%	354	13.9%	2,428	95.6%	94.0%	113	4.4%	21	134	5.2%	0.8%	226	0
22	静岡	4,917	4,820	98.0%	4,473	92.8%	174	3.6%	4,647	96.4%	94.5%	173	3.6%	79	252	5.1%	0.4%	834	252
18	福井	1,478	1,446	97.8%	1,375	95.1%	21	1.5%	1,396	96.5%	94.5%	50	3.5%	18	68	4.6%	0.9%	220	9
12	千葉	7,244	7,107	98.1%	6,401	90.1%	490	6.9%	6,891	97.0%	95.1%	216	3.0%	96	312	4.3%	0.6%	651	342
1	北海道	8,498	8,308	97.8%	7,833	94.3%	240	2.9%	8,073	97.2%	95.0%	235	2.8%	57	292	3.6%	1.6%	655	69
13	東京	9,945	9,631	96.8%	9,147	95.0%	443	4.6%	9,590	99.6%	96.4%	41	0.4%	175	216	2.2%	1.4%	3,041	98
4	宮城	3,466	3,385	97.7%	3,307	97.7%	78	2.3%	3,385	100.0%	97.7%	0	0.0%	34	34	1.0%	1.4%	602	4
20	長野	3,942	3,745	95.0%	3,449	92.1%	296	7.9%	3,745	100.0%	95.0%	0	0.0%	72	72	1.8%	3.2%	277	62
		176,146	170,677	96.9%	151,271	88.6%	7,200	4.2%	158,471			12,206	7.2%	2,830	15,036			28,269	4,152

(文科省公立高等学校課程別・職種別教職員実数調を参考に作成)

前年度より減少しているが、政令市が193人の欠員のため合計すると1,283人となり、解消は進んでいないようにみえる。

本務者と臨時的任用（欠員補充）による充足率では、東京（77.6％）沖縄（83.3％）愛媛（84.8％）大分（89.2％）富山（89.2％）などで、昨年も指摘したように依然として低い数値となっている。《別表5》

《別表5》義務制事務定数／小中計

(2017年5月1日)

		実行定数 (A)	左中の共同実施等加算数	教職員実数調による数数	実配置数 (B)	配置割合 B/A	本務者数 (C)	本務者割合 C/B	再任用数 (D)	再任用割合 D/B	本務者＋再任用 正規計 (C+D)	正規/B	正規/A	欠補臨採数 (E)	欠補割合 E/B	過不足 定数−実数 (A)−(B)	充足率
26	京都	347	15	344	337	97.1%	247	73.3%	5	1.5%	252	74.8%	72.6%	85	25.2%	△10	97.1%
43	熊本	426	26	425	415	97.4%	303	73.0%	11	2.7%	314	75.7%	73.7%	101	24.3%	△11	97.4%
29	奈良	318		314	311	97.8%	226	72.7%	10	3.2%	236	75.9%	74.2%	75	24.1%	△7	97.8%
45	宮崎	420	68	425	416	99.0%	285	68.5%	31	7.5%	316	76.0%	75.2%	100	24.0%	△4	99.0%
3	岩手	493	19	490	486	98.6%	349	71.8%	23	4.7%	372	76.5%	75.5%	114	23.5%	△7	98.6%
16	富山	277		252	247	89.2%	193	78.1%	5	2.0%	198	80.2%	71.5%	49	19.8%	△30	89.2%
14	神奈川	607	17	607	588	96.9%	439	74.7%	37	6.3%	476	81.0%	78.4%	112	19.0%	△19	96.9%
24	三重	545	22	564	545	100.0%	410	75.2%	33	6.1%	443	81.3%	81.3%	102	18.7%	0	100.0%
27	大阪	1,211	33	1,206	1,177	97.2%	905	76.9%	62	5.3%	967	82.2%	79.9%	210	17.8%	△34	97.2%
36	徳島	262	15	266	258	98.5%	217	84.1%		0.0%	217	84.1%	82.8%	41	15.9%	△4	98.5%
40	福岡	764	8	759	741	97.0%	584	78.8%	47	6.3%	631	85.2%	82.6%	110	14.8%	△23	97.0%
21	岐阜	575	15	584	566	98.4%	463	81.8%	23	4.1%	486	85.9%	84.5%	80	14.1%	△9	98.4%
46	鹿児島	741	7	694	677	91.4%	519	76.7%	63	9.3%	582	86.0%	78.5%	95	14.0%	△64	91.4%
41	佐賀	294	38	297	283	96.3%	233	82.3%	11	3.9%	244	86.2%	83.0%	39	13.8%	△11	96.3%
32	島根	320	32	336	320	100.0%	266	83.1%	10	3.1%	276	86.3%	86.3%	44	13.8%	0	100.0%
28	兵庫	992	43	1,022	994	100.2%	830	83.5%	31	3.1%	861	86.6%	86.8%	133	13.4%	2	100.2%
25	滋賀	378	16	400	378	100.0%	323	85.4%	5	1.3%	328	86.8%	86.8%	50	13.2%	0	100.0%
10	群馬	495	21	509	493	99.6%	416	84.4%	12	2.4%	428	86.8%	86.5%	65	13.2%	△2	99.6%
42	長崎	546	49	540	533	97.6%	414	77.7%	52	9.8%	466	87.4%	85.3%	67	12.6%	△13	97.6%
5	秋田	331	6	314	311	94.0%	261	83.9%	12	3.9%	273	87.8%	82.5%	38	12.2%	△20	94.0%
33	岡山	438	14	448	440	100.5%	383	87.0%	8	1.8%	391	88.9%	89.3%	49	11.1%	2	100.5%
8	茨城	761	7	775	755	99.2%	660	87.4%	12	1.6%	672	89.0%	88.3%	83	11.0%	△6	99.2%
37	香川	247	11	267	243	98.4%	217	89.3%		0.0%	217	89.3%	87.9%	26	10.7%	△4	98.4%
2	青森	490	53	499	487	99.4%	416	85.4%	19	3.9%	435	89.3%	88.8%	52	10.7%	△3	99.4%
30	和歌山	341	2	347	341	100.0%	292	85.6%	13	3.8%	305	89.4%	89.4%	36	10.6%	0	100.0%
6	山形	361	18	362	360	99.7%	312	86.7%	10	2.8%	322	89.4%	89.2%	38	10.6%	△1	99.7%
17	石川	298		306	295	99.0%	261	88.5%	3	1.0%	264	89.5%	88.6%	31	10.5%	△3	99.0%
34	広島	525	8	527	520	99.0%	458	88.1%	9	1.7%	467	89.8%	89.0%	53	10.2%	△5	99.0%
19	山梨	257	12	264	258	100.4%	228	88.4%	4	1.6%	232	89.9%	90.3%	26	10.1%	1	100.4%
22	静岡	532	21	561	529	99.4%	466	88.1%	8	1.5%	476	90.0%	89.5%	53	10.0%	△3	99.4%
47	沖縄	503	11	441	419	83.3%	376	89.7%	3	0.7%	379	90.5%	75.3%	40	9.5%	△84	83.3%
39	高知	325	23	322	319	98.2%	284	89.0%	6	1.9%	290	90.9%	89.2%	29	9.1%	△6	98.2%
7	福島	643	29	665	643	100.0%	579	90.0%	6	0.9%	585	91.0%	91.0%	58	9.0%	0	100.0%
35	山口	469	30	478	468	99.8%	403	86.1%	24	5.1%	427	91.2%	91.0%	41	8.8%	△1	99.8%
9	栃木	554	18	562	549	99.1%	477	86.9%	24	4.4%	501	91.3%	90.4%	48	8.7%	△5	99.1%
1	北海道	1,392	86	1,355	1,342	96.4%	1,099	81.9%	131	9.8%	1,230	91.7%	88.4%	112	8.3%	△50	96.4%
11	埼玉	1,157	24	1,168	1,151	99.5%	1,015	88.2%	42	3.6%	1,057	91.8%	91.4%	94	8.2%	△6	99.5%
18	福井	266	4	273	265	99.6%	236	89.1%	8	3.0%	244	92.1%	91.7%	21	7.9%	△1	99.6%
31	鳥取	214	29	206	200	93.5%	186	93.0%		0.0%	186	93.0%	86.9%	14	7.0%	△14	93.5%
4	宮城	445	19	457	438	98.4%	396	90.4%	12	2.7%	408	93.2%	91.7%	30	6.8%	△7	98.4%
15	新潟	545	14	564	548	100.0%	507	92.5%	11	2.0%	518	94.5%	95.0%	30	5.5%	3	100.6%
12	千葉	1,128	34	1,150	1,106	98.0%	1,040	94.0%	17	1.5%	1,057	95.6%	93.7%	49	4.4%	△22	98.0%
20	長野	564		581	559	99.1%	497	88.9%	40	7.2%	537	96.1%	95.2%	22	3.9%	△5	99.1%
44	大分	378		340	337	89.2%	301	89.3%	25	7.4%	326	96.7%	86.2%	11	3.3%	△41	89.2%
23	愛知	1,156	22	1,213	1,146	99.1%	1,077	94.0%	48	4.2%	1,125	98.2%	97.3%	21	1.8%	△10	99.1%
13	東京	2,199		1,723	1,707	77.6%	1,549	90.7%	158	9.3%	1,707	100.0%	77.6%	0	0.0%	△492	77.6%
38	愛媛	401		347	340	84.8%	328	96.5%	12	3.5%	340	100.0%	84.8%	0	0.0%	△61	84.8%
		26,931	946	26,539	25,841	96.0%	21,928	84.9%	1,136	4.4%	23,064	89.3%	85.6%	2,777	10.7%	△1,090	

(文科省公立小・中学校教職員実数調を参考に作成)

ア）共同実施における事務職員配置の状況

義務制学校の事務職員定数は次の基準で算定されている。義務標準法第9条で、①4学級以上、②3学級の小中学校数の3/4、③大規模校複数配置（小27CL,中21CL）、④就学援助加配（要・準要保護児童生徒数100人以上かつ25％以上）の合計数を基礎定数とするが、実際の配置については、各都道府県が合計数の範囲で弾力的に行っている。また、基礎定数とは別に事務の共同実施加配として946人（2016年1,002人）が措置されている。共同実施に積極的な自治体で多くの臨時的任用や欠員状況が見られることは以前から指摘しているところである。

東京は複数配置（都独自基準）や就学援助加配配置基準が崩される中で、教職員実数調によれば、欠員は492人充足率77.6％（2016年欠員572人充足率74.6％、2015年欠員642人充足率72.0％、2014年欠員797人充足率66.8％）と改善は進んでいるが、依然として大量の欠員を生じている。東京の共同実施では都費正規事務職員を小中学校から引きあげて拠点校に設置する共同事務室に集め、定数削減をしたうえで事務処理をおこなうという基本モデルとなっている。

引き上げられた学校には都費非常勤職員（月16日勤務）が配置されているが、共同事務室が処理する業務以外の多くが学校に残され業務負担は解消されない。

大分では、事務共同実施の学校支援センターを設置し、全県下で配置基準を見直し、80人以上250人未満の小中学校に全額県費の非常勤職員を配置し、児童生徒数80人未満の学校を事務職員未配置とすることで、配置率89.2％（2016年90.9％、2015年86.6％、2014年83.5％）と定数より△41人の欠員を生じている。また、大分県公立学校教頭会の調査資料によれば、事務職員の兼務率29.3％で全国トップ、県教委の示す「事務職員等配置基準」により、県内121校が事務職員未配置という状況となっている[5]。

共同実施加配を受けても、新規採用を抑制し臨時的任用（欠員補充）で充足、あるいは欠員のままの状態に放置している自治体の状況に大きな変化はみられない。事務職員の非常勤職員配置について、文部科学省は義務標準法の定数として取り扱わないとしてその配置について問題とはしていない。総額裁量制により浮いた人件費で定数外の県費非常勤職員を配置とすることの全国化は避けなければならない。

2017年政令市に教職員人件費が移譲され政令市職員となった。定数法に基づく実行定数5,297人に対して、本務者数4,366人、再任用数220人、臨時的任用（欠員補充）518人の合計5,104人で配置割合は96.4％となっている。臨時的任用（欠員補充）の高いのは、京都市（24.2％）、さいたま市（21.1％）、熊本市

(21.0％)、新潟市（20.4％）と5人に1人の割合となっている。欠員の多い自治体は、広島市（△73人充足率77.0％）、福岡市（△60人充足率81.9％）となっている。

(2) 高校事務職員の定数分析から見える状況

少子化による小・中学校児童生徒数の減少に伴い、各地で過疎化の波をうけ、

《別表6》高校事務定数／全定計

(2017年5月1日)

		実行定数(A)	実配置数(B)	配置割合 B/A	本務者数(C)	本務者割合 C/B	再任用数(D)	再任用割合 D/B	本務者＋再任用 正規計(C+D)	正規/B	正規/A	欠補臨採数(E)	欠補割合 E/B	過不足 定数−実数(A)-(B)	充足率
19	山梨	155	155	100.0%	109	70.3%		0.0%	109	70.3%	70.3%	46	29.7%	0	100.0%
29	奈良	169	169	100.0%	121	71.6%		0.0%	121	71.6%	71.6%	48	28.4%	0	100.0%
2	青森	232	227	97.8%	171	75.3%	7	3.1%	178	78.4%	76.7%	49	21.6%	△5	97.8%
43	熊本	237	230	97.0%	182	79.1%	4	1.7%	186	80.9%	78.5%	44	19.1%	△7	97.0%
47	沖縄	353	337	95.5%	273	81.0%	3	0.9%	276	81.9%	78.2%	61	18.1%	△16	95.5%
10	群馬	359	356	99.2%	294	82.6%	3	0.8%	297	83.4%	82.7%	59	16.6%	△3	99.2%
9	栃木	260	258	99.2%	217	84.1%		0.0%	217	84.1%	83.5%	41	15.9%	△2	99.2%
11	埼玉	799	788	98.6%	662	84.0%	16	2.0%	678	86.0%	84.9%	110	14.0%	△11	98.6%
8	茨城	411	402	97.8%	342	85.1%	4	1.0%	346	86.1%	84.2%	56	13.9%	△9	97.8%
30	和歌山	169	162	95.9%	138	85.2%	2	1.2%	140	86.4%	82.8%	22	13.6%	△7	95.9%
44	大分	207	204	98.6%	168	82.4%	9	4.4%	177	86.8%	85.5%	27	13.2%	△3	98.6%
26	京都	250	241	96.4%	204	84.6%	6	2.5%	210	87.1%	84.0%	31	12.9%	△9	96.4%
28	兵庫	606	593	97.9%	528	89.0%	5	0.8%	533	89.9%	88.0%	60	10.1%	△13	97.9%
45	宮崎	163	161	98.8%	136	84.5%	9	5.6%	145	90.1%	89.0%	16	9.9%	△2	98.8%
46	鹿児島	319	315	98.7%	254	80.6%	32	10.2%	286	90.8%	89.7%	29	9.2%	△4	98.7%
33	岡山	350	336	96.0%	306	91.1%	1	0.3%	307	91.4%	87.7%	29	8.6%	△14	96.0%
22	静岡	543	531	97.8%	459	86.4%	33	6.2%	492	92.7%	90.6%	39	7.3%	△12	97.8%
18	福井	96	93	96.9%	87	93.5%		0.0%	87	93.5%	90.6%	6	6.5%	△3	96.9%
41	佐賀	167	161	96.4%	144	89.4%	7	4.3%	151	93.8%	90.4%	10	6.2%	△6	96.4%
25	滋賀	176	173	98.3%	155	89.6%	8	4.6%	163	94.2%	92.6%	10	5.8%	△3	98.3%
42	長崎	204	203	99.5%	182	89.7%	10	4.9%	192	94.6%	94.1%	11	5.4%	△1	99.5%
14	神奈川	478	468	97.9%	338	72.2%	108	23.1%	446	95.3%	93.3%	22	4.7%	△10	97.9%
21	岐阜	289	285	98.6%	272	95.4%		0.0%	272	95.4%	94.1%	13	4.6%	△4	98.6%
31	鳥取	115	110	95.7%	105	95.5%		0.0%	105	95.5%	91.3%	5	4.5%	△5	95.7%
12	千葉	604	599	99.2%	568	94.8%	7	1.2%	575	96.0%	95.2%	24	4.0%	△5	99.2%
23	愛知	617	603	97.7%	568	94.2%	14	2.3%	582	96.5%	94.3%	21	3.5%	△14	97.7%
34	広島	305	303	99.3%	287	94.7%	6	2.0%	293	96.7%	96.1%	10	3.3%	△2	99.3%
35	山口	196	193	98.5%	187	96.9%	1	0.5%	188	97.4%	95.9%	5	2.6%	△3	98.5%
37	香川	113	112	99.1%	107	95.5%	3	2.7%	110	98.2%	97.3%	2	1.8%	△1	99.1%
40	福岡	513	500	97.5%	463	92.6%	30	6.0%	493	98.6%	96.1%	7	1.4%	△13	97.5%
6	山形	155	149	96.1%	138	92.6%	9	6.0%	147	98.7%	94.8%	2	1.3%	△6	96.1%
17	石川	163	163	100.0%	153	93.9%	8	4.9%	161	98.8%	98.8%	2	1.2%	0	100.0%
24	三重	213	210	98.6%	197	93.8%	11	5.2%	208	99.0%	97.7%	2	1.0%	△3	98.6%
36	徳島	184	184	100.0%	183	99.5%		0.0%	183	99.5%	99.5%	1	0.5%	0	100.0%
27	大阪	437	435	99.5%	383	88.0%	51	11.7%	434	99.8%	99.3%	1	0.2%	△2	99.5%
1	北海道	745	737	98.9%	688	93.4%	48	6.5%	736	99.9%	98.8%	1	0.1%	△8	98.9%
3	岩手	210	209	99.5%	193	92.3%	16	7.7%	209	100.0%	99.5%		0.0%	△1	99.5%
4	宮城	359	348	96.9%	342	98.3%	6	1.7%	348	100.0%	96.9%		0.0%	△11	96.9%
5	秋田	180	179	99.4%	167	93.3%	12	6.7%	179	100.0%	99.4%		0.0%	△1	99.4%
7	福島	290	288	99.3%	285	99.0%	3	1.0%	288	100.0%	99.3%		0.0%	△2	99.3%
13	東京	826	819	99.2%	792	96.7%	27	3.3%	819	100.0%	99.2%		0.0%	△7	99.2%
15	新潟	262	260	99.2%	227	87.3%	33	12.7%	260	100.0%	99.2%		0.0%	△2	99.2%
16	富山	154	152	98.7%	152	100.0%		0.0%	152	100.0%	98.7%		0.0%	△2	98.7%
20	長野	413	408	98.8%	338	82.8%	70	17.2%	408	100.0%	98.8%		0.0%	△5	98.8%
32	島根	136	136	100.0%	136	100.0%		0.0%	136	100.0%	100.0%		0.0%	0	100.0%
38	愛媛	192	190	99.0%	185	97.4%	5	2.6%	190	100.0%	99.0%		0.0%	△2	99.0%
39	高知	133	130	97.7%	128	98.5%	2	1.5%	130	100.0%	97.7%		0.0%	△3	97.7%
		14,507	14,265	98.3%	12,714	89.1%	629	4.4%	13,343	93.5%	92.0%	922	6.5%	△242	

(文科省公立高等学校課程別・職種別教職員実数調を参考に作成)

高等学校でも学校統廃合が進み事務職員定数が減少している。

　文科省の学校基本調査によると、2006年度から2017年度までの間で都道府県立の高等学校（全日制、定時制、併置）数は、3,692校から3,276校へと416校も減少している。この12年間で△11.27％も削減されている。

　さらに、高等学校の規模も小規模化による定員の縮小で事務職員定数も減らされている。事務長を含めても3人を割り込むという実態もあり、業務量の負担が過重となっている。

　高等学校教職員実数調によると、「公立高等学校の適正配置及び教職員定数の標準等に関する法律（高校標準法）」上の全日制・定時制合計の定数は、14,507人。実際に配置されている実配置数は14,265人、配置割合は98.3％で前年度より0.2％増加している。

　実配置数のうち本務者は12,714人で定数に占める割合は89.1％で対前年度0.5％減である。（2016年-89.6％、2015年-90.88％、2014年-91.06％、2013年-92.11％）2012年度以降、本務者割合は減少している。

　臨時的任用（欠員補充）は、2017年922人（2016年-951人、2015年-960人、2014年-1,086人）で実配置のうちの6.5％、対前年度0.1％増となっている。（2016年-6.4％、2015年-6.49％、2014年-6.90％）

　全日制・定時制で臨時的任用が10％を超える自治体は13県。山梨（29.7％）奈良（28.4％）青森（21.6％）熊本（19.1％）沖縄（18.1％）群馬（16.6％）栃木（15.9％）埼玉（14％）茨城（13.9％）和歌山（13.6％）大分（13.2％）京都（12.9％）兵庫（10.1％）で前年より1県増えている。山梨、奈良は依然と3割ほどの臨時的任用となっている。《別表6》

　高等学校では、各地で総務事務システム導入を理由にした定数削減が進行している。2010年度に開始された高校授業料無償化による公立高等学校授業料不徴収でも各地で人員削減が行われた。2014年度からの高校授業料無償化への所得制限導入では、認定に伴う審査事務など高校事務職員の多忙化が問題となっていた。2016年度には全ての生徒が高等学校等就学支援金の審査対象となり、所得確認、交付申請など関係事務処理は年間を通して膨大な作業が発生している。マイナンバー制度の導入も審査・所得確認に影響してきている。低所得世帯等の授業料以外の教育費負担軽減のための高校生奨学給付金制度の導入による事務量増加も懸念されている。高等学校事務室における事務量に応じた適正な定数と本務者の確保が急務である。

《別表7》公立学校の統廃合（平成18年度～29年度比較）

学校基本調査をもとに作成

小学校

都道府県	2017	廃校率	2006
5 秋 田	200	-30.31%	287
36 徳 島	193	-26.62%	263
6 山 形	249	-25.67%	335
3 岩 手	323	-25.23%	432
39 高 知	229	-24.67%	304
2 青 森	288	-23.61%	377
44 大 分	265	-23.41%	346
1 北 海 道	1,048	-23.00%	1,361
32 島 根	201	-21.18%	255
38 愛 媛	286	-20.56%	360
34 広 島	476	-19.87%	594
43 熊 本	353	-19.22%	437
31 鳥 取	125	-17.76%	152
15 新 潟	469	-17.28%	567
19 山 梨	172	-16.50%	206
37 香 川	162	-16.49%	194
7 福 島	444	-16.38%	531
30 和 歌 山	247	-15.12%	291
4 宮 城	380	-14.80%	446
8 茨 城	497	-13.86%	577
24 三 重	368	-13.41%	425
42 長 崎	326	-13.30%	376
46 鹿 児 島	516	-12.98%	593
26 京 都	379	-12.67%	434
45 宮 崎	236	-12.59%	270
9 栃 木	366	-12.44%	418
35 山 口	306	-11.82%	347
41 佐 賀	156	-10.86%	175
17 石 川	206	-10.82%	231
29 奈 良	201	-10.67%	225
10 群 馬	306	-10.00%	340
33 岡 山	386	-9.18%	425
20 長 野	360	-8.40%	393
16 富 山	191	-8.17%	208
28 兵 庫	752	-7.96%	817
12 千 葉	791	-6.83%	849
22 静 岡	499	-6.55%	534
21 岐 阜	367	-6.14%	391
18 福 井	198	-5.71%	210
40 福 岡	730	-4.20%	762
13 東 京	1,276	-3.92%	1,328
47 沖 縄	265	-3.64%	275
27 大 阪	987	-3.52%	1,023
25 滋 賀	224	-3.03%	231
14 神 奈 川	850	-2.07%	868
23 愛 知	966	-1.23%	978
11 埼 玉	813	-0.97%	821
計	19,628	-11.83%	22,262

中学校

都道府県	2017	廃校率	2006
6 山 形	97	-23.02%	126
17 石 川	82	-19.61%	102
3 岩 手	160	-19.19%	198
19 山 梨	81	-16.49%	97
1 北 海 道	585	-14.72%	686
46 鹿 児 島	226	-14.72%	265
5 秋 田	114	-14.29%	133
37 香 川	69	-13.75%	80
38 愛 媛	128	-11.72%	145
43 熊 本	163	-11.41%	184
30 和 歌 山	121	-11.03%	136
39 高 知	118	-10.61%	132
4 宮 城	200	-10.31%	223
35 山 口	155	-9.88%	172
2 青 森	156	-9.83%	173
42 長 崎	176	-9.74%	195
44 大 分	131	-9.66%	145
41 佐 賀	85	-9.57%	94
24 三 重	157	-8.72%	172
36 徳 島	84	-8.70%	92
45 宮 崎	127	-8.63%	139
32 島 根	96	-8.57%	105
9 栃 木	155	-8.28%	169
10 群 馬	160	-8.05%	174
7 福 島	221	-7.92%	240
21 岐 阜	177	-7.81%	192
34 広 島	235	-7.48%	254
8 茨 城	217	-7.26%	234
33 岡 山	154	-6.10%	164
26 京 都	170	-6.08%	181
16 富 山	79	-5.95%	84
47 沖 縄	148	-5.13%	156
31 鳥 取	57	-5.00%	60
20 長 野	184	-4.66%	193
15 新 潟	229	-4.58%	240
13 東 京	612	-4.23%	639
28 兵 庫	340	-3.68%	353
40 福 岡	335	-2.90%	345
11 埼 玉	414	-2.36%	424
14 神 奈 川	408	-2.16%	417
29 奈 良	105	-1.87%	107
12 千 葉	377	-1.57%	383
18 福 井	76	-1.30%	77
22 静 岡	263	-1.13%	266
27 大 阪	460	-0.43%	462
25 滋 賀	100	0.00%	100
23 愛 知	414	0.73%	411
計	9,401	-7.10%	10,119

高等学校（全・定・併）

都道府県	2017	廃校率	2006
44 大 分	38	-29.63%	54
29 奈 良	33	-26.67%	45
35 山 口	51	-25.00%	68
46 鹿 児 島	61	-21.79%	78
33 岡 山	51	-21.54%	65
2 青 森	55	-20.29%	69
36 徳 島	29	-19.44%	36
9 栃 木	61	-17.57%	74
15 新 潟	81	-17.35%	98
1 北 海 道	201	-15.19%	237
8 茨 城	95	-15.18%	112
37 香 川	29	-14.71%	34
43 熊 本	50	-13.79%	58
27 大 阪	138	-13.75%	160
45 宮 崎	38	-13.64%	44
6 山 形	42	-12.50%	48
10 群 馬	63	-12.50%	72
22 静 岡	85	-12.37%	97
3 岩 手	64	-12.33%	73
40 福 岡	94	-12.15%	107
5 秋 田	46	-11.54%	52
20 長 野	79	-11.24%	89
42 長 崎	56	-11.11%	63
16 富 山	41	-10.87%	46
30 和 歌 山	33	-10.81%	37
17 石 川	43	-10.42%	48
4 宮 城	69	-10.39%	77
18 福 井	27	-10.00%	30
12 千 葉	122	-9.63%	135
13 東 京	186	-9.27%	205
34 広 島	79	-9.20%	87
39 高 知	34	-8.11%	37
11 埼 玉	139	-7.95%	151
41 佐 賀	36	-7.69%	39
38 愛 媛	49	-7.55%	53
14 神 奈 川	141	-7.24%	152
19 山 梨	29	-6.45%	31
23 愛 知	149	-5.70%	158
32 島 根	35	-5.41%	37
24 三 重	58	-4.92%	61
21 岐 阜	63	-4.55%	66
47 沖 縄	60	-3.23%	62
7 福 島	88	-2.22%	90
26 京 都	47	-2.08%	48
28 兵 庫	135	-1.46%	137
31 鳥 取	24	0.00%	24
25 滋 賀	49	2.08%	48
計	3,276	-11.27%	3,692

5．公立学校の統廃合の状況

　文科省が行っている学校基本調査の学校数をもとに、分校を除き、2006年度から2017年度までの12年間における年度別学校数をまとめた。《別表7》

　公立小学校の統廃合は、22,262校から19,628校へと△11.83％（2,634校減）、47都道府県すべてで減少している。今年度は秋田、宮崎、富山、福井、沖縄、愛知、埼玉を除く都道府県で209校が消滅した。削減率の高い順では、秋田（△30.31％）徳島（△26,62％）山形（25.67％）岩手（△25.23％）高知（△24.67％）青森（△23.61％）大分（△23.41％）北海道（△23％）島根（△21.18％）愛媛（20.56％）と△20％を超え、秋田では3割の小学校が廃校となっている。

　中学校では10,119校が9,401校へ△7.1％（718校減）で、滋賀と愛知を除き減少しており、特に山形では△20％を超え、△23.02％と1/4の中学校が廃校となっている。削減率の高い順では、山形についで石川（△19.61％）岩手（△19.19％）山梨（△16.49％）北海道（△14.72％）鹿児島（△14.72％）秋田（△14.29％）香川（△13.75％）愛媛（△11.72％）熊本（△11.41％）和歌山（11.03％）高知（△10.61％）宮城（△10.31％）と、秋田、山形、岩手、北海道などでは小学校の廃校と同時に中学校の統廃合がすすんでいる。

　都道府県立高等学校では、3,692校が3,276校へと△11.27％（416校減）で、大分（△29.63％）奈良（△26.67％）山口（△25％）鹿児島（△21.79％）岡山（△21.54％）に今年度、新たに青森（△20.29％）が20％を超え、統廃合が起きている[6]。

　全日制のみでは、山口（△32.14％）と12年間で1/3が統廃合となっている。現在、再編整備期間を平成27年度〜平成36年度までとする第二期県立高校再編整備計画が策定され、1学年4〜8学級の確保をめざした再編統合計画を立てている。1学年3学級以下の学校を4学級以上の学校との再編統合、くわえて1学年2学級の学校の分校化が検討されており、検討対象校は12校にのぼる。また、全日制を置く分校の再編整備として将来的に入学者が定員の1/2を満たすことが見込まれない場合には募集停止し廃校とする対象校は6分校となっている。この計画が進行すれば11年間で半数までに減少するという深刻な状況が起きている。

　文科省は、適正規模（12学級）未満の小規模学校（小学校で46.5％、中学校では51.6％）の適正規模化を図るとして学校統廃合の方針を打ち出し、平成27年1月27日、「公立小学校・中学校の適正規模・適正配置等に関する手引（以下、「適正規模・適正配置の手引」という）」を文部科学事務次官名で都道府県

教育委員会教育長および都道府県知事あてに通知し、域内の市町村教育委員会教育長および首長への通知の周知を促した。さらに、1月28日、初等中等教育局から都道府県教育長あて「少子化に対応した活力ある学校づくりに活用可能な予算事業について」とする学校統廃合に関する財源措置を内容とした通知を発した。財源保障の目玉は統廃合に伴う児童生徒の通学費に関するへき地児童生徒援助費補助金の大幅増額と統廃合に伴う学校の新増設補助率の変更（1/3→1/2）である。

小学校の廃校数は、2013年以降前年度数を下回っていたが2016年度再び増加に転じた。文科省の統廃合に伴う財源措置の影響が大きいものと推察できる。

2018年度政府予算案における文教関係（定数）では、文科省は概算要求で義務標準法改正による基礎定数充実（3,415人）を計画したが、財務省との協議により、少子化進展による基礎定数の自然減（△3,000人）に加え、学校統廃合の更なる進展による定数減△1,050人、少子化等による既存定数の見直し（△406人）を見込んだ上で、基礎定数（英語教育、生徒指導、共同学校事務体制及び基礎化関連で合計1,475人）と加配定数（120人）の合計1,595人で決着した。

各地で学校統廃合がすすめられ、児童・生徒、高校生の遠距離通学の問題も生じている。さらに学校統廃合は離島や山間僻地ではもはや限界である。

今後、文科省が基礎定数改善と加配定数改善をめざせば、学校統廃合による削減をさらに拡大していくしかない方向に向かっている。学校統廃合が文科省主導となり加速度的にすすむ危険性を孕んでいる。

地教行法改正により、平成27年4月から首長主導の総合教育会議が設置された。市町村合併で広域化した自治体において学校統廃合は、文科省通知「公立小学校・中学校の適正規模・適正配置等に関する手引」をもとに首長主導により「総合教育会議」で学校統廃合が推進される恐れがより強くなってきている。

おわりに

行き過ぎた学校統廃合は人口減少とともに地域の消滅にもつながる。それは更なる統廃合をもたらすことである。

文科省調査による教職員の病気休職の実態は、教員の病気休職者の割合は0.84％でそのうち精神疾患によるものの割合は、63.04％となっている。事務職員では病気休職者は0.92％で精神疾患によるものは75.05％となっている[7]。

本務者も非正規職員も多忙な環境にあることが原因ではないのか。

学校小規模化による学校統廃合の進捗状況や再任用職員の拡大などを踏まえながらも、義務制・高等学校とも、いままで検証してきたような不安定な雇用形態の非正規教職員に支えられた学校を見直すことが必要である。

12学級以上を標準的とする標準的学級論を見直し、学級規模の改善による基礎定数を重視した計画的な教職員定数改善策が図られるべきと考える。

注
（1）労働力調査（基本集計）平成29年11月分（速報）総務省統計局
（2）平成28年分民間給与実態統計調査　平成29年9月　国税庁企画課
（3）公立小・中学校教職員実数調（平成29年5月1日現在）文部科学省
（4）公立高等学校課程別・職種別教職員実数調（平成29年5月1日現在）文部科学省
（5）平成29年度　全国と大分県の比較（EXCEL）　大分県公立学校教頭会HP
（6）学校基本調査　文部科学省
（7）公立学校教職員の人事行政状況調査　文部科学省

（公教育計画学会員　宇部市立原小学校）

書評

書評

中村　文夫著
『子どもの貧困と教育の無償化』
―学校現場の実態と財源問題

福山　文子

　本書は、問題としてさまざまな保護者負担を取り上げている。そして、小中学校から大学まで続くその様相をとらえ、他の国との比較をし、最後に公教育の完全無償化について財源問題を含めて検討している。先ず著者は、高等教育までの教育需要が拡大する中、雇用環境の悪化により保護者の財政力が減少していると述べ、保護者による私費負担が限界に達していると指摘する。そして、教育の現代的な三要素を、少子化、貧困化、グローバル化と捉えたうえで、学校現場の実態を踏まえつつ、どのような方法で公教育の公的財源を拡充し、どこに重点配分を、どのような方法で行えば良いのかについて、膨大なデータと、具体的事例を交えながら論考している。構成は、以下の通りである。

1.　はじめに―扉を開くと、不都合な真実が現れる
　公教育を支えてきた私的負担
　少子化の課題
　子どもの貧困の課題
　グローバル化の課題
　公私負担の境界と課題
2.　無償化に向けた諸課題
2－1　「集金袋」の思想
2－2　学校給食費の公会計化
2－3　学校給食費の無償化―滑川町の事例
2－4　PTA会費問題に見る学校財政の脆弱性
2－5　学校徴収金にPTAが関わる実態
2－6　就学援助制度―東京都の事例
2－7　入学時の物入り
3.　幼小中学校から大学まで公教育の無償化
3－1　資質・能力に応じた学歴学力保障
3－2　義務教育の無償化・子どもの貧困化

3－3　高校生の貧困と授業料無償化
3－4　高校における保護者負担－岩手県立学校の事例
3－5　大学等の再編成と奨学金
4．　市場化・民営化のなかの教育費
4－1　英米の教育市場化の実態
4－2　教員の多忙化の底にあるもの
4－3　教育政策と教育費無償化
5．　まとめにかえて－学校から始める普遍主義の子どもの貧困対策

　前述の通り、「東京都就学援助実施状況」「保護者負担総計」など、著者作成の図表をふくめた膨大なデータと具体的な事例を交えた論考であるが、ここでは、著者が教育の現代的な三要素と規定している、少子化、貧困化、グローバル化を柱に、その内容について述べていく。
　先ず一つ目の要素である少子化については、これを理由とした学校統廃合を課題として位置づけている。そして、「子どもの小さな足で通える距離に、したがって保護者が身近に子どもの学びを感じとれる場所に学校が存在しない地域がたくさん出現している」との指摘がなされている。遠方からの通学等の理由により、高校生の保護者負担の3割が通学費という現実に驚くのは筆者だけではないだろう。そして、「地域の社会的基盤である公共施設が、見せかけの財政効率のかけ声のなかで崩されている」との、著者の指摘は重い。
　次に子どもの貧困化については、少子化の間接的な要因であると位置づけつつ、非正規、正規を問わず低賃金、長時間労働が常態化し、併せて奨学金の返済という重層的な負荷がかかる若年世帯の低所得に着目している。その結果、降りかかる困難として、子どもの貧困を捉えているのである。このような構造的な課題に対する改善への道筋として「学校現場に現れたことを一つひとつ問題として洗い出し、教育費の重圧を和らげるために、公教育の無償化に向けた施策と財源確保」について検討がなされている。例えば公立小学校における学校給食費をはじめとする学校徴収金は1年間で10万円を超える（p.15）。高校においては、学校徴収金は減少するものの、学年費等の合計である保護者負担総計は3年間で59万9,371円となっている（p.119）。数字が具体的に示されることで、若年世帯の負担感がリアルに迫ってくるといえるだろう。
　グローバル化に関しては、現在を知識基盤社会と位置づけ、公教育においてグローバル人材の育成が求められている現状の中で、資質・能力に応じた学歴

学力保障が重視され、その結果として分離別学の学校制度が急速に整備されてきているとの指摘がなされている。高等教育におけるG/L（グローバル/ローカル）選別の例として挙げられているのが、文部科学省主導のスーパーサイエンスハイスクール（SSH：2002年度開始、2016年現在200校以上指定）、スーパーグローバルハイスクール（SGH：2014年度開始、123校指定、2017年度8億7,000万円）そして、国際バカロレア認定校の促進（IB:2018年までに200校）などである。そして、このような状況を、教育を介して貧富の格差が助長されているのでないかと問いかけている。

　著者は、ランドセル、算数セット、鍵盤ハーモニカなどの教材を購入し、給食費を毎月支払うことを当然のこととして受け止めている現状に疑問を投げかける。そして、学校徴収金に苦い顔をする親を気遣い、集金袋を出せない子どもの存在に思いを馳せ、無着成恭の『山びこ学校』に重ねてみせる。保護者に寄り添う姿勢が貫かれた本書を通し、公教育の本来のあり方に立ち戻ることができるのではないか。本書の中に、子どもをイギリスに転校させた日本人保護者の話が出てくる（p.15）。同国において保護者に求められるものは、朝9時に校門まで見送り、午後3時に迎えに行くことだけであり、教科書、文房具など親が準備するものは全くない。子どもは手ぶらで登校を求められるのである。

　このように読み進めていくうちに、子どもの貧困と教育の無償化をめぐり様々な課題が存在していることにあらためて気付かされるのだが、その中には、たとえば学校徴収金の問題など、それを当然のこととして受け止めてきた私たちの意識が固定化してしまった課題もあるのではないか。最近では、改憲と教育の無償化を結びつける動きや、高額のブランド制服の問題などがでてきている。先ずは一人ひとりが関連する問題に関心を向け、課題意識をもって考えることが求められるのではないか。子どもの貧困と教育の無償化の問題は、簡単に解決できるものではないだろうが、関心を向け、課題意識をもって思考する人が増えることで、改善に向かうことが期待される。本書は、こどもの貧困と教育の無償化をめぐる問題への距離感を確実に縮めてくれる本である。無自覚のまま格差拡大に加担しないためにも、先ずは本書を手に取り、この問題へ接近することから、状況改善への一歩を踏み出していきたい。

　[明石書店／2017年8月発行／本体2,700円＋税]

（公教育計画学会会員　専修大学）

書評

住友　剛著
『新しい学校事故・事件学』

中村　文夫

　子どもたちの集団生活の場である学校は危険がいっぱいな場所である。独立行政法人日本スポーツ振興センター（JSC）の「学校の管理下の災害　平成28年版」によれば、保育所、幼稚園から高等専門学校までの負傷人数は99万4442人である。このうち共済給付で「死亡見舞金」「障害見舞金」「供花料」を支給した事例は520件に及んでいる。これらがすべて重大事故・事件であるわけではないが、学校は危険と隣り合わせの場所であることを認識せざるをえない。そして、その多くが類似したケースの事故・事件のくり返しなのである。笑顔で登校した子どもたちが笑顔で家庭まで帰ることが保護者の大きな願いである。心の傷、体の傷を負わせないように安全安心の学校運営が望まれるが、もし事故・事件が起きてしまった時、ましてや重大事故・事件のときにどのような態度をとることが誠実な態度なのであろうか。

　著者は、学校での事故や事件への対応を根本的に改めることを求めている。求められているのは、学校の教職員、教育行政(教育委員会)関係者だけでなく研究者や臨床心理職、弁護士などの専門家でもある。どのように改めたらよいのか。「遺族が望むのは、わが子になにがあったかを知ること、そして、事件、事故を教訓にして、二度と同じ悲劇がくり返されないこと」を尊重し、知る権利と参加する権利に応じた事後対応をすることである。それを、＜「子どもを核とした重大事故・事件後の学校コミュニティの再生＞や、＜「事実経過の調査・検証をふまえ、再発防止策の実施を求めたい」と願う人々のつながりの構築＞という表現で著者は言い表している。キーとなるのは、訴訟を前提としなくて済む原因究明であり、事後対応である。

　著書の前半は著者が「新しい学校事故・事件学」をどうして提案するようになったのか個人史的に振り返ったものである。それは、自分が不登校であったこと、兵庫県川西市の「子どもの人権オンブズパーソン」の調査相談専門員であったこと、不登校の子どもの居場所づくりや親の会にかかわり、あるいは定時制高校で非常勤講師や運動部外部指導者をしていたことである。その経験か

ら、現場と実務へのこだわりをもち、こだわりの内容として、3つの課題意識(専門性の問い直し、関係調整、学校の再出発)を抱いている。従来の訴訟対応の実務を実際にすすめつつ、他方で「原因究明のためシステム整備を」と言えばよかった時期の諸研究・実践と一線を画す意味で「新しい学校事故・事件学」が必要と考えた、のである。

訴訟を前提としない原因究明のシステムをつくり出すために、後半では著者も加わって作成した文部科学省「学校事故対応に関する指針」(以下、指針)を用いるにあたって、従来の延長線上の理解ではなく、著者が提唱する新しい学校事故・事件学の視点からの活用を提唱している。

従来の対応とは、死亡事故等の重大事故・事件が発生した場合、事態の解明や遺族・家族等の「その時、何が起きたのか」という事態解明の願いよりも「事態の鎮静化」を優先した学校や教育行政の「危機管理」や「緊急支援」の姿勢と、早期鎮静化、学校業務の正常化に臨床心理士や弁護士などの専門家が動員されてきたことを指摘している。事態の早期収拾を重視する手法の傾向は、「学校の子どもたちや教職員への「心のケア」や、あるいは遺族・家族以外の他の保護者への対応部分に現われる恐れが強い」と指摘している。

そして、その先にあるのは訴訟によって事態の法的決着をつける道筋である。これでは、重大事故・事件の当事者である遺族・家族の事実の究明という思いに応えたことにはならない。ではどうしたらよいのか。重大事故・事件の事実関係を究明し、「記憶の共有」を図り、再発防止策を策定し実施するにあたっても遺族・家族の参加を排除しないことである。

「記憶の共有」は難しい。私が学校に勤務していた1998年、降りてきた防火シャッターに挟まれ亡くなった小学生3年生の男の子が同じ市内にいた。遺族と裁判になり、再発防止策として市内全域で安全点検を毎月行うこと、その結果を「学校だより」などで保護者に周知することで和解をした。その結果、現在でも安全点検は毎月実施されている(法令では学期1回)が、点検結果による改善状況も含めた保護者への周知はいつの間にか廃れてしまった。安全であったとしてもそのことを知らされていなければ、児童生徒と保護者の安心は保障されていない。すでに、自治体は合併を繰り返し、重大事件の記憶も共有されていない。当時同じ自治体で働いていた者として、この「記憶の共有」は再発防止に重要であるが、長い期間にわたる共有の困難さも実感しているところである。安全点検の例月実施とその実施に基づいて安全対策が行われた報告を児

童生徒、教職員、保護者へ周知する取組を行なっていきたいと、この著書を読みながら感じたところである。防火シャッター事故は全国的にも繰り返し起きている。安全確保のための装置が、かえって危険な装置となっている事例である。ここで改めて「記憶の共有」が提案されていることは注目するところである。

著者が重視するのは指針の終わりの部分の以下のような叙述である。叙述が指針の初めの部分ではなく、終りの部分にあるため、指針の読み方によっては、従来の早期正常化に向けての重大事故・事件対策に止まってしまう。このことは著者自身が繰り返し指摘しているところであり、「新しい学校事故・事件学」からの読み方を求めているところでもある。

> 学校の安全を確保するに当たり、まずは、事故等の発生を未然に防ぐこと(事前の危機管理)が重要です。万一事故が発生してしまった場合には、学校や学校の設置者は、事故にしっかりと向き合い、事実を明らかにするという姿勢が重要です。そして、そこで明らかになった事故の教訓を真摯に受け止め、今後の事故防止のための安全管理や安全教育に生かし、児童生徒等の安全確保の取り組みを徹底していくことと同時に、被害児童生徒等の保護者に対しては、誠意をもって支援継続していくことが必要です。

指針では調査・検証作業の主な目的について、「民事・刑事上の責任追及及びその他の訴訟対応を直接の目的とするものではなく、学校及びその設置者として次の2点を踏まえて事実に向き合うためのもの」という前提に立っている。「日頃の安全管理の在り方等、事故の原因と考えられることを広く集めて検証し、今後の事故防止に生かすため、被害者児童生徒等の保護者や児童生徒等及びその保護者の事実に向き合いたいなどの希望に応えるため」という新たな視点での対処に転換することが強く主張されている。

繰り返される事故・事件を防ぐためには、起ってしまった事故の徹底した検証は当然である。検証には、初動対応(指針でいう事故発生後の取組)、基本調査、詳細調査、再発防止策の実施の4つの段階があり、指針では、「応急手当を優先しつつも、事故発生後の発生状況、事故後の対応及びその結果について、適宜メモを残すことを心がけ、対応が一段落した時点でメモを整理する」ことを原則としていると著者は強調する。その通りである。事故・事件時に限らず、

不断にメモやノートを持たない社会人はそれだけで社会への心構えが不十分であると考えるのは私だけであろうか。記録されていないということはその事故・事件に対して客観的に証明する何もないということである。また、中央官庁で記録が廃棄される、紛失されるというニュースが流れる都度に、学校だけではない日本社会の劣化を思い知るのである。
　検証され、記憶として共有されたものであっても、それが日常的な安全性の確保に結び付いてなければ、事故は繰り返される。事実くり返されているのは最初に示したJSCのデータが物語っている。そこで、著者は安全点検について重要な指摘をしている。安全点検が校舎、設備、教材の点検に留まっていないかということである。「長年慣例のように行ってきた学校の行事や学校外での体験活動の内容の点検など、教育実践のあり方の見直しにまで踏み込んでいかねばならない」、と語る。安全性の観点から教育内容の見直しまで踏み込む必要があるとする。このことは、学校の早期正常化、問題があれば訴訟で処理という教育内容や学校経営の継続を前提とする対応への批判と軌を一にするものであると思われる。事故・事件、ましてや重大事故・事件が不幸にして起こってしまった場合に、教育課程でのスケジュールをこなすこと以上に、その事故・事件自体に児童・生徒も含めてしっかりと向き合い続けることが重要な教育であるとの考えである。著者からの問いかけは本質的であり、大きな課題を私たちに投げかけている。
　追記。2018年3月8日に中教審は「第3次教育振興基本計画」を答申した。その別添に数値目標21項目が示され、目標19児童生徒等の安全の確保として「測定指標」が2点示されている。「学校管理下における障害や重度の負傷を伴う事故等の発生件数の改善」と「学校管理下において死亡する児童生徒等の数を限りなくゼロにする」である。安全の確保が重要課題となっている現在、著者が示した新しい視点での改善が望まれる。
　［子どもの風出版会／2017年3月／本体2000円＋税］

（公教育計画学会会員　教育行財政研究所）

英文摘要

Annual Bulletin of SPEP NO.9
Strengthening of National Control in Japanese Education

Foreword By MINEI, Masaya

Special Papers
Strengthening of National Control in Japanese Education

Review of unconstitutionality regarding the system of textbook approval
　By ISHIKAWA, Takako

The education reform took advantage of a tragic incident with the aim of subsuming the arguments of those people who criticize public education
　—As an example, the process of formulating the "Bullying Prevention Promotion Act" and what followed that process
　By SUMITOMO, Tsuyoshi

Special Symposium at TOKYO GAKUGEI University
　On the Problems of New Course Studies in Japan

Symposium of the Ninth General Conference at SENSHU University

　On Modern Poverty Problems and Public Education

Free contribution thesis

Disabled children accompanied by parents in school: Survey in Hyogo prefecture
　By KURITA, Tokika and others

A Study of Changes in the Educational Purposes of Osaka Labor School
 By OKUMURA, Takahito

A Study of Trends of "Community School Designation Canceled Schools" (CSCS) and Cancellation Factors
 By OHASHI, Yasuaki

Current Status and Issues of Professional Ethics Education at Law School:
 ―Based on Efforts in the UK
 By TANEMURA, Fumitaka

Research Paper on Public Education Planning

The Reality of an Early Teacher Unions' Movement after the Second World War : The Early History of the Formation of the Japan Teachers' Union Ⅲ
 By SOMEYA, Mikio

Statistics and Commentary (related to public education)

The Actual Situation and Consideration of Non-regular Faculty
 By TAKENAMI, Kenzo

Book Review

English Abstracts

Information about SPEP

Afterword by MORITA, Shiro

Special Papers
Strengthening of National Control in Japanese Education

Review of unconstitutionality regarding the system of textbook approval
 By ISHIKAWA,Takako
 The f0ormer Professor Ienaga insisted that aspects of the system of textbook approval were unconstitutional.
 I have tried to demonstrate in this paper the unconstitutionality of the system of textbook approval by studying the relevant doctrines and precedents. There are several important points of dispute, namely the system of textbook approval and censorship, educational freedom and academic freedom.

The education reform took advantage of a tragic incident with the aim of subsuming the arguments of those people who criticize public education
 —As an example, the process of formulating the "Bullying Prevention Promotion Act"and what followed that process
 By SUMITOMO, Tsuyoshi
 The problem of unconstitutionality is examined in this report from the viewpoint of modern public education theory. Specifically, I examine the phenomenon that the movement of people who criticize the current situation in schools and seek alternative solutions has been subsumed into public education.
 I examine in particular, in this report, the legislative process of the "Bullying Prevention Measures Promotion Law"and subsequent progress. In addition, I refer to an argument over "Managerialism in education"and what Tatsuo Okamura always said, and I examine it from the viewpoint of "the education reform that took advantage of a tragic incident".
 With that in mind, I discuss next in this report a tendency for opinions convenient for the maintenance of "Managerialism in education"to be chosen from among critical opinions, including those expressed by the bereaved families who lost their children at school, and reorganized with in public education.

Free contribution thesis

Disabled children accompanied by parents in school: Survey in Hyogo prefecture.
　By KURITA, Tokika and others
　This study is an investigation of the number of cases in which children with disabilities are accompanied to school by parents. The rights of disabilities inhibit excluding them from the general education system on the basis of disability. The rights of children with disabilities are protected on an equal basis with other children. Children who are accompanied in schools by parents for assistance are discriminated against on the basis of disability. Our data are based on elementary and junior high schools in Hyogo prefecture. The results indicate that there are actually twice the number of cases of discrimination reported in a previous survey by the Ministry of Education, Culture, Sports, Science and Technology, Japan. Children with disabilities who are accompanied by parents tend to enroll in Special needs classes and at larger schools overall. Children with disabilities who are accompanied all day tend to enroll in special needs classes overall. Children with disabilities who are accompanied all day tend to enroll in regular classes.

A Study of Changes in the Educational Purposes of Osaka Labor School
　By OKUMURA, Takahito
　In this study we consider how the leaders of Osaka Labor School (1922-1937) intended to make laborers independent, through an analysis of the educational purposes of the school. I have divided the history of the school into three periods, the "Establishment" period, the "Student management" period, and the "Board of the school" period, and analyzed the representative leaders in each period, namely, Kagawa Toyohiko, Inoue Ryoji, and Morito Tatsuo. The results revealed a changing educational purpose. Kagawa aimed at improvement in the "personality" of laborers and therefore paid as much attention to "culture" as educational content.
　On the other hand, Inoue aimed at extension of "labor mobility" and "the working class", and therefore made much of "tactics of labor movement". Then, Morito wanted laborers to acquire "socio-scientific"

knowledge and a corresponding viewpoint, so he mainly taught subjects concerning "social science". The leaders of Osaka Labor School intended to establish independence not only as "labor" participating in the labor movement, but also as "individuals".

A Study of Trends of "Community School Designation Canceled Schools" (CSCS) and Cancellation Factors
By OHASHI, Yasuaki

In this article, I have categorized the community school designation status and school sizes in 2017, especially the very small schools, and have considered the trends of "Community School designation Canceled Schools" (CSCS) and the factors involved when canceling designations.

I have confirmed that there was a total of 141 schools, including 43 CSCS (1 kindergarten, and 18 elementary schools, and 24 junior high schools) and 98 "Community School designation Dissolved Schools" (CSDS) (12 kindergartens, 68 elementary schools, 18 junior high schools). Of the 43 CSCS, there were 31 schools due to transfer to compulsory education school status, along with 12 other schools for various reasons, such as the schools in Tokyo (Meguro Ward), Aichi Prefecture (Tokai City), Kumamoto Prefecture Tamana City, etc. The factors leading to the designation of cancellation of these 12 schools included matters related to the qualifications of the committee members and coordination with similar conference bodies of the school management council.

Current Status and Issues of Professional Ethics Education at Law School:
—Based on Efforts in the UK
By TANEMURA, Fumitaka

The purpose of this paper is to clarify how professional ethics education is now conducted at law school in Japan and the UK. The reform of legal education had been promoted in both countries. Law school was introduced originally with the aim of bridging practical and theoretical education. Today, the way of becoming a legal professional who is responsible for realizing social justice because legal services have developed in response to market expectations, and the way that legal professionals are also diversified, has been questioned. Under such circumstances, model rules of professional conduct were established as professional ethics and professional ethics was introduced as a subject at law school. Cases of the application of model rules of professional conduct are taken up in classes in the form of lectures and discussions; but issues remain in terms of training professionals to meet the expectations of citizens.

Research Paper on Public Education Planning

The Reality of an Early Teacher Unions' Movement after the Second World War : The Early History of the Formation of the Japan Teachers' Union Ⅲ

By SOMEYA, Mikio

The movement toward the nationwide unification of teachers' and staff unions after the war arose alongside the call for improved treatment, even after the national convention of June 1, 1946, which had triggered the formation of two national organizations, the KYOZENRE and the NIKYORO.

As teachers' and staff salaries were tied to the central government budget, being half of the burden of the national treasury, the trend was for the movements demanding improved treatment and wage increases in every province to be aimed at setting up a nationwide rally.

The movements demanding improvement of treatment and wage increases for teachers and staff progressed in a mix with the October struggle and the 2.1 general strike, so the progress of the nationwide mobilization movement of the faculty and staff unions was complicated. In such a trend, the KYUOZENREN advanced its own movement and did not participate in the National Teacher Union's Meeting for Obtaining the Minimum Living Rights (the ZENKYOSO) which was organized by the NIKKYORO on October 18, nor in the ZENKKYOUKYO.

Although the NIKKYORO and the ZEKKYOSO had relentlessly pursued the dismantling of the KYOZENREN, KYOZENREN had consistently refused to be disbanded. It is verified in this paper that the movement led to the formation of the ZENKYOKYO.

学会動向・学会関係記事

公教育計画学会動向

《2017年5月～2018年4月》

2017年5月20日	教育行財政部会
2017年6月17・18日	第9回大会（於：専修大学）
2017年9月9日	教育行財政部会
2017年12月6日	「教育の無償化に憲法改正は必要がない」(理事会声明)
2017年12月9日	教育行財政部会
2017年12月17日	「抜本的方策を欠く「学校における働き方改革（中間まとめ）【案】」に異議あり」(理事会声明)
2018年2月22日	第2回インクルーシブ教育推進フォーラム『質の高いインクルーシブ教育』とは何か ～障害者権利条約と一般的意見4号から読み解く～（DPI日本会議と共催）（於：戸山サンライズ）
2018年3月4日	研究集会「新学習指導要領を考える～その問題点と課題～」（於：東京学芸大学）

(文責・公教育計画学会事務局)

公教育計画学会会則

（名称）
第1条　本学会は、公教育計画学会（The Society for Public Education Planning）という。

（目的）
第2条　本学会は、学問・研究の自由を尊重し、公教育計画に関する理論的、実践的研究の発展に寄与するとともに、教育政策及び行政施策の提言を積極的に行うことを目的とする。

（事業）
第3条　本学会は、前条の目的を達成するため、次の各号の事業を行う。
　一　大会や研究集会等の研究活動の推進
　二　政策提言活動等の推進
　三　学会誌、学会ニュース、その他の出版物の編集・刊行
　四　その他、本学会の目的を達成するために必要な事業

（会員）
第4条　本学会の会員は、本学会の目的に賛同し、公教育計画又はこれに関係のある理論的、実践的研究に従事する者あるいは公教育計画研究に関心を有する者で、理事の推薦を受けた者とする。
　2　会員は、会費を納めなければならない。

（役員及び職務）
第5条　本学会の事業を運営するために次の各号の役員をおく。
　一　会長　　　　　　1名
　二　副会長　　　　　1名
　三　理事　　　　　　20名以内
　三　常任理事　　　　若干名
　四　監査　　　　　　2名
　2　会長は本学会を代表し、理事会を主宰する。会長に事故ある時は、副会長がその職務を代行する。

（役員の選挙及び任期）
第6条　理事は会員の投票により会員から選出される。
　2　会長は理事の互選により選出し、総会の承認を受ける。
　3　副会長及び常任理事は、会長が理事の中から選任し、理事会の承認を受け、総会に報告する。
　4　監査は会長が理事以外の会員より推薦し、総会の承認を受けて委嘱する。監査は、会計監査を行い、その結果を総会に報告するものとする。
　5　役員の任期は3年とし、再選を妨げない。ただし、会長は2期を限度とする。

（事務局）
第7条　本学会に事務局をおく。
　2　本学会の事務を遂行するため、事務局長1名、幹事若干名をおく。
　3　事務局長は理事のなかから理事会が選任する。

4　幹事は理事会が選任する。
（総会）
第8条　総会は会員をもって構成し、本学会の事業及び運営に関する重要事項を審議決定する。
　　2　定例総会は毎年1回開催し、会長が召集する。
（会計）
第9条　本学会の経費は会費、入会金、寄附金、その他の収入をもって充てる。
　　2　会費（学会誌購読費を含む）は年間5,000円（学生・院生は3,000円）とする。
　　3　入会金は2,000円とする。
　　4　本学会の会計年度は4月1日から翌年3月31日までとする。
（会則の改正）
第10条　本学会の改正には総会において出席会員の3分の2以上の賛成を必要とする。
第11条　本会則の実施に必要な規程は理事会が定める。

附則
　　1　本会則は2009年9月27日より施行する。
　　2　第4条の規定にかかわらず、本学会創立時の会員は理事の推薦を要しない。
　　3　第6条の規定にかかわらず、本学会創立時の理事は総会で選出する。

公教育計画学会会長・理事選出規程

（目的）
第1条　本規程は、公教育計画学会会則第6条に基づき、本学会の会長及び理事の選出方法について定める。
（理事の定数）
第2条　理事定数は20名以内とし、全国1区とする。
（会長及び理事の選出方法）
第3条　理事に立候補しようとする会員は、公示された立候補受付期間中に、定めた立候補届出用紙に必要事項を記入し、選挙管理委員長に提出しなければならない。
　　2　選挙管理委員長は、候補者受付期間に届け出のあった候補者の氏名を会員に公示しなければならない。
第4条　理事の選出は会員の無記名投票（連記式）により行う。ただし、定数以下の連記も有効とする。
　　2　理事当選者は票数順とし、同順位の場合は選挙管理委員会の行う抽選により決定する。
（理事の任期）
第5条　理事の任期は理事選出直後の定期大会終了の翌日より3年後の大会終了までとする。
（選挙管理委員会）
第6条　第3条に規程する理事選出事務を執行するため、会長は会員中より選挙管理員会の委員2名を指名する。

2　選挙管理委員会は互選により委員長を決定する。
(選挙権者及び被選挙権者の確定等)
第7条　事務局長は、常任理事会の承認を受けて、理事選出の選挙権者及び被選挙権者（ともに投票前年度までの会費を選挙管理員会設置当日までに納めている者）の名簿を調製しなければならない。
　2　事務局長は、選挙管理委員会の承認を受けて、選挙説明書その他必要な文書を配布することができる。
(細則の委任)
第8条　本学会の理事選出に関する細則は、理事会の定めるところによる。
附則
　1　この規程は、2009年9月27日より施行する。
　2　この規定は、2012年2月19日に改定し、施行する。

公教育計画学会　年報編集委員会規程

第1条　公教育計画学会年報編集委員会は、学会誌「公教育計画研究」の編集及び発行に関する事務を行う。
第2条　当該委員は、理事会が会員の中から選出する。
　2　委員の定数は、7名以内とし、うち過半数は理事から選出する。
　3　委員長は、理事会の理事の中から選出する。
　4　委員会の互選により委員長1名、副委員長1名及び常任委員を若干名選出する。
　5　委員長、副委員長及び常任委員は、常任編集委員会を構成し、常時、編集実務に当たる。
第3条　委員の任期は3年とし、交替時期は毎年の総会時とする。
第4条　委員会は、毎年1回以上会議を開き、編集方針その他について協議するものとする。
第5条　編集に関する規定及び投稿に関する要領は別に定める。
第6条　編集及び頒布にかかわる会計は、本学会事務局において処理し、理事会及び総会の承認を求めるものとする。
第7条　委員会は、その事務を担当する幹事若干名を置くことができる。幹事は、委員会の議を経て委員長が委嘱する。
第8条　委員会は事務局に置く。
附則
　1　この規程は2009年9月27日により施行する。
　2　この規程は2011年6月12日に改定し、施行する。

公教育計画学会年報編集規程

　1　公教育計画研究（以下、年報という）は、公教育計画学会の機関誌であり、原則として年1回発行する。
　2　年報は、本学会員の研究論文、評論、書評、資料、学会記事、その他の会員の

研究活動に関する記事を編集・掲載する。
3　年報に論文等を投稿しようとする会員は、投稿・執筆要領に従い、その年度の編集委員会事務局に送付するものとする。
4　投稿原稿の採否は編集委員会の会議で決定する。その場合、編集委員会以外の会員に論文の審査を依頼することができる。
5　掲載予定原稿について、編集委員会は若干の変更を行うことができる。ただし内容の変更の場合は執筆者との協議による。
6　編集委員会は、特定の個人又は団体に原稿を依頼することができる。
7　原稿は原則として返還しない。
8　写真・図版等での特定の費用を要する場合、執筆者の負担とすることができる。
9　その他執筆及び構成については執筆要領を確認すること。
10　抜き刷りについては各自の責任で校正時に直接出版社と交渉すること。

公教育計画学会年報投稿要領

1　投稿者の資格
　本学会会員に限る。
2　投稿手続き
（1）投稿申し込み時期は原則として10月末日とする。ただし、投稿申し込みの方法及び日程については、その年度ごとの会報および学会HPに詳細に掲載する。
（2）論文送付に関しては、オリジナル原稿及びそのコピー1部を送付する。なお、原稿をデジタル化して送付する場合には、コピーを送付する必要はない。投稿者は、オリジナル原稿を必ず保存しておくこと。
（3）論文の送付等にあたっては、次のものを必ず添付する。
　所属、氏名（ふりがな）、連絡先住所、電話番号・FAX番号、E-mailアドレス、ただし、氏名に関しては、和文・英文両方を併記すること。
3　原稿締め切り
　原稿の種類により締め切りは異なる。
（1）投稿論文、公教育計画研究レポート及び研究ノートは、原則、1月10日。ただし、各年度の会報及び学会HP上にて詳細は、明示する。
（2）上記以外の原稿については、別途指定する。
　いずれの原稿も、指定された期限までに学会事務局あるいは年報編集委員会まで必着とする。

公教育計画学会年報執筆要領

1　投稿論文等（投稿論文、公教育計画研究レポート、依頼原稿）の枚数など
（1）投稿論文は、横書き、35字×32行のフォームで16枚以内とする。
（2）公教育計画研究レポートおよび研究ノートは、横書き、35字×32行の書式で10〜14枚以内を原則とする。
（3）特集論文などの依頼論文などについては、編集委員会の判断を経て論文枚数

など別途指定し、通知する。
2 投稿論文等の提出時には、本文以外につける諸項目
（1）論文表題、氏名、所属
（2）論文要旨（和文400字以内）
（3）表題、氏名の英文表記と論文要旨の英訳（200語程度）
3 本文については、節、項、目、例、図表等は、番号または適当な表題を付ける。
　　注および引用文献は、体裁を整えて、文末に一括して併記する。図表等については、通し番号を付けて、文章中に挿入する位置をオリジナル原稿の右隅に、通し番号を付記して明示する。表組資料などは、オリジナルデータを論文と同時に送付する。
　　引用文献、参考文献の表記は以下を参考に作成する。
（1）論文の場合―著者名、論文名、掲載雑誌名等、巻、号、発行年、頁の順で表記。
（2）単行本の場合―著者名、書名、発行所、発行年、頁の順で表記。
（3）webサイトからの引用は、URLの他に引用・参照時の年月日および作成者名（著作権者）を付記。
4 校正について
（1）著者校正は初校のみとする。
（2）校正は最小限度の字句、数字の修正にとどめる。
5 その他
　執筆に関する事項について不明な点などがある場合には、その年度の編集委員会に問い合わせること。

公教育計画学会申し合わせ事項
Ⅰ 会費納入に関する申し合わせ
1 会員は、当該年度の大会開催時までに当該年度会費を納入するものとする。
2 大会における自由研究発表及び課題研究等の発表者は、当該年度までの会費を完納するものとする。
3 会長及び理事選挙における有権者または被選挙権者は、選挙前年度までの会費を前年度末までに完納している会員でなければならない。
Ⅱ 長期会費未納会員に関する申し合わせ
1 会費未納者に対しては、その未納会費の年度に対応する年報を送らない。
2 会費が3年以上未納となっている会員は、次の手順により退会したものとみなす。
Ⅲ 未納3年目の会計年度終了に先立つ相当な期間と学会事務局が認めた時期において、当該会費未納会員に対し、相当の期間を定めて、会費未納状況を解消することを催告し、かつ期限内に納入されない場合には退会したものとして取り扱う。
Ⅳ 学会事務局は、全校督促期間内に会費を納入しなかった会員の名簿を調整し、理事会の議を経て退会を決定する。

公教育計画学会第3期役員一覧 (2015年6月〜2018年6月)

会　　長	中村　文夫
副会長	元井　一郎
理　　事	相庭　和彦
	池田　賢市
	石川多加子
	一木　玲子
	加藤　　忠
	国祐　道広
	小泉　祥一
	住友　　剛
	田口　康明（事務局長）
	戸倉　信昭（事務局次長）
	中西　綾子
	広瀬　義徳
	福山　文子
	堀　　智晴
	堀　　正嗣
	嶺井　正也（年報編集委員長）
	宮嵜　晃臣
	矢吹　芳洋

　　　○理事は全員常任理事を兼ねる。

監　　査	松田　芳久
	山口　伸枝
幹　　事	古市　　恵
	清水みどり
	平野　正志
	山城　直美
	五十嵐卓司
	礒田　　勝

第3期年報編集委員会委員一覧

委員長	嶺井　正也（担当理事）
	石川多加子（担当理事）
	広瀬　義徳（担当理事）
	福山　文子（担当理事）
	森田　司郎
編集幹事	菊地かおり
英文校閲	Robin E. Sowden

編集後記

　昨年から本年にかけて、文部科学行政にまつわるかつてないほどの大きな混乱が続いている。このような中でも、日々の教育を必要としている子どもたちの存在がある。我々は、様々な形で教育に携わる者として、大人の都合や理屈に惑わされることなくチルドレン・ファースト、すなわち教育を受ける子どもたちの利益を最優先に考えていくことの重要性を強く再認識したい。そのためには、教育に関する議論が子どもたちの存在抜きに進められてはいないか、肝心な子どもたちの権利に対する意識が看過されてはいないか、今一度自問自答する必要がある。「進む公教育の国家統制」を特集テーマに据えたこの年報第9号が、子どもたちにとって実りのある議論を進めるための一助となれば幸いである。

　本号の特集論文は、「教科書検定の違憲性」を丁寧に検証した論文（石川会員）と、「惨事便乗型教育改革」という独自の枠組みを通して「いじめ防止対策推進法」の事例を分析した論文（住友会員）からなっている。それぞれのアプローチは異なるものの、2つの論文ともに、顕在的または潜在的に様々な形で進む公教育の国家統制の実態を読み解くために有効な視点を提供している。また、本学会の研究集会「新学習指導要領を考える―その問題点と課題」の報告では、学校教育現場にとって喫緊の問題である学習指導要領改訂に伴う変化について、その問題点と課題を整理している。既に多くの学校において新学習指導要領の内容に沿った教育が先行的に進められつつある現状の中で、文字通り明日の子どもたちを育てるために必要となる視点を提供している。

　投稿論文は4本を掲載することとなった。どのテーマも興味深く、研究対象は異なるものの、それぞれのフィールドにおける現状分析と課題の析出が非常に丁寧に行われている。ゆえに、学習者の利益を担保する公教育のこれからのあり方を我々が模索していくうえで欠かせない示唆を与えている。

　やや言い古されている感はあるが、かつてないほど大きな公教育の転換期を迎えている我々に必要なのは、教育の不易と流行を丁寧に見極めることである。このためにはやはり、子どもたちが教育を受ける権利を保証するという視点を、我々がいっそう強く持ち続けることが必要であろう。

　　　　　　　　　　　　　　　　　　　　（年報編集委員　森田　司郎）

公教育計画研究 9
［公教育計画学会年報 第9号］
進む教育の国家統制

発行日	2018年6月23日
編　集	公教育計画学会年報編集委員会
発行者	公教育計画学会
	学会事務局　教育行財政研究所
	〒330-0044　さいたま市浦和区瀬ケ崎4-23-15
発売所	株式会社八月書館
	〒113-0033　東京都文京区本郷2-16-12 ストーク森山302
	TEL 03-3815-0672　FAX 03-3815-0642
	振替 00170-2-34062
印刷所	創栄図書印刷株式会社

ISBN978-4-909269-03-4　　　　　　　定価はカバーに表示してあります